Grundriß der Gesundheitsgesetzgebung und der Gesundheitsfürsorge

einschließlich der Sozialversicherung

für männliche und weibliche in der Wohlfahrtspflege tätige Personen, insbesondere Wohlfahrtspflegerinnen, Gemeindeschwestern, ferner für den Gebrauch an Wohlfahrtsschulen, pädagogischen Akademien und Volkshochschulen

Von

Med.-Rat Dr. R. Engelsmann

Kreisarzt des Stadtkreises Kiel

Berlin
Verlag von Julius Springer
1929

ISBN-13: 978-3-642-98701-4 e-ISBN-13: 978-3-642-99516-3
DOI: 10.1007/978-3-642-99516-3

Druckfehlerberichtigung.

Auf Seite 59 muß es unter Ziffer 3 richtig heißen:

Die Geburtenziffern sind in den 49 deutschen Großstädten noch weiter abgesunken:

1925	15,9	auf	1000
1926	15,3	„	1000
1927	14,6	„	1000

Vorwort.

Der Reichsausschuß für hygienische Volksbelehrung hat es sich zur Aufgabe gemacht, die gesundheitliche Durchbildung weitester Volkskreise auf wissenschaftlicher Grundlage zu fördern. Er will dadurch Prophylaxe treiben in dem Sinne, daß er dem einzelnen aufzeigt, in welcher Weise er durch naturgemäße Lebensweise seine Gesundheit fördern, seine Körperkräfte stählen und seine Arbeits- und Lebensfreude steigern kann. Er will das Verantwortlichkeitsgefühl in den breitesten Massen steigern helfen, damit ein jeder Staatsbürger einsehen lernt, was er in gesundheitlicher Beziehung sich selbst und den andern Volksgenossen schuldig ist.

Eine so geartete Erziehung zur Gesundheit verlangt auch eine andere Einstellung zu den rechtlichen und gesetzlichen Maßnahmen, die zum Schutz von Leben und Gesundheit ergangen sind. Sie bedeutet daher eine Abkehr von der bisher befolgten alleinigen Behütung vor Gesundheitsschäden und führt zu einer verpflichtenden Anerkennung gesundheitlich-rechtlicher Bestimmungen hin — zu einer „Gesundsinnigkeit" überhaupt. Wenngleich auch nicht ein jeder die Bekanntschaft mit den erlassenen Bestimmungen und Gesetzen gesundheitlichen Inhalts gebraucht, so ist deren Kenntnis doch für diejenigen Kreise erforderlich, die sich an der Gesundheitserziehung im Rahmen hygienischer Volksbelehrung entweder amtlich oder aus beruflicher Neigung zu befassen haben.

Für alle diese Kreise hat der Verfasser in sehr geschickter Weise die Gesetzgebung auf gesundheitlichem Gebiete und die fürsorgerische Erziehung in ihrer Beziehung zur Gesundheit abgehandelt. Der praktische Gesundheitslehrer findet hierin das Urmaterial, welches durch seine Wirksamkeit zu einer gesundheitsgemäßen Lebensweise geformt werden kann. Es werden hierin die Leitlinien geboten zur Bildung des Intellektes und des Willens nach der gesundheitlichen Seite hin.

Als ein notwendiges Korrelat — nicht als Gegensatz zu der gesundheitlichen Gesetzgebung — behandelt der Verfasser die

Gesundheitsfürsorge für die einzelnen Lebensalter. Hier werden namentlich den künftigen Erziehern der Jugend, den Führern der Erwachsenen und den Beschützern des Alters einmal die gesetzlichen und rechtlichen Mittel zu gesundheitlicher Wohlfahrtspflege aufgezeigt und die Gefahren geschildert, denen der körperlich-geistige Mensch ausgesetzt ist. Die hygienische Volksbelehrung wird bestrebt sein, aus diesen Anregungen dem Individuum einen Weg zu weisen, der es ihm ermöglicht, sein körperlich-geistiges Wohlbefinden zum Wohle der Gesamtheit möglichst lange zu erhalten.

„Die Verbesserung des Gesundheitszustandes des Volkes ist diejenige soziale Aufgabe, welche allen anderen Aufgaben voranzugehen hat. Die hygienischen Fragen stehen weit über allen, die das Staatsinteresse zum Gegenstand haben."

Diesem Bekenntnis eines großen Staatsmannes wollen die Ausführungen des seit langem in der hygienischen Volksbelehrung erfolgreich tätigen Verfassers zur Wirklichkeit verhelfen.

Reichsausschuß für hygienische Volksbelehrung

Professor Dr. Adam.

Inhaltsverzeichnis.

I. Einleitung.

Kein grundsätzlicher Gegensatz zwischen Gesundheitsgesetzgebung und Gesundheitsfürsorge. Gesundheitsfürsorge ist die organische Fortentwicklung der Gesetzgebung auf dem Gesundheitsgebiet. Notwendige Ergänzung „die Erziehung zur Gesundheit". Der Leitfaden behandelt die Gesetzgebung auf gesundheitlichem Gebiet, die Fürsorgegesetze insbesondere in ihrer Beziehung zur Gesundheitsfürsorge, die Mittel der Erziehung zur Gesundheit.

Der Inhalt ist ohne Form wertlos. Die Organisation der Gesundheitsfürsorge wird zuerst behandelt.

II. Die Organisation des Gesundheitswesens.

1. Kreise. In Preußen sind die unteren Einheiten die Kreise. An der Spitze steht *der Landrat*, gleichzeitig Vorsitzender des Kreisausschusses, der aus den gewählten Kreisvertretern besteht. Daher der Landrat zum Teil staatliche, zum Teil kommunale Interessen vertretend. In verschiedenen Kreisen „kreisfreie Städte" mit einem Bürgermeister oder Oberbürgermeister als Vorsitzenden des Magistrates und eigener Verwaltung (dem Landrat nicht unterstellt). Außerdem die Großstädte, die besondere Stadtkreise bilden. Die Polizei teils staatlich, teils städtisch. Aufgabengebiete nicht scharf getrennt. Ein Magistratsmitglied (Stadtrat) Polizeidezernent und als solcher in direkter Beziehung zum Regierungspräsidenten stehend.

Der Kreisarzt der sachverständige Berater auf dem Gebiete des Gesundheitswesens, in Landkreisen des Landrates, in Städten der Polizeibehörde.

2. Kreiswohlfahrtsämter am Sitz des Landratsamtes. Wohlfahrtsämter in den Städten. Gesetzliche Grundlage nicht vorhanden. Nur Jugendämter durch das Reichsgesetz für Jugendwohlfahrt vom 9. Juli 1922 gefordert. Jugendämter jetzt in allen Kreisen vorhanden, diese ohne Wohlfahrtsämter aber kaum denkbar. Daher praktisch überall Kreiswohlfahrtsämter gebildet.

Dreiteilung des Kreiswohlfahrtsamtes.

Wirtschaftsfürsorge	Erziehungsfürsorge, Jugendamt, eventuell besondere Jugendfürsorgerin	Gesundheitsabteilung, Gesundheitsamt

An der Spitze der Landrat. Ihm unterstellt oder mehr oder minder selbständig der Wohlfahrtsdirektor, immer Leiter der ersten Abteilung. Zweite Abteilung in Städten durch besondere Syndici geleitet, Gesundheitsamt immer vom Kreisarzt oder Kommunalarzt.

Besondere Vorbildung für die Wohlfahrtsdirektoren nicht vorgeschrieben. Frühere Lehrer, Pastoren, Offiziere in diesen Stellen. Ihre Stellung und die Stellung zu ihnen nicht immer leicht, Frage der Persönlichkeit. In der *wirtschaftlichen Abteilung* werden bearbeitet: Ortsarme, d. h. Wohlfahrtsempfänger, Kleinrentner, Sozialrentner, Kriegsbeschädigte, Kriegshinterbliebene.

Im Jugendamt werden die Belange der Jugendlichen entsprechend § 3 RJWG. wahrgenommen und im Sinne des Jugendgerichtsgesetzes vom 16. Februar 1923. In Landkreisen wird diese Abteilung auch vom Wohlfahrtsdirektor geleitet, die Jugendlichen selbst von der Kreisfürsorgerin betreut. In größeren Städten besondere Sachbearbeiter erforderlich und besondere Fürsorgerinnen besonders für die Jugendgerichtshilfe.

Die *gesundheitliche Abteilung* untersteht dem Kreisarzt oder einem Kommunalarzt. Wird der Kreisarzt vertraglich von der Gemeinde verpflichtet, so heißt er Kreiskommunalarzt.

In den Städten führen die Kommunalärzte die Bezeichnung Stadtmedizinalrat. Ihnen untergeordnet sind Stadtärzte, welche die Säuglings-, Tuberkulosefürsorge ausüben, als Schulärzte tätig sind und vom Wohlfahrtsamt in besonderen Fällen zur Begutachtung herangezogen werden. Eine gesetzliche Vorbildung dieser Kommunalärzte gibt es nicht, im Gegensatz zu den staatlichen Kreisärzten, die nur nach bestandenem staatlichem Examen angestellt werden. *Die Kommunalärzte* erhalten eine abschließende Vorbildung an den sozialhygienischen Akademien in Berlin, Charlottenburg, Düsseldorf und Breslau in einem dreimonatigen Kursus. Meistens sind sie fachärztlich vorgebildet entweder auf dem Gebiet der Säuglings- oder Tuberkulosefürsorge. *Die Kreisärzte* werden erst angestellt, nachdem sie eine fünfjährige selbständige Tätigkeit ausgeübt haben. Die Kommunalärzte können, ohne je als praktische Ärzte gearbeitet zu haben, angestellt werden. Darin liegt ein Nachteil. Wer die ärztliche Praxis ausgeübt hat, versteht erst den Sinn der Gesundheitsfürsorge ganz, aber auch ihre Grenzen. Die Angelegenheiten der Kreiswohlfahrtsämter können entweder von einer Zentrale erledigt werden oder es werden dezentralisierte Fürsorgeämter in größeren Städten eingerichtet.

Die bei den Ämtern gebildeten *Kommissionen* haben eine große Bedeutung. Entsprechend der Dreiteilung des Wohlfahrtsamtes bestehen Wohlfahrts-(Unterstützungs-) Jugend-Gesundheitskommissionen.

In diesen Kommissionen führt der Dezernent (Stadtrat) den Vorsitz; sie bestehen aus Stadtverordneten und aus der Bürgerschaft gewählten Personen. Die Stadtverordneten werden aus den verschiedenen Fraktionen von der Stadtverordnetenversammlung gewählt, die bürgerlichen Mitglieder von der Kommission vorgeschlagen. Die Zusammensetzung der Kommissionen richtet sich also nach den im Rathaus vertretenen Parteien. Die Arbeit in den Kommissionen wird meistens ohne parteipolitische Bindungen vollzogen. Diese treten stärker in den öffentlichen Kollegiensitzungen zutage und schrecken manchen zurück, eine Wahl in eine Kommission anzunehmen.

In der Kommission des Jugendamtes oder dem Jugendamt machen sich die Gegensätze auf weltanschaulichem Gebiet stärker geltend, da ja alle Richtungen vertreten sein sollen.

3. Die staatliche Gesundheitskommission (Gesetz vom 16. September 1899, § 10). Für jede Gemeinde mit mehr als 5000 Einwohnern ist eine Gesundheitskommission zu bilden. In ländlichen Bezirken befindet der Landrat über die Zusammensetzung, die Mitgliederzahl und den Geschäftsgang der Kommission.

Die Gesundheitskommission hat die Aufgabe, durch gemeinsame Besichtigungen sich von den gesundheitlichen Verhältnissen des Ortes Kenntnis zu verschaffen und die Maßnahmen der Polizeibehörde, insbesondere bei der Verhütung des Ausbruchs oder der Verbreitung gemeingefährlicher Krankheiten, zu unterstützen. Sie soll Vorschläge auf dem Gebiete des Gesundheitswesens machen und sich gutachtlich über alle ihr vom Landrat vorgelegten Fragen des Gesundheitswesens äußern.

Nach § 12 *können* in Gemeinden mit oder weniger als 5000 Einwohnern Gesundheitskommissionen gebildet werden. Praktisch ist die Entwicklung über die Gesundheitskommission hinweggegangen in dem Maße, wie sich die Gesundheits„gesetzgebung" zur Gesundheits„fürsorge" entwickelt hat. Wichtiger sind in den Landkreisen *Wohlfahrtsausschüsse* beim Kreiswohlfahrtsamt, in denen alle Kreise vertreten sein müssen, Lehrer, Pastoren, Gutsherren, Landarbeiter, Vertreter der Krankenkassen, der freien

Liebestätigkeit usw. Der Landrat, der Wohlfahrtsdirektor, der Kreiskommunalarzt, die Kreisfürsorgerinnen müssen selbstverständlich bei allen Sitzungen anwesend sein, in denen Fragen der Wohlfahrtspflege und der Gesundheitsfürsorge erörtert werden.

In den Stadtkreisen sind diese Kommissionen entbehrlich, da die einzelnen Fachkommissionen entsprechend zusammengesetzt sind.

III. Die im Gesundheitswesen tätigen Personen.

1. Die Kreisfürsorgerin. Leider sind sie in genügender Zahl meist nicht vorhanden. „Eine" Kreisfürsorgerin in einem Landkreis von 50000 Einwohnern ist nicht ausreichend. Sie muß reisen, Berichte, Bureauarbeit machen, wird körperlich und seelisch erschöpft. Zum mindesten „zwei" Kreisfürsorgerinnen in einem Landkreise, die sich abwechseln in der Innen- und Außenarbeit.

In einzelnen Landkreisen sind mehrere Kreisfürsorgerinnen angestellt, für bestimmte Bezirke Bezirksfürsorgerinnen. Entsprechend werden in den Städten die Wohlfahrtspflegerinnen auch Bezirksfürsorgerinnen genannt. Hier haben sie Bezirke mit 8000—10000 Seelen zu betreuen.

In Landkreisen ist Familienfürsorge das Gegebene; in den Städten grundsätzlich auch. Ergänzungsfürsorge nicht zu entbehren. Ermittlerinnen beim Jugendamt für Jugendfürsorge, Jugendgerichtshilfe, besondere Fürsorgerinnen arbeiten bei der Tuberkulosefürsorgestelle, überwachen im Außendienst die offen Tuberkulösen. In der Säuglingsfürsorge besonders vorgebildete Schwestern (nicht Fürsorgerinnen) nützlich. Diese sind den Säuglingsfürsorgestellen zugeteilt und arbeiten im Bezirk. Anstellung vom Vaterländischen Frauenverein zweckmäßig. Zusammenarbeit der privaten und öffentlichen Fürsorge.

Die Arbeit der Familienfürsorgerin wird so *ergänzt, nicht ersetzt*, sie muß die Familie übersehen, bei ihr laufen die Fäden zusammen.

Alle Fäden zusammenlaufend im Amt für Familienfürsorge, auch wenn Kreisämter bestehen, denen mehrere Fürsorgerinnen zugeteilt sind. Weibliche Leitung des Amtes für Familienfürsorge, sie muß aus der Praxis hervorgegangen sein.

Ausbildungsgang der Wohlfahrtspflegerinnen.

a) Vorbildung. Entsprechend den drei Zweigen der Wohlfahrtspflege Prüfungen in drei Hauptfächern. Nebenfächer werden stets mitgeprüft.

A. Hauptfach: Gesundheitsfürsorge.

Vorbildung: Staatliche Anerkennung als Kranken- oder Säuglingspflegerin oder einjähriger Kurs an einer staatlich anerkannten Kranken- oder Säuglingsschule oder je ein halbjähriger Besuch der beiden genannten Anstalten.

B. Hauptfach: Jugendwohlfahrtspflege.

Vorbildung: Staatliche Prüfung als Kindergärtnerin, Jugendleiterin oder staatliche Lehrerinnenprüfung oder Abschluß einer Frauenschule (zweijähriger Lehrgang) oder Nachweis einer dreijährigen erfolgreichen Tätigkeit in der Wohlfahrtspflege oder wie zu A.

C. Hauptfach: Allgemeine oder wirtschaftliche Wohlfahrtspflege.

Vorbildung wie zu B, aber nicht als Kindergärtnerin, Hortnerin, Jugendleiterin, wohl Abschlußprüfung einer Frauenschule, auch auf dem Lande, oder einer Landpflegeschule oder einer auf Grund des Erlasses vom 25. September 1918 anerkannten Gewerbe- oder Haushaltungsschule unter Voraussetzung einer einjährigen Berufstätigkeit in der Wohlfahrtspflege. Endlich Abschlußprüfung einer anerkannten Handelsschule *und* der Nachweis einer einjährigen erfolgreichen Berufsarbeit oder einer vierjährigen erfolgreichen Berufstätigkeit.

b) Die Ausbildung. Zweijähriger Lehrgang an einer staatlich anerkannten Wohlfahrtsschule, unterbrochen durch eine halbjährige praktische Tätigkeit bei einem Wohlfahrtsamt.

c) Schriftliche Prüfung aus dem Gebiet des Hauptfaches. Mündliche Prüfung: Allgemeine, spezielle Gesundheitslehre; Gesundheitsfürsorge; Seelenkunde; Erziehungslehre; Volksbildungsfragen; Volkswirtschaftslehre; Sozialpolitik und Sozialversicherung; Staats- und Rechtskunde; Wohlfahrtskunde.

Bei dem Hauptfach Gesundheitslehre sind besondere Kenntnisse auch in der sozialen Gesundheitslehre und sozialen Gesundheitsfürsorge nachzuweisen;

bei dem Hauptfach Jugendwohlfahrtspflege in der Jugendpflege, Jugendfürsorge, Kleinkinder-, Schulkinderfürsorge;

bei dem Hauptfach allgemeine und wirtschaftliche Wohlfahrtspflege in der Sozialpolitik, Wirtschaftsfürsorge, Arbeits- und Berufsfragen.

d) Es schließt sich ein praktisches Jahr an. Dann erfolgt *die staatliche Anerkennung,* falls die Bewerberin das 24. Jahr vollendet hat. Kritisch: Alle Kandidatinnen müßten als Vorbildung ein Jahr Besuch einer Krankenschule nachweisen. Die Prüfung müßte immer im Hauptfach Gesundheitsfürsorge abgelegt werden. Kandidatinnen könnten eine *Zusatz*prüfung als Jugendfürsorgerin machen. Die Fachprüfung: allgemeine und wirtschaftliche Wohlfahrtspflege müßte wegfallen.

2. Gemeindeschwestern. Anstellung grundsätzlich nur von staatlich geprüften Krankenpflegerinnen. Diese können einem Mutterhaus angehören oder nicht. Anstellung für bestimmte Gemeindebezirke von den politischen Gemeinden, von vaterländischen Frauenvereinen, Kirchengemeinden, Verbänden. *Ihre betonte Aufgabe ist die Krankenpflege,* Gemeindekrankenpflege in den Städten und vor allem auf dem Lande. Sie sind die Grundlage einer geordneten Gesundheitsfürsorge; Kreisfürsorgerinnen müssen sich immer, besonders auf dem Lande auf sie stützen.

In Landkreisen besondere Aufgabe des Landrates und der Kreisfürsorgerin: lückenlose Besetzung der Stationen mit Gemeindeschwestern. Karte mit Fähnchen. Besetzte Stellen halten, freie besetzen! Dauernde Arbeit hierzu erforderlich.

Gemeindeschwestern müssen in der Gesundheits*fürsorge* unterrichtet und geprüft werden (geschieht bis jetzt noch nicht). Besonders wünschenswert ist die Ausbildung als Säuglingsschwester. Diese Zusatzprüfung entspräche der Zusatzprüfung der Wohlfahrtspflegerin als Jugendfürsorgerin. Gemeindeschwestern müssen bei der Krankenpflege auf die sozialen Verhältnisse ihres Bezirkes achten und Hand in Hand mit den Kreisfürsorgerinnen arbeiten. Kompetenzstreitigkeiten nicht nötig. Kreisfürsorgerin hat nichts auf dem Gebiet der Kranken*pflege* zu sagen. Gemeindeschwester arbeitet auf dem Gebiet der Gesundheitsfürsorge im *Einvernehmen* mit der Kreisfürsorgerin und nach den Weisungen des Kreiskommunalarztes.

Gemeinsame Besprechungen (mit Kaffee) förderlich. Kreisarzt und Leiter des Wohlfahrtsamtes sollen häufig zugegen sein.

In den Städten ist das Verhältnis einfacher. Die gemeinsamen Besprechungen sind leichter herbeizuführen.

Die Gemeinde spielte früher als Armenverband eine große Rolle.

a) Das Reichsgesetz über den Unterstützungswohnsitz vom 6. Juni 1870 mit Ergänzung vom 30. Mai 1908 unterschied Ortsarmen- und Landarmenverbände. Die Ortsarmenverbände bestanden aus mehreren Gemeinden oder Gutsbezirken. Gesetz über Aufhebung der Gutsbezirke (Gutsherr war bisher Vorsteher des Gutsbezirkes) vom 27. Dezember 1927 von großer sozialpolitischer, wahrscheinlich auch politischer Bedeutung. Ausführungsbestimmungen zu dem Gesetz vom 6. Juni 1870 in den Ländern, in Preußen vom 8. Mai 1871.

Neuordnung des gesamten Unterstützungswesens durch die

b) Reichsverordnung über die Fürsorgepflicht vom 13. Februar 1924; in enger Beziehung zu dem RJWG (am 14. Februar 1924 in Kraft getreten), dessen Ergänzung und Krönung.

Reichsgrundsätze über Voraussetzung, Art und Maß der öffentlichen Fürsorge vom 27. März 1924 mit den entsprechenden Ausführungsbestimmungen der Länder.

An Stelle der Orts- und Landarmenverbände treten Bezirks- (Kreise-) und Landesfürsorgeverbände.

Leider war die Möglichkeit gegeben, daß die Bezirksfürsorgeverbände einzelne Aufgaben, insbesondere die Unterstützung der Ortsarmen, an die Gemeinden delegierten. Hierdurch verloren die Bezirksfürsorgeverbände die Einwirkung auf die Gemeinden, insbesondere Gutsbezirke, mußten vielfach die Rechte der Ortsarmen auf dem Klagewege vor dem Kreisausschuß vertreten.

Die Delegation ist verständlich, da vielfach die Gemeinden die Unterstützung in Naturalien gewähren, ganz oder zum Teil, auch

Wohnung und sonst den Kreis mit den vollen Kosten belasten würden.

Vielfach wird die Neuordnung vom Jahre 1924 überschätzt. Schon das preußische Gesetz vom 8. März 1871 schreibt als Leistung vor: Wohnung, Heizung, Nahrung, Kleidung, erforderliche Pflege in Krankheitsfällen und angemessenes Begräbnis.

Neu ist die Fassung, daß als Hilfsbedürftigkeit anzusehen ist, wenn der Betreffende nicht hinreichende Kräfte besitzt, um sich und seinen nicht arbeitsfähigen Angehörigen den notwendigen Lebensunterhalt zu verschaffen, auch diesen weder aus eigenem Vermögen bestreiten noch von einem dazu verpflichteten Verwandten erhalten kann. Zum Lebensbedarf wird gerechnet:

Unterkunft, Nahrung, Kleidung und Pflege, Krankenhilfe, sowie Hilfe zur Wiederherstellung der Arbeitsfähigkeit, Hilfe für Schwangere und Wöchnerinnen;

bei Minderjährigen Erziehung und Erwerbsbefähigung;

bei Taubstummen und Krüppeln Erwerbsbefähigung,

nötigenfalls Bestattung.

Die Hilfe soll auch *ohne Antrag* einsetzen und den Zweck haben, zu verhüten, daß vorübergehende Not eine dauernde wird.

Eine besondere Stellung wird den Hilfsbedürftigen eingeräumt, die durch den Krieg und die Inflation geschädigt wurden, den Sozial- und Kleinrentnern.

Besonders weitgehend ist die Fürsorge für die Jugendlichen gefaßt, um gegebenenfalls rechtzeitig dauernde und gründliche Abhilfe gegen Störungen der körperlichen, geistigen und sittlichen Entwicklung zu gewähren (s. RJWG.).

Geregelt wurde auch die Wochenfürsorge für *nicht* Versicherte (s. S. 64). Die Kreisfürsorgerinnen müssen sich über die Richtlinien über die Gewährung von Unterstützungen ihres Bezirksfürsorgeverbandes wohl unterrichten und die Hilfsbedürftigen gegebenenfalls zum Wohlfahrtsamt verweisen bzw. sie dort vertreten.

3. Hebammen. Gemeindeschwestern kommen mit den Hebammen örtlich in Berührung, die Kreisfürsorgerin nur bei der Organisation der Gesundheitsfürsorge.

a) Preußisches Hebammengesetz vom 1. April 1923. Annahme, daß das ganze Gesetz durch das Urteil des Oberwaltungsgerichtes vom 7. Januar 1926 ungültig sei, ist irrig. Ungültig sind nur die Bestimmungen über Niederlassungsgenehmigung, die Verwarnungsmöglichkeit seitens der Kreishebammenstellen. Damit fällt naturgemäß die Zuschußpflicht der Gemeinden weg, da nunmehr *alle* Hebammen praktizieren können. Die Absicht des Gesetzes: Nur eine bestimmte Zahl von Hebammen sollen eine Niederlassungsgenehmigung erhalten, diese erhalten ein Mindesteinkommen garantiert, stehen aber auch unter besonderer Kontrolle der Gemeinde. Lassen sie sich Verfehlungen zuschulden kommen, kann ihnen die Niederlassungsgenehmigung entzogen werden, unabhängig von der Entziehung der Approbation, die allerdings dadurch illusorisch geworden wäre.

Folgende Bestimmungen gelten:

In Stadt- und Landkreisen werden Kreishebammenstellen gebildet, in denen ein Vertreter des Magistrats oder Kreisausschusses den Vorsitz führt. Mitglieder sind der zuständige Kreisarzt, 2 Vertreter der öffentlichen Krankenversicherung, mindestens 2 Mütter, 2 Hebammen. Dies die erste gesetzliche Kommission, in der der Kreisarzt Sitz und Stimme hat. In der Jugendamtskommission und der staatlichen Gesundheitskommission hat er nur *beratende* Stimme. In den Großstädten, in denen ein besonderer Stadtarzt angestellt ist, ist dieser als Sachverständiger des Magistrates ebenfalls Mitglied der Kreishebammenstelle. Die Kreishebammenstelle hat die Aufgabe, den Interessen der Mütter und Hebammen zu dienen, und muß, obwohl sie nur ein beratendes Organ ist, in allen wichtigen, das Hebammenwesen betreffenden Fragen gehört werden. Diese Stelle dient dazu, die Gegensätze zwischen Krankenkassen, Hebammen und Müttern auszugleichen.

b) Die Ausbildungszeit der Hebammen ist auf 18 Monate festgesetzt. Vorbedingung ist: Alter nicht über 30 Jahre (Dispens durch Regierungspräsidenten), Wiederimpfzeugnis, Leumundszeugnis der Ortspolizeibehörde, Gesundheits- und Befähigungszeugnis, ausgestellt vom Kreisarzt (Nachweis über Fähigkeit: Schreiben nach Diktat, Gelesenes im Gedächtnis behalten, Bruchrechnen, Addieren, Subtrahieren, Multiplizieren, Dividieren, Temperatur, Gewichts-, Flächen-, Raummaße). Die Hebammen erhalten neben Kenntnissen der Schwangerschaft und des Wochenbettes Unterricht in der Säuglingspflege und Säuglingsfürsorge, werden auch in diesen Fächern geprüft. Die so ausgebildeten Hebammen sollen sich in der Säuglingsfürsorge betätigen und eine diesbezügliche Aufforderung nicht ablehnen. Für diese Betätigung sollen die Hebammen eine besondere Entschädigung erhalten. Nach der Dienstanweisung § 30, Lehrbuch vom Jahre 1928, sollen die Hebammen die frisch Entbundenen in den ersten 10 Tagen mindestens einmal täglich, wenn möglich zweimal besuchen, um erstens das in den ersten Tagen auftretende Wochenbettfieber zu erkennen, zweitens in der kritischen Zeit den Neugeborenen zu überwachen (erste Stillversuche oder frühzeitige Flaschennahrung).

Eine Nachprüfung findet alle 2 Jahre statt, ein Fortbildungsgang alle 5 Jahre.

Die Kreise werden also in Zukunft mehr als früher die Hebammen an der Säuglingsfürsorge beteiligen und die Gemeindeschwestern so entlasten.

Die Hebammen erhalten Gebühren nach einer Gebührenordnung, die der Regierungspräsident festsetzt nach Anhörung der Provinzialhebammenstelle am Sitz des Oberpräsidenten. Die Provinzialhebammenstelle hat die Fragen zu prüfen, die die Provinz betreffen. Mitglieder sind: der Regierungs- und Medizinalrat am Sitz des Oberpräsidenten, der Direktor der Provinzialhebammenlehranstalt; wenn eine solche im Bezirk nicht vorhanden ist, ein Frauenarzt oder Frauenärztin, 3 Hebammen, 3 Mütter, 2 Vertreter der öffentlichen Krankenversicherung.

Bei Streitigkeiten über die Höhe der Gebühren soll die Hebamme zuerst die Entscheidung der Kreishebammenstelle anrufen, ehe sie an die Gerichte geht. Die Provinzialhebammenstelle entscheidet, wenn in der Kreishebammenstelle eine Einigung nicht erzielt wurde.

Bei Personen, die in einer Krankenkasse versicherungspflichtig sind, sind auf Grund § 376a RVO. nach dem Erlaß des Ministeriums für Volkswohlfahrt vom 24. März 1928 feste Gebühren direkt von den Kassen an die Hebammen zu zahlen: 36 RM für alle Entbindungen, bei Zwillingsgeburten 40 RM. Für Desinfektionsmittel und Verbandstoffe kann ein Ersatz gefordert werden, es werden in der Regel 2 RM vergütet. Bei Entbindungen, die mehr als 2 km von der Wohnung der Hebamme entfernt liegen, hat die Hebamme Anspruch auf: freies Fuhrwerk oder die Erstattung der tatsächlich entstandenen Fuhrkosten, bei Benutzung der Straßenbahn auf Erstattung des Fahrpreises. Benützt die Hebamme kein fremdes Fuhrwerk, so stehen ihr 20 Pf. für jeden Kilometer zu. Die gleiche Regelung gilt für die Wochenbesuche.

Die Vorbesuche *vor* der Entbindung fallen nicht unter die Pauschale von 36 bzw. 40 RM. Diese werden nach der vom Regierungspräsidenten festgesetzten Gebührenordnung berechnet. Diese Gebührenordnung wird je nach der Teuerung abgeändert und gilt für alle Fälle, die nicht auf Grund der Reichsversicherungsordnung zwangsversichert sind. Die Mindestsätze der Gebührenordnung kommen bei Entbindungen zur Anwendung, die von den Wohlfahrtsämtern bezahlt werden (Wochenfürsorge der Gemeinden).

Diese Gebühren von 36 bzw. 40 RM gelten einschließlich der Wochenbesuche. Nach der Gebührenordnung erhalten Hebammen nur Wochenbesuche bezahlt, wenn sie sie geleistet haben; nach diesem Erlaß, auch wenn sie dies nicht tun. Man darf von dem Pflichteifer der Hebammen erwarten, daß sie die vorgeschriebenen Besuche machen. Auf dem Lande bei weiten Entfernungen kann die Hebamme nicht jede Wöchnerin 10 Tage besuchen. Auf jeden Fall muß sie die Besuche auf die ersten 10 Tage *verteilen.*

Die Kreisärzte haben unbeschadet der Funktion der Kreishebammenstelle die Hebammen dienstlich zu beaufsichtigen. Bei ernsten Verstößen (Unsauberkeit, Unterlassung der Zuziehung eines Arztes, Abtreibungen) muß der Kreisarzt bei der Polizeibehörde anregen, daß diese bei dem Bezirksausschuß die Zurücknahme der Approbation beantragt. Das Mindesteinkommen, das den Hebammen mit Niederlassungsgenehmigung gewährt wurde, betrug nach drei Teuerungsklassen I. 1006 *RM*, II. 754,50 *RM*, III. 503 *RM*. Diese Sätze wurden durch Erlaß vom 23. März 1928 um 20% erhöht, entsprechend der Erhöhung der Gehälter der Staatsbeamten.

Die Bestimmungen betr. Niederlassungsgenehmigung sind zur Zeit ungültig; *alle* Hebammen können praktizieren. Es steht zu erwarten, daß eine reichsgesetzliche Regelung getroffen wird, Abänderung des § 1 und § 6 RGewO. (Aufhebung der Freizügigkeit der Hebammen, Möglichkeit auch *nach* dem Erwerb der Approbation die Ausübung der Praxis an bestimmte Bedingungen zu knüpfen). Eine Regelung von Angebot und Nachfrage ist erwünscht. Die Geburten nehmen ab, die Entbindungen in den Kliniken nehmen zu. Ernstlich ist die Anstellung der Hebammen mit Beamteneigenschaft zu erwägen.

4. Säuglingspflegerinnen. In Preußen Prüfungsordnung vom 20. Februar 1923. Ausbildungszeit 2 Jahre an Säuglingsschulen oder Kinderkrankenhäusern. Betätigung nur in Großstädten, und zwar in ganz großen, in den Landkreisen kaum in Betracht kommend. Nicht selten jetzt 1 Jahr als Vorbereitung für den Besuch einer Wohlfahrtschule.

5. Landkrankenpflegerinnen werden von dem Caritasverband in Arenberg bei Coblenz ausgebildet. Theoretische Ausbildung 6 Wochen, praktische in verschiedenen Krankenhäusern des Caritasverbandes.

Grundsätzlich: In der Gemeindepflege in Stadt und Land sollen nur Schwestern *mit staatlicher Anerkennung* angestellt werden.

6. Wochenbettpflegerinnen, ebenfalls ohne staatliche Anerkennung. Kurz dauernde Ausbildungszeit von 3 Monaten. Pflege von Wöchnerinnen. Auch diese Teilausbildung nicht empfehlenswert, sondern entweder als Hebamme oder Säuglingsschwester oder Krankenpflegerin.

Die *männlichen Kräfte* in der Gesundheitsfürsorge.

Die staatliche Anerkennung in Preußen als Wohlfahrtspfleger geregelt durch Erlaß des Ministeriums für Volkswohlfahrt vom

4. April 1927 (Volkswohlfahrt 1927, Nr. 8, S. 419), desgl. Übergangsbestimmungen (Nachschulkurse).

7. **Männliche Ermittler** sind von der Erwerbslosenfürsorge angestellt zur Nachprüfung der häuslichen Verhältnisse der Antragsteller, können auch in der allgemeinen Wohlfahrtspflege verwendet werden bei Nachprüfung von Anträgen von Hilfsbedürftigen.

8. **Desinfektoren.** Treten bei der Ausübung der Desinfektion mit den Gemeindeschwestern in Berührung.

a) Ausbildung: Alter von 45 Jahren Zulassungsgrenze. 14 Tage dauernde Ausbildungskurse an den Hygienischen Instituten oder Medizinaluntersuchungsämtern. Personen, die in Betrieben tätig sind, durch die eine Verbreitung übertragbarer Krankheiten begünstigt wird, kommen nicht in Frage. Leider werden die Desinfektoren in den Landkreisen meistens nebenamtlich angestellt (Polizeibeamte, Gemeindediener usw.). Nach einer Prüfung erhalten die Desinfektorenanwärter die staatliche Anerkennung. Alle 3 Jahre Nachprüfung durch den Kreisarzt, sie können zu einem Wiederholungskurs einberufen werden.

b) Grundlage des Desinfektionswesens: § 19 des Reichsseuchengesetzes vom 30. Juni 1900; Desinfektionsanweisung vom 11. April 1907 für das Reich, für Preußen Ministerialerlaß vom 6. Juni 1907; Abänderung der Desinfektionsvorschriften in Preußen, Erlaß vom 8. Februar 1921 und 7. Januar 1922. Früher wurde großer Wert auf die Desinfektion *am Ende* der Krankheit gelegt, die neue Verordnung betont die Wichtigkeit der Desinfektion *während* der Krankheit. Diese laufende Desinfektion oder Desinfektion am Krankenbett sollen auch Gemeindeschwestern ausüben, die einen entsprechenden Kurs durchgemacht haben. Den Desinfektoren soll grundsätzlich die Schlußdesinfektion verbleiben. Die Kreisfürsorgerin muß bei der Organisation in ihrem Kreise an diese Zusammenarbeit denken.

Zu empfehlen ist die Anstellung von einem oder zwei hauptamtlichen Desinfektoren in Landkreisen als Gesundheitsaufseher, die die Ermittlungen bei ansteckenden Krankheiten, auch bei Tuberkulose, anstellen und dem Kreisarzt Bericht erstatten. Sie sind seine fliegenden Adjutanten des Gesundheitswesens (Motorrad). In den Städten nur *vollamtliche* Desinfektoren. Die Hälfte soll den Außendienst versehen, die andere den Dienst in der Desinfektionsanstalt. Die im Außendienst beschäftigten Desinfektoren machen die Ermittlungen in allen Fällen von anzeigepflichtigen Krankheiten und erstatten jeden Tag dem Kreisarzt Bericht, er gibt dann sofort die Anweisung bezüglich der Desinfektion. Bei Ausbruch von Typhus, Ruhr usw. sind diese Desinfektoren unersetzlich. Die Desinfektion ist gesetzlich angeordnet und muß geduldet werden. Die Gemeinden erheben

Gebühren, können sie aber bei Bedürftigkeit niederschlagen. Die Desinfektionsmittel zur Ausübung der Desinfektion am Krankenbett sollen von den Gemeinden unentgeltlich abgegeben werden.

9. Masseure. Nach Einführung der Krankenpflegeprüfung durften sich nur Masseure, die diese bestanden haben, staatlich geprüft nennen. Durch Erlaß vom 10. Juli 1923 ist die staatliche Prüfung von Masseuren in Preußen geregelt. Voraussetzung ist Teilnahme an einem sechsmonatigen Lehrgang an einer staatlich anerkannten Massageschule. Zurücknahme des Zeugnisses ist möglich bei Unzuverlässigkeit des Masseurs. Masseure sollen grundsätzlich nur Massagen übernehmen, die ihnen von Ärzten zugewiesen werden. Leider läßt sich dies recht selten erreichen, gewöhnlich übernehmen sie Massagen auch ohne ärztliche Zuweisung und können so manches Unheil anrichten.

10. Die staatliche Krankenpflegeprüfung für männliche und weibliche Personen.

In Preußen neu geregelt durch die Prüfungsvorschriften vom 19. Juli 1921. Zweijährige Ausbildung vorgeschrieben an einer staatlich anerkannten Krankenpflegeschule. Voraussetzung: Vollendung des 20. Jahres. Männliche und weibliche Krankenpfleger in Krankenanstalten.

Den staatlichen Kreisärzten unterstehen dienstlich die Hebammen, die Desinfektoren. Bei ihm sollen sich melden vor dem Dienstantritt außerdem die Säuglingsschwestern, die Wohlfahrtspflegerinnen, die Gemeindeschwestern, die Masseure.

Ist der Kreisarzt nebenamtlich der Kommunalarzt seines Kreises, so unterstehen ihm die Kreisfürsorgerinnen, Gemeindeschwestern hinsichtlich ihrer Tätigkeit auf gesundheitlichem Gebiet auch dienstlich.

Eine wichtige Rolle spielt die Besoldung aller dieser Gruppen, erstens hinsichtlich der Zahl, die angestellt werden kann, und hinsichtlich der Arbeitsfreudigkeit. Die Wohlfahrtspflegerinnen mit staatlicher Anerkennung werden wohl in jetziger Gruppe 7 des Angestelltentarifes richtig eingruppiert sein. Die Desinfektoren müssen mindestens in Gruppe 9 eingestuft werden. Das Beamtenverhältnis ist zu schaffen, damit für die aufopfernde Tätigkeit auch äußerlich eine Anerkennung gegeben wird. *Personen ohne staatliche Anerkennung* (Kurpfuscher) siehe unter hygienische Volksaufklärung S. 101—103.

IV. Die höheren Instanzen auf dem Gebiete des Gesundheitswesens.

1. Regierung. Die nächsthöhere Instanz auf diesem Gebiete ist die *Regierung*, als die Spitze eines Regierungsbezirkes. Die Regierung, ein verkleinertes Abbild der Ministerien. An der Spitze der Regierungspräsident. Besondere Abteilungen: Allgemeines; Schulabteilung; Provinzialschulkollegium; Medizinalabteilung, Abteilung für Jugendwohlfahrt, für Gewerbewesen, für die Polizei. Der Regierungs- und Medizinalrat ist der Fachberater des Regierungspräsidenten wie der Kreisarzt der des Landrates bzw. der Polizei in Stadtkreisen. Der Regierungspräsident kann mit Zustimmung des Bezirksausschusses Regierungspolizeiverordnungen erlassen, die sich aber auf bestehende Gesetze stützen müssen, also immer beginnen „Auf Grund ...“.

Der Regierungs- und Medizinalrat erhält die Amtsbezeichnung Oberregierungs- und -medizinalrat nach Maßgabe der vorhandenen Stellen. Er ist der Referent für Einrichtungen der Medizinalverwaltung im allgemeinen, für Generalien und Personalien der Ärzte, Apotheker, Zahnärzte, Zahntechniker, Hebammen, Desinfektoren, Heilgehilfen, Leichenschauer, Bekämpfung der Kurpfuscher, Verkehr mit Arzneimitteln, Bekämpfung der ansteckenden Krankheiten, Impfwesen, Krankenhäuser, Verkehr mit Nahrungsmitteln. Er bearbeitet die Geburts-, Erkrankungs- und Sterbestatistik des Bezirks. Er ist der Vorsitzende der medizinischen Prüfungskommission seines Bezirks*.

Er wird *gehört* bei Fragen der Wohnungshygiene, Trinkwasserversorgung, Beseitigung der Abfallstoffe, Bekämpfung der Geschlechtskrankheiten bzw. Geschlechtskrankenfürsorge nach dem Gesetz zur Bekämpfung der Geschlechtskrankheiten vom 26. Januar 1927*, Gewerbehygiene, hygienische Aufsicht der Markthallen, Schlachtereien, Schlacht- und Viehhöfe, Schulen, Gefängnisse, Leichenschau, Begräbniswesen.

Alle diese Aufgaben hat der Kreisarzt in seinem Kreise ebenfalls zu erfüllen bis auf *. Ist ein Gerichtsarzt in der Stadt vorhanden und dieser Gefängnisarzt, so untersteht dem Kreisarzt das Gefängnis nicht. Auf dem Gebiet der Gewerbehygiene wird er nur bei Neuanlagen oder Erweiterungen von konzessionspflichtigen Betrieben gehört. Der Gewerberat zieht ihn nur zu, wenn *er* es für erforderlich hält, und das ist nicht oft.

Mehrere Regierungsbezirke sind zusammengefaßt zu einer Provinz, außer in Schleswig-Holstein und in der Grenzprovinz.

2. Oberpräsident. An der Spitze der Provinz steht der *Oberpräsident* als staatlicher Vertreter (Oberpräsidium). Die gesundheitlichen Dinge werden bearbeitet in der Kreisinstanz, bei den Regierungen, in den Ministerien. Das Oberpräsidium ist für diese Gebiete nur eine Durchgangsstation. Dem Oberpräsidium untersteht das Apothekenwesen. Er hat über Neuanlage oder Verlegung von Apothekenkonzessionen zu entscheiden. Da er aber keinen medizinischen Fachbearbeiter hat, muß er sich auf die zuständige Regierung (Regierungs- und Medizinalrat) verlassen. Dem Oberpräsidium ist angegliedert seit 1921 ein *gerichtsärztlicher Ausschuß*, der aus dem Regierungs- und Medizinalrat am Sitze des Oberpräsidiums, einem Gerichtsarzt und einem dritten Vertreter besteht, der je nach Lage des Falles zugezogen wird. Dieser Ausschuß ist eine begutachtende Instanz in Fällen der gerichtlichen Medizin für die Gerichts- und Verwaltungsbehörden.

Der Oberpräsident hat die gesundheitliche Aufsicht der Provinzialanstalten durchzuführen, wieder durch Beauftragung eines Regierungs- und Medizinalrates. Überschneidung mit den Befugnissen des Landeshauptmannes!

Der Oberpräsident hat die staatliche Aufsicht über das ärztliche Ehrengericht.

3. Ministerium für Volkswohlfahrt. Die Zentralbehörde für das gesamte Gesundheitswesen ist in Preußen das am 7. Mai 1919 errichtete *Ministerium für Volkswohlfahrt.* Ein Gesundheitsministerium gibt es in Preußen und im Reiche nicht. An der Spitze kein Fachminister. Unter ihm ein Staatssekretär, ein Jurist.

Es bestehen drei Abteilungen:

I. *Für Volksgesundheit*, geleitet von einem Ministerialdirektor (Mediziner). Die einzelnen Abteilungen werden von Ministerialräten bearbeitet. Die einzelnen Abteilungen: Allgemeines, Medizinalverwaltung. Gesundheits- und Bäderpolizei. Personalien der Ärzte (der praktischen und beamteten) Zahnärzte, Apotheker, Nahrungsmittelchemiker, Zahntechniker. Ärztliche Ehrengerichte, Prüfungsangelegenheiten auch der Kreisärzte, Krankenhauswesen, Krankenpflege und -fürsorge, Irrenwesen, Hebammenwesen, Apothekerwesen, Rettungswesen, Seuchenbekämpfung, Wasserversorgung und Abwässerbeseitigung, Nahrungsmittelwesen, Geheimmittel, Medizinaluntersuchungsämter, Leichen- und Begräbniswesen, Säuglings- und Kleinkinderfürsorge und -pflege, Schulärzte, Impfwesen, Gewerbekrankheiten und Medizinalstatistik.

II. Für das Wohnungs- und Siedelungswesen.

III. Für die allgemeine und besondere Wohlfahrtspflege. Wohlfahrts- und Jugendämter, Fürsorge für Kriegsbeschädigte, Hinterbliebene, Arbeitslose, Kleinrentner, Arme und Waisen, die schulentlassene, gefährdete und verwahrloste Jugend, Trinker, Angelegenheiten der Wohlfahrtspflegerinnen, soziale Frauenschulen, die Arbeiter-, Angestellten- und Arbeitslosenversicherung, Oberversicherungs-, Versicherungsämter, Versorgungsgerichte, das Rote Kreuz, der Vaterländische Frauenverein.

Das Ministerium für Volkswohlfahrt gibt eine eigene Zeitschrift „*Die Volkswohlfahrt*" heraus, die am 1. und 15. jedes Monats erscheint.

Dem Ministerium für Volkswohlfahrt sind angegliedert:

a) Der Landesgesundheitsrat für Preußen. Dieser wurde am 30. April 1921 beschlossen und hat am 1. Juli 1921 seine

Tätigkeit begonnen. Dieser Landesgesundheitsrat ist deswegen wichtig, da ihm zur Zeit 119 Mitglieder aus den *verschiedensten* Berufen angehören, die auf 5 Jahre ernannt sind. Jeder, der sich in der Gesundheitsfürsorge einen Namen gemacht hat, kann in den Landesgesundheitsrat gewählt werden, also auch jede Wohlfahrtspflegerin oder Gemeindeschwester.

Der Landesgesundheitsrat hat die Aufgabe, sich über alle vom Minister für Volkswohlfahrt zur Begutachtung vorgelegten Fragen gutachtlich zu äußern. Diese Fragen betreffen: Öffentliche Gesundheitspflege, gesundheitliche Fürsorge, ärztliche, zahnärztliche Belange. Behörden können an den Minister für Volkswohlfahrt das Ersuchen richten, daß bestimmte Fragen im Landesgesundheitsrat verhandelt werden. Der Landesgesundheitsrat tagt entweder in seiner Gesamtheit oder in seinen Ausschüssen. Es bestehen zur Zeit 10.

1. Für das Heilwesen, einschließlich der Aus- und Fortbildung der Ärzte, Zahnärzte, Apotheker und der übrigen Medizinalpersonen.
2. Das Gesundheitswesen (Nahrungsmittel-, Wohnungshygiene, Wasserversorgung, Beseitigung der Abfallstoffe usw.).
3. Seuchenbekämpfung.
4. Arzneimittelversorgung.
5. Die gerichtliche und soziale Medizin sowie die gerichtliche Psychiatrie.
6. Die Gesundheitsfürsorge (soziale Hygiene).
7. Gewerbehygiene und gesundheitliche Arbeiterfürsorge.
8. Schulgesundheitspflege.
9. Bevölkerungswesen und Rassenhygiene.
10. Prüfung der Ärzte zur Erlangung der Befähigung für die Anstellung als beamteter Arzt.

Es ist ersichtlich, daß besonders Fragen aus den Abteilungen 6—9 auch in den städtischen Gesundheitskommissionen oder den ländlichen Wohlfahrtsausschüssen erörtert werden. Es ist wünschenswert, daß bei Fragen, die allgemeine Bedeutung haben, diese Kommissionen sich an die betreffenden Ausschüsse wenden, damit häufig Anregungen aus der Peripherie an die Zentrale gelangen.

Die Universitätskliniken, das Charitékrankenhaus, die Kleinkinderschulen und Kindergärten unterstehen in schultechnischer Hinsicht dem Ministerium für Wissenschaft, Kunst und Volksbildung, hinsichtlich der gesundheitlichen Belange gemeinsam mit dem Ministerium für Volkswohlfahrt.

b) Andere unterstellte Institute. Dem Ministerium für Volkswohlfahrt unterstehen weiter u. a.

1. das Institut für Infektionskrankheiten ROBERT KOCH *in Berlin,*

2. die Landesanstalt für Wasser-, Boden- und Lufthygiene in Berlin-Dahlem,

3. die hygienischen Institute, soweit sie Funktionen der Medizinaluntersuchungsämter ausüben, in Landsberg, Beuthen, Saarbrücken und 10 Medizinaluntersuchungsämter.

4. Reichsministerium des Innern. *Die oberste Instanz für das Gesundheitswesen im Reich* ist das *Reichsministerium des Innern* in Berlin.

An der Spitze steht der Minister, sein Vertreter ist der Staatssekretär, der Leiter der Abteilung II ein Ministerialdirektor. Der Dirigent der Abteilung Gesundheitswesen der Abteilung II ist ein Mediziner mit der Bezeichnung Ministerialrat. Man beachte die Forderung eines Gesundheitsministeriums mit einem Mediziner als Fachminister an der Spitze!

In der Abteilung II werden bearbeitet: die Angelegenheiten, die sich auf das öffentliche Gesundheitswesen beziehen, die Gesundheitspolizei, die Gesundheitsfürsorge, der Verkehr mit Nahrungsmitteln, das Veterinärwesen, ferner alle Gebiete, die bei dem Ministerium für Volkswohlfahrt aufgeführt wurden.

In der Abteilung III wird bearbeitet: Jugendwohlfahrt, Ausbildung für berufliche Tätigkeit in der Wohlfahrtspflege.

In der Abteilung V sind genannt u. a. die Fürsorge für Beamte hinsichtlich der Wohnung, Krankheit, Erholung.

Die Forderung, daß ein Mediziner an hoher entscheidender Stelle eines Ministeriums steht, ist für das Reich noch dringlicher als für Preußen.

a) Reichsgesundheitsamt. Dem Reichsministerium ist als technische beratende Behörde *das Reichsgesundheitsamt* unterstellt. Dieses ist berühmt durch die Arbeiten Robert Kochs seit 1890. Dieses Amt hat die Aufgabe, das zuständige Ministerium des Innern in der Ausübung des ihm verfassungsgemäß zustehenden Aufsichtsrechtes über die Ausführung der in den Kreis der Medizinal- und Veterinärpolizei fallenden Maßregeln zu unterstützen, aber auch bei der Vorbereitung der weiter auf diesem Gebiete in Aussicht zu nehmenden Gesetzgebung behilflich zu sein. Das Reichsgesundheitsamt soll sich über die Verhältnisse im Ausland unterrichten und die Wirkungen der im öffentlichen Interesse ergriffenen Maßnahmen beobachten. Eine eigene wissenschaftliche Forschungstätigkeit hat das Reichsgesundheitsamt im Laufe der Jahre betätigt. Es ist zu begrüßen, daß jetzt an der Spitze dieser einflußreichen Behörde ein Mediziner steht.

Vier Abteilungen erledigen die Aufgaben des Reichsgesundheitsamtes:

I. die chemisch-hygienische Abteilung,
II. die medizinische Abteilung,
III. die Veterinärabteilung,
IV. die bakteriologische Abteilung.

In der ersten Abteilung finden die Fragen der Lebensmittel- und Gebrauchsgegenstände ihre Bearbeitung, ferner die Wasserversorgung, Abwässerbeseitigung, Beleuchtung, Heizung, Lüftung.

In die Abteilung II fallen die ansteckenden Krankheiten, die Schulzahnpflege, Säuglings- und Kleinkinderfürsorge, Wohnungshygiene, Tuberkulosefürsorge, Heilanstalten und Krankenwesen, Alkoholismus, Irrenwesen, Angelegenheiten des Krankenpflegepersonals, Hebammen, Fürsorgepersonen, Krankenbehandlung, Rassenhygiene.

Die Fragen der Gewerbehygiene werden im Einvernehmen mit dem Reichsarbeitsministerium bearbeitet. Hierhin gehören besonders: Schutz der jugendlichen und weiblichen Arbeiter, Arbeiterschutz in den Fabriken, gewerbliche Schädigungen.

In der medizinischen Abteilung wird die so wichtige Todesursachenstatistik für das Deutsche Reich bearbeitet. Es werden jährlich die Ergebnisse der staatlichen Impfanstalten veröffentlicht, die Milzbrandfälle, Pockenstatistik und die Heilanstaltsstatistik im Deutschen Reich.

Die bakteriologische Abteilung ist die eigentliche Forschungsstätte des Reichsgesundheitsamtes. Hier entdeckte Robert Koch den Erreger der Cholera und der Tuberkulose, Schaudinn den Erreger der Syphilis. Das Reichsgesundheitsamt gibt eine besondere Druckschrift „Veröffentlichungen des Reichsgesundheitsamtes" heraus, die wöchentlich erscheint. Hier findet man die deutschen und außerdeutschen Gesundheitsgesetze im Wortlaut oder Auszug, wöchentliche und vierteljährliche Zusammenstellungen der Erkrankungen und Todesfälle in den deutschen Großstädten und Städten des Reiches. In Beiheften werden Fragen der Gesundheitsgesetzgebung und -fürsorge des Inlandes und Auslandes behandelt.

b) Reichsgesundheitsrat. Ähnlich wie in Preußen ist dem Reichsgesundheitsamt ein *Reichsgesundheitsrat* auf Grund des § 43 des Reichsseuchengesetzes angegliedert.

Dieser hat beratenden Charakter und soll das Reichsgesundheitsamt bei der Erfüllung seiner verschiedenartigen Arbeiten unterstützen.

Entsprechend den verschiedenen Aufgabengebieten bestehen auch beim Reichsgesundheitsrat 11 Ausschüsse, deren Aufzählung genügt, um die Arbeitsgebiete zu kennzeichnen.

1. Gesundheitswesen,
2. Ernährungswesen,
3. Seuchenbekämpfung,
4. Wasserversorgung, Abwässer,
5. Soziale Gesundheitsfürsorge, einschließlich Schulgesundheitspflege,
6. Fabrik- und Gewerbehygiene,
7. Schiffs- und Tropenhygiene,
8. Bevölkerungswesen, Rassenhygiene,
9. Arzneiversorgung,
10. Veterinärwesen,
11. Statistik.

5. Zu nennen ist noch: **das Bundesamt für das Heimatswesen**, Berlin, als oberste Instanz in Entscheidungen bei Streitigkeiten zwischen Armenverbänden über die Unterstützung Hilfsbedürftiger.

6. Die Reichsversorgungsanstalt, Abwicklungsstelle Berlin SW18 (Abschluß von Kollektivverträgen mit öffentlichen und gemeinnützigen Einrichtungen für Unfall- und Haftpflichtversicherungen).

7. Von der größten Bedeutung ist das **Reichsarbeitsministerium**, in dem alle Angelegenheiten bearbeitet werden, die sich auf die Fürsorge für Arbeiter und Angestellte, auf die Verhältnisse des Arbeitsmarktes, auf Wohlfahrtseinrichtungen und sonstige Fragen der Sozialpolitik beziehen. Diese Geschäfte werden hier geführt seit dem 4. Oktober 1918.

Die Geschäfte sind verteilt wie folgt:

I. Allgemeine Angelegenheiten und innerer Dienst des Ministeriums.
II. Sozialversicherung: Verwaltung, laufende Gesetzgebung u. Umbau.
III. Sozialpolitik und Volkswirtschaft im allgemeinen, insbesondere Arbeiterschutz (Arbeitsvermittlung, Erwerbslosenfürsorge), Neugestaltung des Arbeitsrechtes.
IV. Tarifverträge, Lohn-Einigungswesen, Betriebsverfassung, Arbeitsverhältnisse im Bergbau, Arbeitsordnung.
V. Wohnungs- und Siedelungswesen.
VI. Versorgungsbehörden. Kriegsbeschädigte und -Hinterbliebene.
VII. Versorgungsgesetzgebung.
VIII. Soziale Fürsorge, Beaufsichtigung und Ausgestaltung der Wohlfahrtspflege, Kriegsbeschädigten- und -Hinterbliebenenfürsorge.
IX. Soziale Medizin (Unfallbegutachtung, Versicherungsfragen).
X. Arbeitsvermittlung, Erwerbslosenfürsorge.

Wohl kein Ministerium hat für das Gesamtgebiet der Wohlfahrtspflege eine größere Bedeutung als dieses.

Zum Geschäftsbereich des Reichsarbeitsministeriums gehören:

a) Das Reichsversicherungsamt mit einer Abteilung für Unfallversicherung und einer Abteilung für Kranken-, Invaliden- und Hinterbliebenenversicherung;

b) die Reichsversicherungsanstalt für Angestellte als oberste Behörde der Angestelltenversicherung;

c) die ständige Ausstellung für Arbeiterwohlfahrt mit Abteilungen für Unfallverhütung, Gewerbehygiene, soziale Wohlfahrtseinrichtungen, Sonderausstellungen für Ersatzglieder und Arbeitshilfen für Kriegsbeschädigte, Schutzapparate, Tuberkulosemuseum, Alkoholausstellung, Wohnungs- und Ernährungsfragen;

d) die Kaiser-Wilhelm-Akademie für ärztlich-soziales Versorgungswesen. Eine wertvolle Bibliothek enthält mehr als 90000 Bände und 250 Zeitschriften und ist die größte medizinische Bibliothek Europas. Sie dient der Gesamtheit der deutschen Ärzte und Medizinstudierenden;

e) Reichsausführungsbehörde für Unfallversicherung zur Durchführung der Unfallversicherung bei den Betrieben des

Reiches, außer bei Post und Eisenbahn, insbesondere für ehemalige Heeres- und Marinebetriebe;

f) Reichsamt für Arbeitsvermittlung, jetzt die Hauptstelle der Reichsanstalt für Arbeitsvermittlung und Arbeitslosenversicherung, die Aufsichtsstelle über die Landesarbeitsämter;

g) das Statistische Reichsamt. Dieses hat die Aufgabe, das auf Grund von Gesetzen oder auf Anordnung des Reichskanzlers für die Reichsstatistik zu liefernde Material zu sammeln, zu prüfen und die Ergebnisse geeignetenfalls zu veröffentlichen. Von diesem Amt wird jährlich das Statistische Jahrbuch für das Deutsche Reich herausgegeben, ferner die Statistik des Deutschen Reiches.

Vierteljahrshefte zur Statistik des Deutschen Reiches, Monatliche Nachweise über den auswärtigen Handel Deutschlands, Statistik der Güterbewegung auf deutschen Bahnen.

Das Amt gliedert sich in 3 Abteilungen:

Abteilung I. Verwaltung und allgemeine Angelegenheiten und allgemeine Statistik.

Abteilung II. Handelsstatistik, Steuer, Verkehr, Binnenschiffahrts- und Seeschiffahrtsstatistik.

Abteilung III. Wirtschafts- und Sozialstatistik.

Für Preußen ist die entsprechende Behörde das Preußische Statistische Landesamt, welches das „Preußische Statistische Jahrbuch“ herausgibt und die zwanglos erscheinenden „Medizinal-statistischen Nachrichten“.

8. Reichsverfassung. *Auf Grund der Reichsverfassung vom 11. August 1919* hat sich das Reich wichtige Vorbehalte gesichert auf dem Gebiete der Gesetzgebung, die auch für die Gesundheitsgesetzgebung von besonderer Bedeutung sind.

Nach Artikel 6 hat das Reich die ausschließliche Gesetzgebung auf den Gebieten, die das Reich vornehmlich betreffen.

Nach Artikel 7 hat das Reich die Gesetzgebung über

5. das Armenwesen und die Wandererfürsorge,

7. die Bevölkerungspolitik, die Mutterschafts-, Säuglings-, Kinder- und Jugendfürsorge,

8. das Gesundheitswesen, das Veterinärwesen,

9. das Arbeitsrecht, die Versicherung und den Schutz der Arbeiter und Angestellten sowie den Arbeitsnachweis,

11. die Fürsorge für Kriegsteilnehmer und ihre Hinterbliebenen,

15. den Verkehr mit Nahrungsmitteln und Genußmitteln und mit Gegenständen des täglichen Bedarfs.

Nach Artikel 9. Soweit ein Bedürfnis für den Erlaß einheitlicher Vorschriften vorhanden ist, hat das Reich die Gesetzgebung über

1. die Wohlfahrtspflege.

Artikel 10. Das Reich kann im Wege der Gesetzgebung Grundsätze aufstellen für

4. das Bodenrecht, die Bodenverteilung, das Ansiedelungs- und Heimstättenwesen, die Bindung des Grundbesitzes, das Wohnungswesen und die Bevölkerungsverteilung,

5. das Bestattungswesen.

Artikel 12. Solange das Reich von seinem Gesetzgebungsrechte keinen Gebrauch macht, behalten die Länder das Recht der Gesetzgebung.

Artikel 13. Aber Reichsrecht bricht Landesrecht.

Hat also bei ruhender Gesetzgebung des Reiches ein Land ein Gesundheitsgesetz beschlossen und beschließt später das Reich anders, so verliert das Landesgesetz seine Gültigkeit. Hieraus erhellt die ausschlaggebende Bedeutung des Reiches für die Gesetzgebung auf dem Gebiete des Gesundheitswesens und der Wohlfahrtspflege.

Die Gesetze werden von der Regierung oder vom Reichstag eingebracht. Der Reichsrat hat seine Zustimmung im ersteren Falle zu erteilen. Dem Reichsrate steht das Recht zu, Einspruch gegen ein beschlossenes Gesetz zu erheben. In diesem Falle hat das Gesetz dem Reichstage zur nochmaligen Beschlußfassung zuzugehen. Bleibt auch dann der Reichstag mit Zweidrittelmehrheit bei der ersten Auffassung, so wird vom Reichspräsidenten entweder ein Volksentscheid angeordnet oder das Gesetz verkündet.

Ein Volksentscheid muß herbeigeführt werden, wenn ein Zehntel der Stimmberechtigten das Begehren nach Vorlegung eines Gesetzentwurfes äußert. Es ist aber festzustellen, daß bisher noch kein Gesetz auf diese Weise zustande gekommen ist. 2 Millionen Stimmen sind sehr schwer für ein solches Begehren aufzubringen und die Kosten, die damit verknüpft sind, sind außerordentlich. Mit diesem „Verlangen“ ist aber das Gesetz noch nicht „beschlossen“ und somit ist auch dieses Recht des Volkes recht bescheiden. Jeder Deutsche muß sich sagen, daß sein vornehmstes Recht und seine vornehmste Pflicht die Ausübung des Wahlrechtes ist.

Jeder, der in der sozialen Arbeit tätig ist, wird viele Wünsche haben, deren Verwirklichung ihm am Herzen liegt. In den Ausschüssen muß er versuchen, sein Ziel zu erreichen. Daß viele Stellen und Möglichkeiten bis zum Reichsgesundheitsrat vorhanden sind, haben wir gesehen.

Von der Kreisinstanz sind wir über die Regierungen, die Oberpräsidien zu den Ministerien in Preußen und im Reiche gelangt und haben die verschiedenen Behörden und sachverständigen Gremien, die mit ihnen verbunden sind, kennengelernt.

Wir müssen noch einmal zu der Provinzinstanz zurückkehren; hier finden wir die

9. Provinzialverwaltung mit dem **Landeshauptmann** an der Spitze. Diese Instanz hat eine immer zunehmende Bedeutung erhalten. Der Landeshauptmann ist Kommunalbeamter und wird von dem Provinziallandtag gewählt, der von der Provinz gewählten Vertretung.

Die Geschäfte führt der Provinzialausschuß.

Bei den Provinzialverwaltungen sind Landesräte angestellt, die die einzelnen Gebiete bearbeiten:

1. Provinzialsteuern und Finanzen.
2. Hochbau, Wegebau.
3. Fürsorgeerziehung.
4. Anstalten für Geistesschwache und Kranke.
5. Landeswohlfahrtsämter, die sich auf Grund des Reichsjugendwohlfahrtsgesetzes gebildet haben, indem die Provinzen die freiwilligen Aufgaben gemäß § 4 RJWG. übernommen haben, wodurch die Provinzialverwaltungen einen nicht abzusehenden Einfluß auf die Provinz erhalten haben. Die Hauptfürsorgestellen für Kriegsbeschädigte sind zweckmäßig mit dem Landeswohlfahrtsamt verbunden.
6. Der Provinzialverwaltung ist angegliedert die landwirtschaftliche Berufsgenossenschaft.

Der Landeshauptmann ist auf Lebenszeit gewählt, er ist nicht absetzbar. Er hat keinen Vorgesetzten über sich als das Gesetz und sein Gewissen. Er ist allein dem Provinzialausschuß und dem Landtag verantwortlich. Die Reichsverordnung über die Fürsorgepflicht hat den Landeshauptleuten als den berufenen Spitzen der Landräte einen großen Einfluß eingeräumt. Dieser wird vermehrt durch das Landeswohlfahrtsamt, das sich auf die Wohlfahrtsämter in den Kreisen bei seiner Arbeit stützt. Die Provinzialhebammenstelle befindet sich bei der Provinzialverwaltung. Der Landeshauptmann ist in dem Kollegium der Dezernenten seiner Behörde vollständig ungebunden, er entscheidet nicht auf Grund von Abstimmungen.

Die Aufgaben auch auf gesundheitlichem Gebiet, vor allem auf dem der Gesundheitsfürsorge, veranlaßt die Provinzialverwaltungen Landesmedizinalräte anzustellen, die als Berater des Landeshauptmannes auf allen die Gesundheitsfragen betreffenden Gebieten dieselbe Rolle spielen wie die Regierungs- und Medizinalräte bei den Regierungen.

Es sind bisher auch nebenamtlich beamtete Ärzte als Berater der Landeswohlfahrtsämter verpflichtet.

Die vielfache Überschneidung der Aufgabengebiete auch in der Provinz liegt auf der Hand.

Der Landeshauptmann hat die Pflicht, die Anstalten zu unterhalten, der Oberpräsident die Aufgabe, die gesundheitliche Überwachung durchzuführen, dazu bedient er sich eines Regierungs- und Medizinalrates bei einer Regierung, da er selbst keinen medizinischen Berater hat.

Die Wohlfahrtspflege wird von dem Landeswohlfahrtsamt entscheidend beeinflußt; aber wo ist die scharfe Grenze zwischen Gesundheitsgesetzgebung und Gesundheitsfürsorge? Die Jugendfürsorge gehört mit in das allgemeine Gebiet der Wohlfahrtspflege. Bei der Regierung bestehen aber besondere Referenten für Jugendpflege.

Die Pflege der Wohlfahrt der Bevölkerung liegt auch der Regierung am Herzen. Sie erreicht dies durch Erlasse und die Durchführung von Gesetzen.

Man könnte dies die staatliche Wohlfahrtspflege nennen. Man unterscheidet gewohnheitsmäßig öffentliche und private Wohlfahrtspflege, richtiger bildet man den Unterbegriff gesetzliche und freiwillige Wohlfahrtspflege und die letztere kann wieder ausgeübt werden von öffentlichen Stellen (Behörden) und von privaten Vereinen. Die gesetzliche Wohlfahrtspflege wird immer von Behörden ausgeübt, ist also immer öffentlich.

Daß diese Übergänge fließend sind, ist ohne weiteres klar. Die staatliche bzw. öffentliche Wohlfahrtspflege wird bei den einzelnen Abschnitten behandelt.

Die Organisationen der privaten Wohlfahrtspflege müssen hier kurz aufgeführt werden.

V. Organisationen der privaten Wohlfahrtspflege.

a) Freie Zentralorganisationen.

1. Der Deutsche Verein für öffentliche und private Fürsorge. Geschäftsstelle Frankfurt a. M., Stiftstraße 30. Er bezweckt die Zusammenfassung aller in Deutschland auf dem Gebiet der öffentlichen und privaten Fürsorge hervortretenden Bestrebungen.

2. Deutsches Rotes Kreuz. Generalsekretariat Berlin W 10, Corneliusstraße 4b. Am 30. Mai 1921 Umstellung infolge der Veränderungen nach dem Kriege. Folgende Aufgaben:

1. Vertretung der Gesamtorganisation vom Roten Kreuz.
2. Veranstaltung von Vereinstagen des Deutschen Roten Kreuzes.
3. Hilfeleistung bei deutschen und ausländischen außerordentlichen Notständen.
4. Veranstaltung von Sammlungen für allgemeine Zwecke des Roten Kreuzes im In- und Auslande.
5. Hebung der Volksgesundheit und die Bekämpfung von Seuchen und Volkskrankheiten.
6. Förderung der Gewinnung sowie einheitliche Ausbildung und Ausrüstung männlicher und weiblicher Kräfte des Roten Kreuzes.
7. Beteiligung an dem allgemeinen Rettungsdienst und Hilfsdienst und Lösung verwandter Aufgaben.
8. Flüchtlingsfürsorge.
9. Vorbereitung und Erfüllung der Aufgaben, die dem Roten Kreuz als Glied der Weltvereinigung des Roten Kreuzes auf dem Gebiete der Für-

sorge für die im Felde Verwundeten, Erkrankten und Gefangenen obliegen. Besonderer Auslandausschuß.

Eigene Monatsschrift: „Blätter des Deutschen Roten Kreuzes." Außerdem zweimal monatlich: „Amtliches Nachrichtenblatt" und „Der deutsche Kolonnenführer"; einmal wöchentlich: „Zeitschrift für die Schwestern vom Deutschen Roten Kreuz." Ohne amtlichen Charakter: „Das neue Kreuz", das „Rote Doppelkreuz". „Deutsche Jugendzeitschrift Jugendrotkreuz" erscheint monatlich (Bestellung Berlin W 10, Corneliusstraße 4 b). In der Jugend verbreitet und, da unpolitisch und gut, verdient sie Verbreitung.

3. Die Vaterländischen Frauenvereine vom Roten Kreuz. Hauptvorstand Berlin W 62, Wichmannstraße 20. Landesvereine, Provinzial- und Zweigvereine. Betätigung auf allen Gebieten, die die Verhütung, Bekämpfung sittlicher, gesundheitlicher und wirtschaftlicher Not bezwecken.

Aufgaben insbesondere:

1. Gemeinnützige Krankenpflege im Geiste werktätiger Nächstenliebe.
2. Gründung von Schwesternschaften vom Roten Kreuz und Ausbildung von Ersatzkräften zu deren Unterstützung.
3. Hebung der Volksgesundheit in jeder Richtung.
4. Fürsorge für Mutter und Kind und die heranwachsende Jugend.
5. Hilfeleistung bei außerordentlichen Notständen im Verbandsgebiet und außerhalb desselben und im Auslande.
6. Im Falle eines Krieges freiwillige Krankenpflege, Fürsorge für die Verwundeten und Erkrankten, Betätigung auf allen Gebieten der Kriegswohlfahrtspflege.

4. Deutscher Verein für ländliche Wohlfahrts- und Heimatpflege. Berlin SW, Bernburger Straße 13. Der Verein tritt ein für Besserung der wirtschaftlichen und sozialen Zustände auf dem Lande durch Entwicklung des Ansiedelungswesens, Ausnutzung und Ausbau des Versicherungswesens, Errichtung von Badegelegenheiten, Errichtung gemeinnütziger Rechtsauskunftsstellen, für ausreichende gesundheitliche Förderung, für Förderung des Geistes und Gemütslebens durch Errichtung von Gemeindehäusern, Jugendheimen, Ausgestaltung des freien Bildungswesens, dörfliche Gestaltung des Gottesdienstes und des kirchlichen Lebens, für heimatliche Gestaltung des gesamten ländlichen Lebens durch Förderung des Volkstums, Pflege der Überlieferung in Geschichte, Sage, Märchen, Lied, Spruch.

Dieser Verein hat eine besonders wichtige Aufgabe, wenn man die bestehende Landflucht bedenkt und die ihr zugrunde liegenden Ursachen.

Zeitschrift: „Landwohlfahrt", von der Geschäftsstelle herausgegeben. Aus dem Inhalt der Nr. 4, Jg. 5, April 1928: Gegen die Landflucht. Was kann die Hausfrau gegen die Landflucht tun? Zum Problem der inneren Kolonisation. Landarbeiter. Schont die Jugend. Zur Bildungsfrage auf dem Lande. Mehr Geschmack im Hausrat. Vorbildliche ländliche Feiern. Mai- und Pfingstgebräuche. Albrecht Dürer.

5. Hauptausschuß für Arbeiterwohlfahrt. Berlin SW 61, Belle-Alliance-Platz 8. Gründung der sozialdemokratischen Partei seit 1919.

Er will die Mitwirkung der Arbeiter bei der Wohlfahrtspflege herbeiführen. Er will ferner die gesetzliche Regelung der Wohlfahrtspflege in arbeiterfreundlichem Sinne fördern.

Zeitschrift: „Arbeiterwohlfahrt", erscheint zweimal monatlich seit 1926. Verlag Berlin SW 61, Belle-Alliance-Platz 8.

6. Deutscher Zentralausschuß für die Auslandshilfe. Berlin N 24, Bernburger Straße 13/14. Gegründet als neutrale Verteilungsstelle der vom Ausland eingehenden Liebesgaben an die Länder und Kommunalverbände.

b) Konfessionelle Verbände.

Unter den konfessionellen Verbänden sind zu nennen:

1. Zentralausschuß für die Innere Mission. Berlin-Dahlem, Zietenstraße 24. Er ist die Vertretung der gesamten evangelischen Liebestätigkeit. Unterabteilungen:

1. Zentralausschuß der Inneren Mission der deutschen evangelischen Kirche.

2. Die angeschlossenen Landes-Provinzialausschüsse, Vereine und Verbände.

3. Fachverbände der Inneren Mission, deren Tätigkeit über die Grenze eines Landes oder einer Provinz hinausgeht.

Die Fachverbände leisten die eigentliche christliche Nächstenhilfe. Unterteilung in 8 Fachgruppen.

I. Männliche und weibliche Diakonie, Kranken- und Pflegeanstalten. Hierher gehören z. B. alle Mutterhäuser, aber auch alle Krankenheime, Altersheime, Stifte, Anstalten für Schwachsinnige und Epileptische, Taubstummenanstalten, Blindenanstalten. Irrenpflege, Erholungsheime usw. Hier finden wir den Kern der geschichtlichen Anstaltspflege, der Asyle usw.

II. Jugendarbeit für die männliche und weibliche Jugend.

III. Erziehungsarbeit und Kinderpflege. Hierher gehören die Kinderheil- und -erholungsstätten, die Lehrlingsheime, die Jungmännerheime, die Mädchen- und Töchterheime.

IV. Frauenarbeit.

V. Soziale Arbeitsorganisationen.

VI. Öffentliche Mission, evangelische Preß- und Volksbildungsarbeit.

VII. Fürsorge für die wandernde Bevölkerung und Auslandsdeutsche. Hierher gehören Deutscher Herbergsverband, Verband christlicher Hospize.

VIII. Bekämpfung sittlicher Volksschäden und Fürsorge für Gefährdete und Gefallene. Hierher gehören der Deutsch-evangelische Verein zur Förderung der Sittlichkeit, der Deutsche Bund evangelisch-kirchlicher Blau-Kreuz-Verbände, die Heilstätten für Alkoholkranke.

Zeitschrift: „Die Innere Mission im evangelischen Deutschland und die Volksmission."

2. Deutscher Karitasverband. Freiburg, Werderstraße 4, Werthmannhaus. Er stellt die Zusammenfassung aller Kräfte dar, die in der christlichen Karitas im katholischen Deutschland tätig sind. Die Hauptaufgaben des Verbandes sind: Festsetzung allgemeiner Richtlinien für die gesamte Karitasbewegung; Verbindung zwischen den verschiedenen Zweigen der Karitas durch Gründung von Diözesen und Lokal-Karitasverbänden. Der Verband ist Auskunfts- und Vermittlungsstelle für das gesamte Gebiet der Karitas, er schließt die auf gleichem Gebiet tätigen Kräfte der Katholiken zu Fachverbänden zusammen, z. B. Verband der katholischen Anstalten für Geistesschwache, Vereinigung für katholische karitative Erziehungstätigkeit, Ausschuß für Karitaspflege auf dem Lande. Außerdem Betätigung auf allen Gebieten der Wohlfahrtspflege u. a. durch Unterhaltung von Gemeindeschwesternstationen usw.

Zeitschriften: „Karitas", „Karitasstimmen", „Die christliche Frau", „Karitasjahrbuch".

3. Zentralwohlfahrtsstelle der deutschen Juden. Berlin C 2, Rosenstraße 2/4. Zentrale Bestrebungen. Zusammenfassung der verschiedenen Kräfte. Örtliche Stellen: Gebiet der Jugendwohlfahrt, der Fürsorge für Kranke, Schwache, Auskunft und Raterteilung auf dem Gebiet der allgemeinen Wohlfahrtspflege.

Die verschiedenen Organisationen haben das Bestreben nach einer einheitlichen Vertretung. Auf Anregung des Reichsarbeitsministers haben sich 1921 zusammengeschlossen in der

c) Reichsgemeinschaft von Hauptfachverbänden der freien Wohlfahrtspflege.

Arbeitsgemeinschaft für sozialhygienische Fachverbände,
Karitasverband für das katholische Deutschland,
Zentralausschuß für die Innere Mission der evangelischen Kirche,
Deutsche Zentrale für Jugendfürsorge,
Deutscher Verein für ländliche Wohlfahrts- und Heimatpflege,
Deutscher Verein für öffentliche und private Fürsorge,
Deutscher Zentralausschuß für die Auslandshilfe,
Zentralwohlfahrtsstelle der deutschen Juden.

Diese Arbeitsgemeinschaft will nicht in die Angelegenheiten der einzelnen Verbände eingreifen, sondern sie zusammenschließen für die Aufgaben, die sie gemeinsam vertreten und bei denen die Arbeitsgemeinschaft einen größeren Nachdruck verspricht.

Alle Verbände für Gesundheitspflege sind in einem Spitzenverband der Arbeitsgemeinschaft sozialhygienischer Reichsfachverbände vereinigt.

Besondere Erwähnung verdienen:

Die einzelnen Fachverbände.

1. Die deutsche Zentrale für freie Jugendwohlfahrt. Berlin-Charlottenburg, Goethestraße 22. Diese sollte den Mittelpunkt für alle Bestrebungen auf dem Gebiete der Jugendfürsorge in Deutschland bilden.

I. Auskunft und Beratung.
II. Ausschuß für Jugendgerichte und Jugendgerichtshilfe.
III. Ausschuß für Gesundheitspflege.
IV. Auskunftsstelle mit Archiv und Bücherei.
V. Abteilung für Adoption und Pflegewesen.

2. Deutscher Kinderschutzverband. Berlin-Charlottenburg, Goethestraße 22. Zusammenfassung der Vereine, die sich mit dem Schutz der Jugend vor drohender körperlicher und sittlicher Verwahrlosung, die durch Mißhandlung, Ausnutzung, Vernachlässigung hervorgerufen werden, befassen. Zeitschrift: „Kinderschutz".

3. Archiv deutscher Berufsvormünder. Frankfurt a. M., Stiftstraße 30. Ausbau berufsvormundschaftlicher Einrichtungen und Förderung der gesamten Kinderfürsorge. Vierteljahrshefte: „Fortschritte des Kinderschutzes und der Kinderfürsorge."

4. Deutscher Verband für Einzelvormundschaft. Frankfurt a. M., Stiftstraße 30. Organisation der Einzelvormundschaft.

5. Allgemeiner Fürsorgeerziehungstag. Hannover-Kleefeld, Stephansstift. Er fördert die Fürsorgeerziehung auf allen Gebieten und will die in der Fürsorgeerziehung tätigen Behörden, Vereine usw. und sonstige interessierte Persönlichkeiten ohne Unterschied von Partei und Konfession und ohne Rücksicht auf die sonstige Zugehörigkeit zu einer Organisation sammeln, um persönliche Beziehungen zu schaffen und so die Sache an sich zu fördern.

6. **Reichsverband für Waisenfürsorge.** Magdeburg, Königgrätzer Straße 6. Zweigstelle Berlin W 57, Ziethenstraße 11. Zusammenschluß von 6 Reichswaisenhäusern, die seit 1880 von dem privaten Verein gegründet wurden.

7. **Evangelischer Reichserziehungsverband.** Berlin-Dahlem, Zietenstraße 24. Zentralausschuß für innere Mission und Oberkirchenkollegium sind im Evangelischen Reichserziehungsverband vertreten. Er will alle Verbände usw., die sich der Jugenderziehung widmen, zusammenfassen und die evangelischen Erziehungsgrundsätze im ganzen Volk zur Geltung bringen.

8. **Vereinigung für katholische karitative Erziehungsarbeit.** Freiburg i. Br., Werderstraße 4, Werthmannhaus. Ein selbständiger Zweig des Karitasverbandes. Zusammenfassung der Kräfte, Anregung und Förderung der katholischen karitativen Erziehung.

9. **Zentrale des katholischen Fürsorgevereines für Frauen, Mädchen und Kinder.** Dortmund, Rosental 32. Sorge für uneheliche Mütter und Kinder. Gefangenfürsorge, Jugendgerichtshilfe. Zusammenwirken mit der Sittenpolizei. Mitarbeit bei der staatlichen Fürsorgeerziehung. Freiwillige Übernahme von Vormundschaften, Pflegschaften, Beistandschaften und Mitarbeit bei der Berufsvormundschaft. Übernahme des Amtes als Waisenpflegerin und Aufsichtsdame im Ziehkinderwesen, Zusammenarbeit mit Armenverwaltung und Waisenrat. Mitarbeit in den örtlichen Zentralen für Jugendfürsorge. Errichtung von Geschäftsstellen.

10. **Ausschuß der Deutschen Jugendverbände.** Berlin NW 46, Moltkestraße 7. Dieser vertritt gemeinsame Angelegenheiten der angeschlossenen Verbände durch Eingaben, Veranstaltung von Besprechungen und Tagungen. Zeitschrift: „Ratgeber für Jugendvereinigungen." Angeschlossen sind 80 Organisationen bis 1927 gewesen.

Außerdem besteht ein

11. **Ausschuß deutscher evangelischer Jugendverbände.** Berlin-Dahlem, Friedbergerstraße 25/27 mit 18 angeschlossenen Verbänden.

12. **Verband der katholischen Jugend- und Jungmännervereine Deutschlands.** Düsseldorf, Schadowstraße 54. Mit 14 angeschlossenen Verbänden.

13. **Verband der jüdischen Jugendvereine Deutschlands.** Berlin C, Burgstraße 26. Mit 220 angeschlossenen jüdischen Jugendvereinen.

Die Kritik ergibt sich aus der Zahl der angeführten Organisationen von selbst. Konfessionelle und parteipolitische Gegensätze werden schwer zu überbrücken sein, auch wenn das Arbeitsgebiet sich auf gleicher Linie bewegt. Diese Verbände können nur in „Arbeitsgemeinschaften" zu gemeinsamem Vorgehen in bestimmten Fragen gewonnen werden. Die Bildung von immer neuen „Fach"verbänden muß aber abgelehnt werden. Es müssen ja schon wieder Organisationen geschaffen werden, um die „gleichen" Richtungen aus den verschiedenen Organisationen zusammenzufassen.

Neue Gruppen sollten sich immer großen *bestehenden* Verbänden als *Untergruppen* anschließen, denen weitgehende Selbständigkeit eingeräumt werden müßte.

Die Unzahl der Vereine erschwert eine sachliche Arbeit, lähmt die Wirksamkeit und veranlaßt eine Fülle von Tagungen, die nicht besucht werden könnten.

Es hat sich daher die Notwendigkeit ergeben, gemeinsame Tagungen gleichartiger Verbände zusammen zu veranstalten. Gehe man einen Schritt weiter und vereinige alle gleichgerichteten Organisationen, soweit nicht politische und konfessionelle Sonderinteressen vorliegen. Aber auch diese könnten in Form von Unterausschüssen vertreten werden.

Zu allen diesen Vereinen und der öffentlichen Wohlfahrtspflege stehen halb mißtrauisch, halb ablehnend *die praktischen Ärzte.*

VI. Ärzte.

Auf dem Ärztetag in Würzburg 1927 haben die Ärzte eingehend, und zwar in positivem Sinne, allerdings unter Betonung ihrer Rechte zu der Fürsorgetätigkeit Stellung genommen.

Ohne die praktischen Ärzte, besonders die Ärzte auf dem Lande, hat die Arbeit auf dem Gebiete der Gesundheitsfürsorge keinen Sinn. Die Stellung der praktischen Ärzte entspricht der der Gemeindeschwestern gegenüber den Fürsorgerinnen. Der praktische Arzt hat gegenüber den Fürsorgeärzten die Aufgabe zu behandeln und direkt zu heilen. Indem er den einzelnen Kranken gesund macht, fördert er das Wohlergehen der Gesamtheit. Die Fürsorgeärzte sagen dagegen, daß der praktische Arzt oft eine Krankheit nicht heilen kann, weil die wirtschaftlichen Voraussetzungen nicht gegeben sind. Der Sozialarzt, der einem kranken Menschen eine gesunde Wohnung vermittele, heile auch und ursächlicher als ein Arzt mit Medikamenten in einer Kellerwohnung. Beide Ansichten haben ihre Berechtigung. Da die gesellschaftlichen Zustände so sind, ist der Sozialarzt unentbehrlich. Das Ideal wäre, wenn der praktische Arzt gleichzeitig Fürsorgearzt wäre, wie wenn die Fürsorgerin gleichzeitig die Gemeindepflege ausüben würde. Unter den gegebenen Umständen müssen sich beide Teile verstehen, aber immer bedenken, daß die Gebiete sich überschneiden, die Übergänge fließend sind und daß „der" praktische Arzt den Fürsorgearzt am entbehrlichsten macht, der die sozialen Belange des ihm anvertrauten Kranken gleichzeitig mit der medizinischen Heilungstendenz vertritt. Die Fürsorgerinnen und die Gemeindeschwestern müssen daran denken, daß der praktische Arzt zumal auf dem Lande eine so schwere Arbeit verrichtet, daß man von ihm nicht alle Kenntnisse verlangen kann, die sie sich in der Ausbildung und in Fortbildungskursen auf sozialem Gebiet angeeignet haben.

Je bescheidener jeder die Wirkungsmöglichkeit auf seinem Gebiete beurteilt, um so besser wird die Zusammenarbeit sein und der endgültige Erfolg.

Gesundheitsgesetzgebung und Gesundheitsfürsorgegesetze bezwecken letzten Endes Verbesserung der Lage des Einzelindividuums. Zielen die Maßnahmen auf Hebung des Milieus, so indirekt doch wieder Wirkung auf den Menschen.

Betrachtung nach den Altersklassen unter Beziehung auf die Gesamtbevölkerung überhaupt ergibt den richtigen Maßstab.

VII. Gesetze für die Gesamtbevölkerung.

1. Reichsgesetz über die Beurkundung des Personenstandes vom 6. Januar 1875. Grundlage für die Bevölkerungspolitik und das Budget des Staates. Jeder Geburtsfall und Todesfall ist anzuzeigen. Damit erhalten wir eine einwandfreie Übersicht über Geburten (Lebend-, Totgeborene), die Zahl der Sterbefälle.

§ 17. Jede Geburt eines Kindes ist innerhalb einer Woche dem Standesbeamten des Bezirkes, in welchem die Niederkunft stattgefunden hat, anzuzeigen.

§ 18. Zur Anzeige sind verpflichtet: 1. der eheliche Vater, 2. die bei der Niederkunft zugegen gewesene Hebamme, 3. der dabei zugegen gewesene Arzt, 4. jede andere dabei zugegen gewesene Person, 5. die Mutter, sobald sie dazu imstande ist.

Hier, wie bei allen folgenden Gesetzen, bedingt die Reihenfolge die Verpflichtung; der nächst Genannte ist nur dann verpflichtet, wenn der vorher Genannte die Anzeige unterließ. Die Anzeige ist mündlich zu erstatten. Bei Entbindungen in öffentlichen Anstalten kann die Anzeige vom Vorsteher der Anstalt schriftlich erstattet werden. Bei der Eintragung in das Geburtsregister wird vermerkt: Vor- und Familienname, Stand oder Gewerbe, Wohnort „*des Anzeigenden*". Ort, Tag, Stunde der Geburt, Geschlecht des Kindes, Vornamen des Kindes, Vor- und Familiennamen, Religion, Stand oder Gewerbe, Wohnort *der Eltern.*

Handelt es sich um Totgeburten oder um Kinder, die in der Geburt verstorben sind, so ist die Anzeige spätestens am nächstfolgenden Wochentage zu machen.

Nach dem Erlaß in Ministerial- und Medizinalangelegenheiten vom 26. Oktober 1893 sind nur solche Früchte zur Eintragung in das Standesamtsregister anzumelden, die *nach* der 28. Schwangerschaftswoche geboren sind, und auch eine Körperlänge von *mehr* als 32 cm haben, also im siebenten Fruchtmonat sind. Was darunter liegt, gilt als Fehlgeburt. Was dazwischen liegt bis zur normalen Geburt (10 Schwangerschaftsmonate) ist eine Frühgeburt. Kinder, die bei der Geburt oder kurz vor der Geburt gestorben sind, gelten als Totgeburten.

a) Eheschließung. Ein Standesbeamter soll ohne Aufgebot eine Eheschließung nur dann vornehmen, wenn ärztlich bescheinigt wird, daß die lebensgefährliche Erkrankung eines der Verlobten den Aufschub der Eheschließung nicht gestattet.

Jeder Sterbefall ist spätestens am nachfolgenden Tage dem Standesbeamten des Bezirkes, in welchem der Tod erfolgt ist, anzuzeigen. Zur Anzeige ist das Familienhaupt, und wenn ein solches nicht vorhanden ist oder an der Anzeige verhindert ist, derjenige, in dessen Behausung der Sterbefall sich ereignet hat, verpflichtet. Die Form der Anzeige ist sinngemäß wie bei dem Geburtsfall.

Der Vor- und Familienname, Religion, Alter, Stand oder Gewerbe, Wohn- und Geburtsort *des Verstorbenen* ist anzugeben, außerdem Vor- und Familiennamen des Ehegatten oder Vermerk: ledig; ferner Vor- und Familiennamen, Stand oder Gewerbe und Wohnort *der Eltern des Verstorbenen.*

Ohne Genehmigung der Ortspolizeibehörde darf keine Beerdigung vor Eintragung des Sterbefalles in das Sterberegister stattfinden. Ist die Beerdigung dieser Vorschrift entgegen geschehen, so darf die Eintragung nur mit Genehmigung der Aufsichtsbehörde nach Klärung des Sachverhaltes stattfinden.

Die Standesbeamten sind Staatsbeamte, auf dem Lande meistens die Gemeindevorsteher.

Die Geburten und Todesfälle werden auf diese Weise so ziemlich restlos erfaßt. Die Krankheiten, an denen die Todesfälle erfolgt sind, sind nicht so sicher festzustellen. Irrtümer auch möglich in vielen Fällen, in denen der Arzt die Behandlung bis zum Tode durchgeführt hat. Wenn aber der Verstorbene nicht ärztlich behandelt wurde, Todesursache recht unklar.

b) Ärztliche Leichenschau also unbedingt zu verlangen, gesetzliche Regelung steht aber aus. In Städten meistens durchgeführt, aber nicht auf dem Lande. Hier werden Angaben der Verwandten als ausreichend bezeichnet oder Leichenschau durch Laien. Grundsätzliche Bedenken gegen allgemeine ärztliche Leichenschau können aber nicht erhoben werden, da in Deutschland tatsächlich ärztliche Leichenschau in allen Städten und auf dem Lande zum Teil schon durchgeführt ist.

Übersicht über die Leichenschau in Deutschland.

Nach BOGUSAT in MÖLLERs Gesundheitswesen und Wohlfahrtspflege im Deutschen Reich (Urban & Schwarzenberg 1925).

Nur ärztliche Leichenschau ist zugelassen:

in Preußen: Landespolizeibezirk Berlin, in der Rheinprovinz, im Regierungsbezirk Kassel und Arnsberg, außerdem in 30 Kreisen, 455 Städten, 92 Amtsbezirken, 268 Landgemeinden;

in Sachsen: Leipzig und Chemnitz;

in Hessen, Hamburg, Lübeck, Bremen, Mecklenburg-Schwerin (Rostock, Warnemünde);

in Braunschweig: in 14 Städten;

in Oldenburg: in den Städten Oldenburg und Birkenfeld;

in Anhalt: in den Städten Ballenstedt, Köthen, Dessau.

Nur *nicht*ärztliche Leichenschau besteht:

in Sachsen (s. o.), Baden, Mecklenburg-Schwerin (s. o.), Landgebiet Bremen.

Ärztliche *und* nichtärztliche Leichenschau besteht:
in Bayern (41 % durch Ärzte), Württemberg.
Ohne ärztliche Leichenschau sind:
Mecklenburg-Schwerin (Landgemeinden);
Braunschweig (Landgemeinden);
Oldenburg (abgesehen von den Städten s. o.);
Anhalt (abgesehen von den Städten s. o.);
Lippe, Schaumburg-Lippe, Mecklenburg-Strelitz, Waldeck.

Ärztliche Leichenschau ist besser als nichtärztliche Leichenschau. Wieviel bleibt aber noch zu tun! An und für sich sind die Ärzte verpflichtet, die Ausstellung eines Totenscheines abzulehnen, wenn sie den Verstorbenen nicht vor dem Tode behandelt haben. Die Standesbeamten wiederum können die Eintragung in das Sterberegister ablehnen, wenn ihnen die Todesursache nicht klar erscheint. In allen diesen Fällen müßte beim Amtsgericht die gerichtliche Leichenöffnung beantragt werden. Dies würde aber in viel zu vielen Fällen erfolgen müssen. Die Standesbeamten beschränken sich darauf, bei dem Verdacht eines „*un*“natürlichen Todes die Leichenöffnung zu beantragen. Der Staatsanwalt ordnet auf Grund § 88—91 StPrO. die gerichtliche Leichenöffnung an.

Diese wird in Landbezirken von den Kreisärzten, die mit gerichtsärztlichen Funktionen betraut sind, ausgeführt, immer mit einem zweiten Arzt. In den Städten sind vielfach besondere Gerichtsärzte angestellt. Der Befund wird genauestens protokolliert und in Zweifelsfällen werden chemische und andere Untersuchungen angeschlossen.

Vergiftungen (Arsen) lassen sich noch nachdem der Tote längere Zeit beerdigt war feststellen.

Die Zeichen des Todes: Stillstand der Herztätigkeit, der Atmung. Kälte der Haut. Trübung der Hornhäute unter Graufärbung, wobei der spiegelnde Glanz erloschen ist. Leichenstarre. Totenflecke. Diese sind Blutansammlungen nach dem Tode entsprechend der Lage der Leiche und lassen sich durch Druck wegstreichen. Ferner Leichengeruch.

Nicht die einzelnen Zeichen, sondern die Summe derselben ergibt Sicherheit. Noch immer besteht Furcht, lebendig begraben zu werden. Noch immer kommen rätselhafte Fälle von Scheintod vor. Sicherheit gibt die polizeiliche Frist bis zur Beerdigung. (3mal 24 Stunden gewöhnlich verlangt, nicht unter 24 Stunden und dann nur in ganz klaren Fällen.)

Wird irgendwo (auf dem Lande) eine Leiche gefunden, muß schleunigst das Amtsgericht benachrichtigt werden, bis dahin darf die Leiche nicht gewendet noch fortgeschafft werden.

Im Falle einer Feuerbestattung muß *vorher* immer eine Besichtigung *durch einen Amtsarzt* vorgenommen werden, damit auch jeder Verdacht, daß eine unnatürliche Todesursache vorliegt, ausgeschlossen werden kann. Vorgelegt muß eine letztwillige Verfügung werden, daß der Verstorbene die Verbrennung wünschte. Der Antrag auf Feuerbestattung muß mit diesen Unterlagen der für den Ort der Bestattung zuständigen Polizeibehörde vorgelegt werden. Besteht auch nur der Verdacht auf einen gewaltsamen Tod, so muß eine gerichtliche Leichenöffnung erfolgen. Die Verbrennung findet in besonderen Krematorien statt, die den Friedhöfen angegliedert sind. Die Urnen müssen bestattet werden oder in einer Urnenhalle aufbewahrt werden. Die Aufbewahrung in Privathäusern ist nicht gestattet.

Eine Ausgrabung einer Leiche kann nur vom Gericht angeordnet werden. Bei Privatgesuchen ist der zuständige Kreisarzt zu hören.

Ein Leichentransport darf nur ausgeführt werden, wenn durch ein ärztliches (kreisärztliches) Zeugnis bescheinigt ist, daß eine Gefahr wegen Vorliegens einer ansteckenden Krankheit nicht besteht.

2. Die Bekämpfung der übertragbaren Krankheiten. a) Reichsgesetz betreffend die Bekämpfung gemeingefährlicher Krankheiten vom 30. Juni 1900.

§ 1. Jede Erkrankung und jeder Todesfall (auch dann, wenn früher die Erkrankung angezeigt wurde) an Aussatz, Cholera, Fleckfieber, Gelbfieber, Milzbrand, Pest, Pocken sowie jeder Verdachtsfall einer dieser Krankheiten ist der für den Aufenthaltsort des Erkrankten oder den Sterbeort zuständigen Polizeibehörde unverzüglich, d. h. binnen 24 Stunden anzuzeigen. Die Anzeige kann mündlich oder schriftlich erfolgen. Die Polizeibehörde gibt auf Verlangen Meldekarten (jetzt durch die Kreisärzte) unentgeltlich ab (§ 4). Wechselt der Erkrankte den Aufenthaltsort, so ist dies unverzüglich bei der Polizeibehörde des bisherigen und des neuen Aufenthaltsortes zur Anzeige zu bringen. Die Anzeigen erfolgen jetzt in Preußen durch die Hand der Kreisärzte.

§ 2. Zur Anzeige sind verpflichtet: 1. der zugezogene Arzt, 2. der Haushaltungsvorstand, 3. jede sonst mit der Behandlung oder Pflege des Erkrankten beschäftigte Person, 4. derjenige, in dessen Wohnung oder Behausung der Erkrankungs- oder Todesfall sich ereignet hat, 5. der Leichenschauer.

Die Verpflichtung der unter 2 bis 5 genannten Personen tritt nur dann ein, wenn ein früher genannter Verpflichteter nicht vorhanden ist. (Erhalten wir die Anzeigen nicht von den Ärzten, so fallen die Meldungen ganz aus, da die anderen genannten Personen, soweit praktisch festgestellt ist, sich nicht zur Anzeige entschließen.)

§ 3. Für Krankheits- und Todesfälle, welche sich in öffentlichen Kranken-, Entbindungs-, Pflege-, Gefangen- und ähnlichen Anstalten ereignen, ist der *Vorsteher* der Anstalt oder die von der zuständigen Stelle beauftragte Person ausschließlich zur Erstattung verpflichtet.

Gilt entsprechend für Kinderheime usw.! Die Anzeige ist auch zu erstatten, wenn vor der Einlieferung des Kranken der Fall bereits gemeldet war.

§ 6—10. *Die Ermittlung der Krankheit* erfolgt durch den Kreisarzt als ständigen Beauftragten der Polizeibehörde. Der Kreisarzt hat das Recht, den Erkrankten zu besuchen, soweit dies ohne Schädigung des Kranken zulässig ist (was bei einem Arzte nicht in Frage kommt); er hat das Recht, die Leiche zu besichtigen. Die in § 2 genannten Personen sind verpflichtet, dem Kreisarzte auf Befragen Auskunft zu erteilen.

§ 11—27. *Schutzmaßregeln.* Man unterscheidet kranke, krankheitsverdächtige Personen, die schon krank sind, bei denen aber die Art der Erkrankung noch nicht festgestellt ist, und ansteckungsverdächtige Personen, die mit kranken Personen in Berührung gekommen sind, offenbar aber noch gesund sind. Diese Personengruppen können einer Beobachtung unterworfen werden, sie können abgesondert werden, und zwar die drei Gruppen gesondert. Wenn in der Behausung des Kranken die nach dem Gutachten des beamteten Arztes erforderlichen, zum Zwecke der Absonderung notwendigen Einrichtungen nicht getroffen werden (oder nicht getroffen werden können), so kann, falls der beamtete Arzt es für unerläßlich und der behandelnde Arzt es ohne Schädigung des Kranken für zulässig erklärt, die Überführung des Kranken in ein geeignetes Krankenhaus oder in einen anderen geeigneten Unterkunftsraum angeordnet werden.

Für das berufsmäßige Pflegepersonal können Verkehrsbeschränkungen angeordnet werden.

Nach § 16 können jugendliche Personen aus Behausungen, in denen Erkrankungen (dieser Art) vorgekommen sind, zeitweilig vom Schul- und Unterrichtsbesuch ferngehalten werden (vgl. die Regelung betr. die Schulen).

Nach § 18 können Wohnungen, in denen Erkrankungen vorgekommen sind, ganz oder teilweise geräumt werden.

§ 19 regelt die Desinfektion. Für Gegenstände und Räume, von denen anzunehmen ist, daß sie mit dem Krankheitsstoff behaftet sind, kann eine Desinfektion angeordnet werden. Ist die Desinfektion nicht ausführbar oder im Verhältnis zum Werte der Gegenstände zu kostspielig, so kann die Vernichtung angeordnet werden.

§ 21. Für die Aufbewahrung, Einsargung, Beförderung und Bestattung der Leichen von Personen, welche an einer gemeingefährlichen Krankheit gestorben sind, können besondere Vorsichtsmaßregeln angeordnet werden (Leichenpaß s. o., Beförderung erst nach Jahresfrist gestattet).

§ 23. Die zuständige Landesbehörde kann die Gemeinden oder die weiteren Kommunalverbände dazu anhalten, diejenigen Einrichtungen, welche zur Bekämpfung der gemeingefährlichen Krankheiten notwendig sind, zu treffen. Wegen Aufbringung der erforderlichen Kosten gelten die landesrechtlichen Bestimmungen. Zu solchen Einrichtungen gehören Absonderungsräume für ansteckende Kranke, Desinfektionsanlage usw.

Allgemeine Vorschriften §§ 35—43.

§ 35. Die dem allgemeinen Gebrauche dienenden Einrichtungen für Versorgung mit Trink- oder Wirtschaftswasser und für Fortschaffung der Abfallstoffe sind fortlaufend durch staatliche Beamte zu überwachen.

Dieser Paragraph bezieht sich sinngemäß auf alle übertragbaren Krankheiten.

Die Gemeinden sind verpflichtet, für die Beseitigung der vorgefundenen gesundheitlichen Mißstände Sorge zu tragen. Sie können nach Maßgabe ihrer Leistungsfähigkeit zur Herstellung von Einrichtungen der im Abs. 1 bezeichneten Art, sofern dieselben zum Schutze gegen übertragbare Krankheiten erforderlich sind, jederzeit angehalten werden.

Aber nur „nach Maßgabe ihrer Leistungsfähigkeit“! Finden sich jedoch gesundheitsgefährdende Mißstände beim Auftreten von übertragbaren Erkrankungen, so sind die Abänderungen in „jedem“ Falle zu treffen.

Die Gruppe der *gemeingefährlichen* Krankheiten ist in einem besonderen Gesetze behandelt worden, nicht weil die anderen nicht aufgenommenen Krankheiten weniger gefährlich sind (Tuberkulose, Typhus, Ruhr usw.), sondern weil es sich um zum Teil ausländische, zum Teil sich schnell verbreitende Krankheiten handelt, für die Bestimmungen, die für *das ganze Reich* gelten, bestehen müssen.

In Deutschland sind wir glücklicherweise von den genannten Krankheiten mehr oder minder gänzlich in den letzten Jahren verschont geblieben.

*1. Aussatz*kranke gab es *in Deutschland*

1900	32	1911	33	1918	37	1919	37
1920	11	1921	10	1922	14		

Die Abnahme seit 1920 ist darauf zurückzuführen, daß infolge des Friedensvertrages das Lepraheim in Memel in den Besitz des Memelstaates übergegangen ist.

2. Cholera hat 1892 in Hamburg gewütet. Infolge Verseuchung des Trinkwassers durch Elbwasser, in das die Abwässer der Stadt gelangten, erkrankten 16058 Menschen, starben 8189 = annähernd 50%. 1905 drang die Cholera von Rußland in Deutschland ein und verursachte im Stromgebiet der Weichsel 304 Erkrankungen mit 79 Todesfällen = 26%, 1919—22 erfolgten nur 2 Erkrankungen und 2 Todesfälle. Während des Krieges starben im ganzen 2017. Auch in den Jahren 1926 und 27 sind keine Erkrankungen noch Todesfälle aufgetreten.

3. Das *Fleckfieber* hat während des Krieges besonders an der Ostfront erhebliche Opfer gefordert.

Es erkrankten

1913	6	Personen	1918	379	Personen
1914	4	„	1919	3549	„
1915	573	„	1920	483	„
1916	120	„	1921	427	„
1917	273	„	1922	382	„

nach Möllers Gesundheitswesen (s. o.).

Die Sterblichkeit schwankt um 30%. Die Ansteckung erfolgt bekanntlich durch Läuse und die Bekämpfung hat demzufolge sich auf eine gründliche Entlausung bei persönlicher großer Reinlichkeit einzustellen. In den Jahren 1926 und 1927 sind 3 Erkrankungen, kein Todesfall, 7 Erkrankungen und 1 Todesfall in Deutschland gemeldet worden.

4. Gelbfieber ist in das Gesetz aufgenommen worden wegen des Seeverkehrs mit Südamerika; es hat für die inländische Bevölkerung keine praktische Bedeutung.

5. Milzbrand ist durch Erlaß des Reichskanzlers vom 28. September 1909 in das Reichsseuchengesetz aufgenommen worden. Da die Milzbranderkrankungen auf erkrankte Tiere (Felle, Fleisch) zurückzuführen sind, erfolgt die Besprechung im Zusammenhang mit den sogenannten Tierseuchen (s. u.).

6. Pest, auch der schwarze Tod genannt, ist seit dem Mittelalter in Deutschland keine bedeutungsvolle Krankheit. Wegen des regen Seeverkehrs muß Deutschland immer auf der Hut sein, daß die Pest nicht durch Schiffe eingeschleppt wird. Die Verbreitung ist an die Ratten gebunden. Im Hamburger Hafen sind in den Jahren 1901—14 auf 60 Schiffen, die mit pestverdächtigen Ratten behaftet waren, 488 pest„infizierte" Ratten und 2 Mäuse ermittelt worden! Es handelte sich meistens um Getreideschiffe aus dem La-Plata-Strom.

7. Pocken und Pockenschutzimpfung.

Die Pocken sind wegen der behördlich angeordneten Impfung noch heute im Mittelpunkt des Interesses. Man greift den Impf„zwang" an, ohne sich über die Gefahr klar zu sein.

Im 15. Jahrhundert wurde fast die Hälfte der Bevölkerung Deutschlands ergriffen, fast die Hälfte der Erkrankten starben. In Deutschland starben im 18. Jahrhundert ca. 80000 Menschen an den Pocken. Bis 1871 verlief die Pockenkurve ausgesprochen wellenförmig, ca. alle 10 Jahre erfolgte ein erheblicher Anstieg. 1796 entdeckte Jenner die schützende Kraft der künstlichen Impfung mit Kuhpocken, er veröffentlichte das Verfahren 1798. In Deutschland blieb bis 1833 die Erkrankungsziffer bei der Militär- und Zivilbevölkerung ziemlich gleich hoch. Am 16. Juni 1834 wurde bei dem Militär die Erst- bzw. Wiederimpfung aller Rekruten obligatorisch eingeführt. Die Sterblichkeit sank bei der Militärbevölkerung in den folgenden Jahren bis 1870 auf 3,7, 2,4, 0,4, 0 auf 100000 Personen (1870). Bei der Zivilbevölkerung, bei der die Impfung nur zum Teil bei den Neugeborenen durchgeführt wurde, blieb die Sterblichkeit bis 1870 unverändert schwankend hoch: 49,1, 43,6, 62, mit Spitzen in den Jahren 1834, 1854, 1866! 1871 starben bei der Zivilbevölkerung nicht weniger als 243,2, 1872 262,4 auf 100000! Im Heere betrug die Sterblichkeit nur 27,8 bzw. 30,5, obgleich die Truppen durch die Ansteckung in Frankreich besonders ausgesetzt waren. Am

1. April 1875 trat das Impfgesetz in Kraft, das am 8. Juli 1874 beschlossen worden war. Großartiger hat nie ein Experiment funktioniert! Wie früher bei der Militärbevölkerung, so sank jetzt bei der Zivilbevölkerung und damit in Deutschland die Pockensterblichkeit rapide und dauernd ab auf Werte von 3,1, 1,4, 0,4—0,1[1]! Wenn jemals Zahlen reden, so können es diese! Hielt der Impfschutz im Kriege?

1916	starben	93	Personen	1920	starben	354	Personen
1917	„	456	„	1921	„	103	„
1918	„	58	„	1922	„	20	„
1919	„	693	„				

In den Jahren 1926 erkrankten 7, starben 0
1927 „ 4, „ 1

Der Impfschutz hat also gehalten. Abgesehen von der Frage, ob zur Zeit eine milde Form der Pocken herrscht oder eine Senke der Kurve besteht, wir haben uns an die Tatsachen zu halten. Absinken der Sterblichkeit bei den Militärpersonen, Absinken bei der Zivilbevölkerung. Einbruch während des Krieges. Nach einigen Jahren praktisch Verschonung von den Pocken wie vor dem Kriege!

Trotzdem ist der Impfschutz in Deutschland kein allgemeiner. Trotz des Impfgesetzes bleiben eine große Anzahl Kinder ungeimpft. Nach den amtlichen Berichten blieben in den Jahren 1914—1918 ungeimpft von den *Erst*impflingen

	1914	1915	1916	1917	1918
auf Grund ärztlicher Atteste	10,56	9,99	9,82	10,12	10,8
auf vorschriftsmäßiger Entziehung	2,39	2,18	2,71	2,82	3,26

Die Gesamtzahl der Kinder, die aus den verschiedenen Gründen „erstmalig“ nicht positiv geimpft wurden, betrug in Prozenten 1914 16,84; 1915 16,40; 1916 16,80; 1917 18,91; 1918 20,62%! Diese nicht Geimpften bedeuten eine große Gefahr für die Allgemeinheit, da wenn die Pocken eingeschleppt werden, die Explosion entsprechend der Zahl der nicht Geimpften erfolgen wird. Also entweder Aufhebung des Impfgesetzes überhaupt, und wer wollte daran denken, oder Erhaltung des jetzigen Zustandes!

b) Das Reichsimpfgesetz vom 8. April 1874. § 1. Jedes Kind muß vor Ablauf des auf das Geburtsjahr folgenden Kalenderjahres geimpft werden, soweit es nicht die natürlichen Blattern überstanden hat. (Ein Kind, das demnach am 12. Januar 1927 geboren ist, muß also bis 31. Dezember 1928 geimpft sein. Da die Impftermine im Frühjahr liegen, muß es also im Mai 1928 zu den öffentlichen Impfterminen gebracht werden. Ein Kind, das im Januar 1928 geboren wurde, wird praktisch im Frühjahr 1928 geimpft,

[1] Vgl. E. Marx: Die experimentelle Diagnostik usw. der Infektionskrankheiten, S. 427. Berlin: August Hirschwald 1914.

da es sonst fast $1^1/_2$ Jahre ist, wenn es geimpft würde. Man findet also recht verschieden alte Kinder bei den Impfterminen.)

Jeder Zögling einer öffentlichen Lehranstalt oder einer Privatschule mit Ausnahme der Sonntags- und Abendschulen muß innerhalb des Jahres geimpft werden, in dem der Zögling das 12. Lebensjahr zurücklegt, sofern er nicht nach ärztlichem Zeugnis innerhalb der letzten 5 Jahre die natürlichen Blattern überstanden hat oder mit Erfolg geimpft ist.

§ 2. Wegen Gefahr für das Leben und die Gesundheit kann ein Impfpflichtiger von der Impfung auf Grund eines ärztlichen Attestes zurückgestellt werden. Die Impfung muß im nächsten Jahre nachgeholt werden. (Die Impfärzte sollen schwächliche Kinder oder die eine Krankheit eben durchgemacht haben, lieber 1 Jahr zurückstellen.)

§ 3. Eine erfolglose Impfung muß im nächsten Jahre wiederholt werden, ist sie auch dann erfolglos, so muß die Impfung von dem „beamteten" Impfarzt ausgeführt werden.

§ 4. Ist die Impfung ohne ausreichenden Grund unterblieben, so muß sie innerhalb einer von der Behörde bestimmten Zeit nachgeholt werden.

§ 5. Jeder Impfling muß frühestens am 6., spätestens am 8. Tage nach der Impfung dem Arzt, der das Kind geimpft hat, vorgestellt werden.

§ 6. Es werden Impfbezirke eingerichtet, deren jeder einem Impfarzt unterstellt ist. (In Preußen „beaufsichtigen" die Kreisärzte, auch wenn sie nicht alle Kinder des Kreises impfen, das Impfgeschäft im ganzen Kreise.)

Aus den Verhaltungsvorschriften und der amtlichen Belehrung über den Nutzen der Impfung:

A. Für die Angehörigen von Erstimpflingen:

Die Kinder müssen zum Impftermin mit rein gewaschenem Körper und mit reinen Kleidern gebracht werden.

Auch nach der Impfung muß der Impfling peinlich sauber gehalten werden.

Das Baden der Impflinge kann bis zu dem Tage, an dem die Impfstellen sich durch Rötung von der Umgebung abheben — in der Regel der 4. oder auch der 5. Tag nach der Impfung —, fortgesetzt werden; soll aber von da bis zum Abfallen der Impfschorfe und völliger Abheilung etwa dabei entstehender kleiner Wundflächen unterbleiben.

Die Nahrung des Kindes soll unverändert bleiben. Brustkinder sollen in den ersten Tagen nach der Impfung nicht entwöhnt werden.

Bei günstigem Wetter dürfen die Kinder ins Freie gebracht werden. Im Hochsommer sollen die heißesten Tagesstunden vermieden werden und die unmittelbare Sonnenhitze.

Jede unnötige Berührung der Impfstellen soll vermieden werden, insbesondere sollen die Impfstellen mit großer Sorgfalt vor dem Aufreiben, Zerkratzen oder vor Beschmutzung bewahrt werden. Gegebenenfalls dürfen sie nur mit frisch gereinigten Händen berührt werden. Zum Waschen darf nur reine Watte verwendet werden. Die Impfstellen sind kühl und trocken zu halten; ein reiner, *nicht wollener* Hemdärmel ist die zweckmäßigste Bedeckung. Vor Berührung mit Personen, die irgendwelche eiternde Stellen haben, muß der Impfling sorgfältig bewahrt werden.

Was ereignet sich an der Impfstelle?

Nach der erfolgreichen Impfung zeigen sich vom 4. Tage ab kleine Bläschen, die sich in der Regel bis zum 9. Tage unter mäßigem Fieber vergrößern und zu erhabenen, von einem roten Entzündungshof umgebenen Schutzpocken entwickeln.

Diese enthalten eine klare Flüssigkeit, die sich am 8. Tage zu trüben beginnt. Vom 10.—12. Tage beginnen die Pocken einzutrocknen zu einem Schorf, der nach 3—4 Wochen von selbst abfällt.

Die erfolgreiche Impfung läßt Narben von der Größe der Pusteln zurück, die mindestens mehrere Jahre deutlich sichtbar bleiben.

Die Pflegepersonen der Impflinge müssen sich peinlich davor hüten, die in den Impfpusteln enthaltene Flüssigkeit auf wunde oder mit Ausschlag behaftete Hautstellen oder in die Augen der Impflinge oder anderer zu bringen. Haben sie eine Berührung der Impfstellen nicht vermeiden können, so sollen sie sofort die Hände mit Seife waschen. Das hierzu verwendete Waschwasser darf von anderen Personen nicht benutzt werden.

Ungeimpfte Kinder und solche, die an Ausschlag leiden, dürfen nicht mit Impflingen in nähere Berührung kommen.

Bei unregelmäßigem Verlauf der Schutzpocken sowie bei jeder erheblichen nach der Impfung entstehenden Erkrankung ist ein Arzt zuzuziehen. Der Impfarzt ist von jeder solchen Erkrankung, die vor der Nachschau oder innerhalb 14 Tagen nach der Impfung auftritt, unverzüglich in Kenntnis zu setzen. Auch ist dem Impfarzte unverzüglich Anzeige zu erstatten, wenn infolge einer zufälligen Übertragung des Impfstoffes bei Personen in der Umgebung des Impflings Impfpusteln auftreten.

Anormal ist schon, wenn der Inhalt der Impfpusteln austritt. Dann treten meist erheblichere Rötungen in der Umgebung der Impfstelle auf. Ja, es kann zu einer Aussaat kleinster Impfbläschen kommen. Die Rötung der Umgebung kann sehr verschieden stark auftreten, je nach der Stärke des Impfstoffes oder der Reaktionsfähigkeit des Geimpften. Es kann zu ausgedehnter Rötung des Armes kommen, ja zur Schwellung der Achseldrüsen.

B. Für Angehörige von Wiederimpflingen.

Hier kommt es meistens nur zur Entwicklung von Knötchen vom 3. oder 4. Tage an. Mitunter können aber sehr starke Reaktionen auftreten. Bei Bildung von Knötchen sind besondere Verhaltungsmaßregeln nicht erforderlich. Gewohntes Baden kann fortgesetzt werden, Beschränkung beim Turnen. Bei Pustelbildung Verhalten wie bei Erstimpflingen. Die Impfstellen vor Stoß zu hüten.

Öffentliche Impfungen finden in der Regel in der Zeit von Anfang Mai bis Ende September statt. Doch wird in den Kreisen nur einmal, gewöhnlich im Frühjahr geimpft. Die Orte sollen nicht weiter als 5 km auseinander liegen.

Die Ortspolizeibehörde stellt die Impflisten auf. Wenn Privatärzte impfen, so müssen sie die Geimpften am Ende des Jahres listenmäßig der Polizeibehörde einreichen.

Jedem mit Erfolg geimpften Kinde wird ein Impfschein ausgestellt, den Erstimpflingen ein roter, den Wiederimpflingen ein grüner.

Der Bundesrat hat unter dem 22. März 1917 eine Neufassung der Beschlüsse über die Ausführung der Impfung genehmigt:

Herrschen ansteckende Krankheiten in einer Ortschaft, sollen dort öffentliche Impfungen nicht vorgenommen werden. Impfstoff wird von den Impfanstalten für die öffentlichen Impfungen umsonst abgegeben. Es gibt zur Zeit 17 Impfanstalten. Jeder Impfsendung ist eine Postkarte beigegeben, auf der sofort über den Ausfall der Impfung (Zahl der Pusteln, unerwünschte Nebenerscheinungen) berichtet werden muß.

c) Internationale Bekämpfung der Seuchen. Durch die internationale Übereinkunft in Paris vom 17. Januar 1912 wurde zunächst die Bekämpfung von Pest, Cholera, Gelbfieber geregelt. Dezember 1920 *Gründung der Hygieneorganisation beim Völkerbund, Sitz Genf.* Zweck: Vor allem zentraler Nachrichtendienst über das Auftreten von Seuchen; ferner Erforschung der Seuchen an Ort und Stelle, Aufstellung von gemeinsamen Abwehrmaßregeln. Europäische Sanitätskonferenz in Warschau 1922. Dies bedeutet erfreuliche Knüpfung friedlicher Beziehungen zwischen allen Staaten zum Zwecke der Abwehr eines gemeinsamen Feindes.

d) Das preußische Gesetz zur Bekämpfung der übertragbaren Krankheiten vom 28. August 1905. Außer den genannten 7 Krankheiten erstreckt sich die Anzeigepflicht auf folgende Krankheiten:

§ 1. Diphtherie, epidemische Kinderlähmung, epidemische übertragbare Genickstarre, epidemische Hirnhautentzündung, Kindbettfieber (nach Entbindung oder Fehlgeburt), Körnerkrankheit, Rückfallfieber, übertragbare Ruhr (durch Amöben oder Bakterien), Scharlach, Typhus und Typhusverdacht, Paratyphus, Rotz, Tollwut sowie Bißverletzung durch tolle oder der Tollwut verdächtige Tiere, Fleisch-, Fisch-, Wurstvergiftungen, Trichinose.

Diese schwer zu behaltenden Krankheiten lassen sich sinngemäß in folgende Gruppen einteilen:

a) Kinderkrankheiten: Diphtherie, Scharlach, epidemische Kinderlähmung.

b) Infektiöse Darmkrankheiten: Typhus, Typhusverdacht, Paratyphus, Ruhr.

c) Übertragbare Tierkrankheiten: Fleisch-, Fisch-, Wurstvergiftungen, Rotz, Tollwut, Trichinose.

d) Sonstige Krankheiten: Kindbettfieber, epidemische Genickstarre, epidemische Encephalitis, Körnerkrankheit, Rückfallfieber.

Anzeigepflichtig sind *nicht:* Masern, Keuchhusten, Grippe, Mumps, Röteln.

§ 2. Zur Anzeige sind verpflichtet dieselben Personen wie im Reichssanitätsgesetz.

Auch dieses Gesetz sieht vor: Ermittlung, Schutzmaßnahmen, die für jede Krankheit besonders aufgeführt sind.

Es kommen in Betracht: Absonderung, Beobachtung, Verkehrsbeschränkung, Ausschließung vom Schulbesuch usw., Desinfektion.

Absonderung in einem Krankenhaus kann bei Diphtherie, Scharlach, epidemischer Kinderlähmung nur gegen den Willen der Eltern stattfinden, wenn nach dem Urteil des beamteten Arztes die Absonderung in der Wohnung nicht sichergestellt ist.

Neben der Bekämpfung der übertragbaren Krankheiten durch die Maßnahmen des Gesetzes wendet man seit langem die Schutzimpfung mit Erfolg an.

1. Man unterscheidet eine *passive* und eine *aktive* Schutzimpfung. Immer benutzt man die Bakterien, die die betreffende Krankheit hervorrufen, um damit den Schutz auszuüben.

Bei der „*aktiven*" Impfung nimmt man abgetötete Bakterien oder deren Produkte und spritzt diese dem Menschen ein. Dann bilden sich in dem Blute Abwehrstoffe, die den Betreffenden gegen eine bereits erfolgte oder eine drohende Infektion schützen sollen.

Man nimmt *wenig* von dem Impfstoff, der Schutz tritt *langsam* ein und er besteht *lange Zeit.* Typ: die Pockenschutzimpfung.

Verwendung ferner bei Typhus, Cholera, Ruhr auch bei Diphtherie. Oder man schützt den schon erkrankten Menschen durch das Serum eines Tieres, das mit den Krankheitskeimen behandelt wurde und im eigenen Blut bereits die Abwehrstoffe gebildet hat.

Dann nimmt man *große Mengen,* der Schutz dauert nur *kurze Zeit,* tritt aber *schnell ein.* Typ: Die Serumeinspritzung bei Diphtherie, bei Ruhr, bei Wundstarrkrampf.

Bei der „passiven" Impfung spritzt man mit den Schutzstoffen größere Mengen des Blutserums des betreffenden Tieres (Pferd, Esel) ein. Manche Menschen haben eine Überempfindlichkeit gegen solches Tierserum und reagieren mit Schüttelfrost und Hautausschlägen. Man verwendet daher bei der ersten Einspritzung große Mengen; sollte eine zweite Einspritzung nötig sein, macht man eine ganz kleine Probeeinspritzung vorher.

2. Die Bedeutung der übertragbaren Krankheiten für die „Allgemeinheit".

In Preußen starben

1926	445754	Menschen	= 11,6	auf	1000	Lebende
1925	450973	„	= 11,8	„	1000	„
1924	459046	„	= 12,1	„	1000	„
1913	620455	„	= 14,8	„	1000	„

Von diesen Gesamtzahlen entfielen auf Todesfälle durch ansteckende Krankheiten

	1925	1924
Scharlach	632	542
Masern und Röteln	4059	784
Diphtherie	1825	2205
Keuchhusten	3988	3790
Typhus	1299	1382
Übertragbare Tierkrankheiten	18	21
	11821	8724

Dazu an Grippe gestorben 9581 (1924: 9832), an Tuberkulose 41599 (1924: 46144).

Man beachte: Keuchhusten und Masern sind „nicht“ anzeigepflichtig und rufen die meisten Todesfälle hervor; Grippe fast mehr als die *Summe* der ganzen Gruppe. Man beachte die Schwankungen der Todesfälle in den beiden aufeinanderfolgenden Jahren!

An und für sich nehmen die Todesfälle dieser Gruppe keinen bedeutsamen Anteil an den „Gesamt“sterbefällen ein.

Die Rolle wird aber bemerkbarer, wenn man die „Erkrankungs“-ziffern ansieht und die Sterblichkeit nach den Altersklassen aufstellt.

Es *erkrankten* im Deutschen Reich in den Jahren

	1927	1926	1925	1924	Letalität 1927 %	1926 %
an Diphtherie	33542	30302	36296	37248	5,05	4,46
„ epid. Genickstarre .	834	746	750	742	45,80	44,37
„ Scharlach	90216	55478	39919	32798	1,07	1,07
„ spinaler Kinderlähmung	2732	1614	386	498	10,87	10,59
„ Typhus	7468	12388	12476	14238	8,89	9,05
„ Ruhr	3087	4224	4775	5789	5,64	5,71
„ Bißverletzung durch tolle oder tollwutverdächt. Tiere	204	579	1159	2397	0,98	0,51
„ Tollwut (tatsächlich ausgebroch. Fälle) .	—	22	20	45	—	36,36
„ Milzbrand	205	112	173	132	9,76	13,39
„ Rotz	—	2	1	2	—	—
„ Trichinose	10	12	9	13	30,00	16,07
„ Körnerkrankheit .	2017	2307	2777	1784	—	0,39
„ Fleckfieber	7	3	3	8	14,29	—
„ Pocken	4	7	23	16	25,00	—
„ Rückfallfieber . .	5	3	7	3	—	33,33
Summe:	140331	107799	98774	95713		

Man sieht erstens, daß die ansteckenden Krankheiten auch heute kein „erledigtes“ Problem darstellen. Man beachte die Gesamtzunahme der Fälle seit 1924, verursacht durch eine dauernde Zunahme der Scharlacherkrankungen und der Fälle an epidemischer Kinderlähmung.

Man sieht zweitens aus den beiden letzten Spalten, daß die Letalität bei den verschiedenen Krankheiten außerordentlich verschieden hoch ist. „*Letalität*“ ist die Sterblichkeit berechnet auf 100 „bekannte“ Krankheitsfälle. *Mortalität* ist die Sterblichkeit berechnet auf 1000 oder 10000 lebende Personen überhaupt oder der betreffenden Altersklasse. Wir erfahren natürlich nie alle Erkrankungsfälle, darum ist die Letalität oft zu hoch, während wir die Todesfälle ziemlich vollzählig buchen können.

Man sieht aber „nicht“ aus der Übersicht, daß im Jahre 1926 eine Typhusepidemie in Hannover herrschte mit 2423 Erkrankungen und 282 Todesfällen. Solche Einzelepidemien gehen in einer Reichsstatistik unter.

3. Von besonderer Wichtigkeit ist die *Feststellung der Sterblichkeit in den verschiedenen Altersklassen.*

Die Mortalität (Todesfälle) berechnet auf je 10 000 Lebende derselben Altersklasse betrug in Preußen im Jahre 1924

	I	II	III
		Jahre	
	0–1	1–5	5–15
bei Scharlach	0,65	0,77	0,25
„ Masern	3,88	1,54	0,08
„ Diphtherie	5,39	4,67	0,47
„ Keuchhusten	36,25	4,01	0,03
„ Tuberkulose	14,96	7,49	3,85
„ *Grippe*	14,95	2,80	0,64
„ Lungenentzündung	125,18	15,79	1,01
Andere Erkrankungen der Atemwerkzeuge	47,53	4,44	0,44
„ „ „ Verdauungsorgane	173,16	167,08	1,37

Man beachte den jähen Abfall in der zweiten Spalte bei Masern und Keuchhusten und bei der Grippe, ebenfalls bei Lungenentzündung und anderen Erkrankungen der Atemwerkzeuge und der Verdauungsorgane; den Abfall bei Scharlach in der dritten Spalte und bei Diphtherie.

Aus dieser Zusammenstellung sieht man ohne Erklärung, wie irrig die Ansicht mancher Eltern ist, die kleinen Kinder, wenn die älteren an einer ansteckenden Kinderkrankheit erkranken, zu ihnen zu legen, weil sie *„ja doch“* die Krankheit einmal durchmachen müssen. Gerade das Gegenteil ist richtig. Meistens bringen die Schulkinder die Krankheiten nach Hause und dann muß man die kleinen Kinder ängstlich vor der Ansteckung behüten, denn je *„später“* sie die Krankheit bekommen, *„um so besser“* ist der Verlauf.

4. Auch die *Inkubationszeit* muß man kennen. Darunter versteht man die Zeit, bis die eingedrungenen Krankheitserreger die Krankheit zur Erscheinung bringen. Diese Zeit ist bei den einzelnen Krankheiten sehr verschieden und auch je nach der Anlage des Menschen selbst bei den Geschwistern einer Familie. Ja, einzelne Menschen scheinen eine natürliche Unempfänglichkeit für einzelne Krankheiten zu haben, d. h. einen natürlichen Schutz.

Die Inkubationszeit beträgt:

bei Cholera	1—5 Tage	bei Ruhr	8—14 Tage
„ Fleckfieber . . .	1—9 „	„ Pocken	9—14 „
„ Scharlach . . .	2—7 „	„ Diphtherie . . .	2—5 „
„ Masern	8—12 „	„ Keuchhusten .	1—14 „
„ Tollwut .	Wochen bis Monate	„ epidem. Kinderlähmung	bis 14 „
„ Typhus . . .	1—4 Wochen		

Dies sind nur annähernde Zeiten. Man erhält aber einen ungefähren Überblick.

5. Der Verlauf der *einzelnen Krankheiten* muß als bekannt vorausgesetzt werden.

a) *Die Diphtherie.* Es starben in Preußen

1913	7550 = 1,81	auf	10000	der	Bevölkerung
1921	3635 = 0,93	„	10000	„	„
1922	2777 = 0,73	„	10000	„	„
1923	2615 = 0,68	„	10000	„	„
1924	2205 = 0,58	„	10000	„	„
1925	1825 = 0,48	„	10000	„	„
1926	1543 = 0,40	„	10000	„	„

Die Erkrankungsziffern im Reiche vergleiche S. 40.

Diese verlaufen schwankend, die Mortalitätszahlen dauernd absinkend.

In der Stadt Kiel war aber auch die „Erkrankungs"ziffer auffallend abnehmend 1921: 722, 1926: 82, 1927: 80.

Die Letalität dagegen ist recht uncharakteristisch.

In Kiel 1921: 3,6%; 1922: 5,0%; 1923: 6,0%; 1924: 3,27%; 1925: 0,9%; 1926: 4,39%; 1927: 6,25%.

Es wird von einer Zunahme der schweren Fälle berichtet. Die Diphtherie hat die Bedeutung als Volkskrankheit eingebüßt, die Sterblichkeit an Diphtherie ist bedeutend geringer geworden, aber die Gefährlichkeit der Krankheit an sich hat sich nicht vermindert, sie scheint in den letzten Jahren zugenommen zu haben.

In ein Krankenhaus wurden übergeführt 1926: 41,5% der Erkrankten, 1927 nur 27,5% in Kiel.

Eine Ansteckung in derselben Familie wurde selten beobachtet, man muß die gleichzeitigen Erkrankungen ausschalten. Die übrigbleibenden Fälle, in denen mehrere Personen in derselben Familie oder in demselben Haushalt erkrankten, betrugen zirka 3% wie beim Scharlach. Gruppenerkrankungen in Kinderheimen wurden 1926 und 1927 beobachtet.

Die Schutzimpfung nach Behring hat sich eingebürgert. Alle Vorwürfe gegen das Serum sind unbegründet. Wenn es rechtzeitig eingespritzt wird, d. h. 3—6 Stunden nach den „ersten Erscheinungen", wirkt es Wunder. Die Beläge schwinden wie Butter an der Sonne. Die Wirkung nimmt mit der Zeit, die bis zur Einspritzung verstreicht, ab. Es ist ganz falsch, den Nachweis der Bacillen abzuwarten. Wenn die Halserscheinungen für Diphtherie sprechen, muß sofort eingespritzt werden; lieber 10 zu viel als einmal zu spät.

Außer der Anaphylaxie (Überempfindlichkeit) gibt es keine schädlichen Serumfolgen. Alle Folgen, die man dem Serum zuschreibt, sind Folgen der Diphtherie. Wir kennen als Spätfolgen: Herzmuskelschwäche (nicht selten die Todesursache), Augenmuskellähmungen, Sprachstörungen, Beinschwäche, oft Wochen nach der sog. Heilung auftretend und allmählich vollständig zurückgehend.

b) Die *übertragbare Genickstarre* (epidemische).

Es starben in Preußen:

1913	130 = 0,03	1924	336 = 0,09
1921	356 = 0,09	1925	356 = 0,09
1922	640 = 0,17	1926	318 = 0,08
1923	481 = 0,12		

Die Erkrankungsziffern schwankend. Die Mortalität gering. Die Letalität sehr hoch, 1926 im Reich 44,37, 1927 45,8.

Die epidemische Genickstarre ist also eine höchst gefährliche Krankheit. Die Letalität ist noch höher, als angegeben. Wenn die Diagnose durch den Nachweis der Meningokokken im Lumbalpunktat erfolgt ist, ist die Sterblichkeit fast 100%.

In Kiel war die Letalität 1923: 12,5%; 1924: 100%; 1925: 75%; 1926: 83,5%; 1927: 41,7%. In ein Krankenhaus wurden übergeführt 1926 und 1927 alle Erkrankten.

c) Die *epidemische „Hirnhaut"entzündung* ist auf den Grippeerreger zurückzuführen und trat zeitweise bei den gehäuften Grippeerkrankungen auf. (Siehe unten.)

d) *Kindbettfieber* siehe unten.

e) *Körnerkrankheit*: Die Erkrankungen sind häufiger, als man annehmen möchte. In der preußischen Statistik sind die Fälle nicht aufgeführt.

Die Erkrankungen in Deutschland siehe S. 40.

Von den 2017 Fällen in Deutschland stammten die meisten

1853	aus	Preußen	14	aus	Hessen
22	„	Bayern	12	„	Braunschweig
29	„	Baden	10	„	Lippe
18	„	Mecklenburg-Schwerin	12	„	Hamburg
17	„	Thüringen	4	nur aus	Württemberg

Eine gewisse Beziehung zur landwirtschaftlichen Bevölkerung ist unverkennbar. Die Abstammung aus Polen bzw. dem Osten ist bekannt.

In Kiel entfielen 1926 von 18 gemeldeten Fällen 6 auf die Stadt, 12 auf das Land. Es waren aber alle Berufe vertreten.

f) Rückfallfieber siehe S. 40.

g) Epidemische Kinderlähmung. Diese hat in den letzten Jahren Deutschland in verstärktem Maße befallen, wie aus den Erkrankungszahlen auf S. 40 mit Deutlichkeit hervorgeht. Eine gleichzeitige Zunahme wurde in den Vereinigten Staaten beobachtet, während in den übrigen europäischen Ländern der Höhepunkt scheinbar überschritten ist. Die Mortalität ist erst 1926 angestiegen. Sie betrug

1913	0,02	1924	0,02
1921	0,02	1925	0,01
1922	0,02	1926	0,04
1923	0,01		

Die *Letalität* ist hoch, 1927 im Reich 10,87, 1926 10,05. Nicht die Sterblichkeit ist alarmierend, sondern die traurigen Folgeerscheinungen, die Lähmungen. Diese Lähmungen befallen besonders die Beine (Unterschenkel), aber auch die Unterarme.

Es ist ein großes Verdienst der medizinischen Wissenschaft, nachgewiesen zu haben, daß diese Lähmungen zum großen Teil vermeidbar sind. Voraussetzung, daß die Kinder sofort in geeignete Behandlung kommen, d. h. am besten in die Kinderklinik. Wenn die erkrankten Glieder richtig gelagert werden, vor Druck geschont und rechtzeitig geübt werden, lassen sich so gute Erfolge erzielen, daß diese Erkrankten unbedingt in Krankenhauspflege gegeben werden müssen. Die ersten Krankheitserscheinungen sind unsicher. Oft beginnt die Krankheit unter dem Bilde eines fieberhaften Magendarmkatarrhes, aber die bald eintretende Schwäche in einem Gliede läßt über die Natur der Krankheit keinen Zweifel. Es gibt allerdings besonders bösartige Fälle, die unter den Erscheinungen der aufsteigenden Lähmung, d. h. von Zwerchfell und Gehirn, in kurzer Zeit zum Tode führen, bei denen auch die Klinik machtlos ist.

Merkwürdig ist, daß die Krankheitsfälle scheinbar wahllos verstreut auftreten und Erkrankungen in derselben Familie wenigstens in Kiel nicht beobachtet wurden, obgleich sie sicher vorkommen. Man muß annehmen, daß gesunde Zwischenträger den Ansteckungsstoff verbreiten, und daß der Krankheitsstoff sehr schwer haftet, und daß die Empfänglichkeit sehr verschieden ist. Eine gewisse Bevorzugung der ärmeren Kreise ist unverkennbar. Die Krankheit befällt in der überwiegenden Mehrzahl ganz kleine Kinder von einigen Monaten bis 5 Jahren.

h) Scharlach. Es starben in Preußen:

1913	4506 = 1,08	1924	542 = 0,14
1921	1064 = 0,27	1925	632 = 0,17
1922	776 = 0,20	1926	714 = 0,19
1923	597 = 0,15		

Die Erkrankungsziffern im Reiche sind in den letzten Jahren stark angestiegen (vgl. S. 40). Die Mortalität ist gering, die Letalität nicht hoch, 1,07 %.

Auch in Kiel ist eine Zunahme der Erkrankungen in den letzten Jahren beobachtet worden. Die Letalität ist sehr schwankend, 0—1,9 %.

In Krankenhausbehandlung wurden in Kiel 1926 nur 13 % 1927 ca. 20 % gebracht. Es traten gleichzeitig viele atypische, sehr leichte Fälle auf, die sicher nicht alle zur Meldung, auch nicht alle in ärztliche Behandlung kamen. Die Bevölkerung hat einen gewissen Instinkt, ob eine Krankheit bösartig auftritt. Dies ist beim Scharlach zur Zeit sicher nicht der Fall.

Von Nachkrankheiten sind am meisten gefürchtet die Nierenaffektionen und Ohreiterungen. Darum ist der Scharlach nie eine harmlose Krankheit, da diese Komplikationen auch bei scheinbar ganz leichten Fällen auftreten können. Der Erreger ist nicht bekannt. Eine *spezifische* Serumbehandlung gibt es daher noch nicht.

Die Gruppe der Darmkrankheiten.

i) Typhus. In der amtlichen Statistik wird Typhus und Paratyphus leider immer noch zusammen unter Typhus aufgeführt, obgleich schon die verschiedene Sterblichkeit die Trennung notwendig macht. Die Trennung wird wahrscheinlich deshalb nicht durchgeführt, weil die Unterscheidung der beiden Krankheiten auf dem Lande noch auf Schwierigkeiten stößt. Die Erreger gehören zwar derselben Gruppe an, sind aber absolut sicher zu unterscheiden, wenn Blut, Stuhl oder Harn zur Untersuchung eingeschickt wird.

Es erkrankten in Preußen an Typhus (einschließlich Paratyphus)

1913	1433 = 0,34	1924	1382 = 0,37
1921	1929 = 0,50	1925	1299 = 0,34
1922	1269 = 0,33	1926	1242 = 0,32
1923	1438 = 0,37		

Die Mortalität hat sich nicht verändert. Ein Anstieg der Erkrankungen in den Jahren 1924—26 ist deutlich (S. 40).

Die Letalität ist bei Typhus immer auffallend hoch. Deutschland 1926: 9,5; 1927: 8,89 %; in Kiel 1924: 9,5; 1925: 11,1; 1926: 9,1; 1927: 13,2 %!

Der Typhus ist also immer eine sehr gefährliche Krankheit, die im Verlauf der Jahre keine Abschwächung erfahren hat. Eine spezifische Heilbehandlung kennen wir nicht. Es hängt immer von dem Zustand der Erkrankten mehr oder minder ab, wie sie die Krankheit überstehen. Herz, Lungen, Darm sind besonders gefährdet.

Die Typhuserkrankungen treten meist als Gruppenerkrankungen auf, verursacht durch Wasser oder Milch. Immer wird von einem Kranken oder Bacillenträger eine Wasserversorgung oder eine zentrale Milchversorgung infiziert, und die davon trinken, erkranken zum Teil. Bei keiner Krankheit ist die persönliche Empfänglichkeit so auffallend wie beim Typhus. Aufnahme von Bakterien und Erkrankung sind eben zweierlei!

Die Hauptursache für die Verbreitung des Typhus und Paratyphus sind die *Bacillenträger* oder *Dauerausscheider*. Erstere sind Personen, die ohne je nachweisbar erkrankt gewesen zu sein, Bacillen mit dem Stuhl oder Harn ausscheiden, letztere solche, die die Bacillen nach einer Erkrankung nicht wieder loswerden können. Dauerausscheider kennen wir bei Diphtherie, bei Genickstarre, am verhängnisvollsten sind sie bei den typhösen Erkrankungen. Ein Bacillenträger oder Dauerausscheider kann eine Epidemie hervorrufen, an der 1000 Personen erkranken und Hunderte sterben.

Jede Person, die an Typhus erkrankt, muß bis zum Ablauf der Erkrankung sorgfältig beobachtet werden. Stuhl und Harn müssen so lange untersucht werden, bis wiederholte Untersuchungen Freisein von Bakterien ergeben. Werden die Kranken nicht frei, scheiden sie Typhusbakterien mit dem Stuhl weiter aus, so sind sie laufend weiter zu beobachten wie Kranke.

Wenn eine zentrale Wasserleitung besteht mit Entnahme von Grundwasser, wenn die Abfallstoffe einwandfrei beseitigt werden, dann können nur vereinzelte Erkrankungen durch Ansteckung von Mensch zu Mensch vorkommen bis auf die Milchinfektionen. Leider können wir noch heute nicht einen Dauerausscheider aus einem Gehöft ausschließen, von dem Milch in die Stadt geliefert wird. Man kann durch indirekten Zwang vorgehen, z. B. auf Grund des Nahrungsmittelgesetzes, der Weg ist aber langwierig.

Auf die Nr. 5 der Volkswohlfahrt 1927 kann hier verwiesen werden, in der auf Grund der Neufassung des Gesetzes vom 28. August 1905, und zwar vom 25. Oktober 1927, Merkblätter für Erkrankte und Behörden als Anlage beigefügt sind, die auch Anleitung zur Bekämpfung enthalten.

Gruppenerkrankungen in derselben Familie sind häufiger als bei Diphtherie und Scharlach, ich habe bei Typhus und Paratyphus ca. 11 % festgestellt.

j) Paratyphus. Hier gilt sinngemäß alles, was über Typhus gesagt ist, auch über Verbreitung und Dauerausscheider.

Die Letalität ist aber viel geringer, so daß der Paratyphus eine bedeutend weniger gefährliche Krankheit ist. In Kiel schwankte die Letalität zwischen 0 und 3 %. In den beiden letzten Jahren starb keiner. Paratyphuserkrankungen können ebenfalls durch Milch großen Umfang annehmen. Tatsächlich sind manche Typhusepidemien Paratyphusepidemien.

k) Ruhr. Auch hier sind die Erkrankungs- und vor allem Sterblichkeitsziffern sehr unsicher, da viele Erkrankungen unter dem Namen Ruhr gehen, die Darmkatarrhe sind.

Die Amöbenruhr ist in Deutschland selten, kaum beobachtet.

Im übrigen unterscheidet man drei Erreger: 1. den Erreger nach SHIGA-KRUSE, 2. nach FLEXNER, 3. den sogenannten Y-Erreger.

Die beiden letztgenannten können Gruppenerkrankungen hervorrufen, sind aber meist harmlos und die Sterblichkeit fast Null.

Die schweren Ruhrfälle werden durch den Shiga-Bacillus hervorgerufen, durch diese ist auch die hohe Letalität zu erklären.

In Preußen starben:

1913	121 = 0,03 %	1924	517 = 0,14 %
1921	4556 = 1,17 %	1925	293 = 0,08 %
1922	704 = 0,18 %	1926	226 = 0,06 %
1923	947 = 0,25 %		

Die Letalität ist für das Reich 1926: 5,71, 1927: 5,64 %. In den einzelnen Ländern finden sich aber Zahlen: 16,67 Hessen, 19,29 Sachsen, 10,98 Württemberg. 1926 zeigte sich in Sachsen eine Letalität von 21,67 %! Dies berechtigt zu der Behauptung, daß die Ruhr eine mörderische Krankheit ist.

Sie ist eine richtige Schmutzkrankheit, kriecht in die dunkeln Häuser und erfaßt ein Familienmitglied nach dem andern. Ansteckungen in derselben Familie sind hier sehr häufig. In den Kriegsjahren herrschte die Ruhr in Deutschland.

1917	57503	Erkrankungen,	Letalität 22,8 %
1918	25349	„	„ 20,74 %
1919	17201	„	„ 18,73 %
1920	19846	„	„ 18,80 %
1921	25324	„	(neuer Anstieg)
1922	3943	„	(jäher Abfall)

man darf sagen, als „die Sauberkeit“ in Deutschland „mit der Seife“ wieder einzog. Seit 1924 mäßige Höhe und mittlere Sterblichkeit. „Wo die Sonne nicht hinkommt, da tritt der Arzt ein.“ Die Zahl der Ruhrerkrankungen ist ein Fingerzeig für die hygienischen Zustände eines Volkes.

l) Fleisch-, Fisch-, Wurstvergiftungen. Eine weitere Gruppe, bei der wir uns auf nicht sicherer statistischer Grundlage befinden. Vielfach werden diese Krankheiten mit dem Paratyphus identifiziert; dies ist aber nicht richtig. Dieser Gruppe gemeinsam ist der plötzliche Fieberanstieg mit Übelkeit, Durchfällen, Erbrechen, ein verhältnismäßig schneller Abfall der Erscheinungen und Genesung. Eine Ansteckung von Person zu Person gibt es hier nicht. Die Erkrankung ist gebunden an den Genuß von dem Material, das die Bakterien beherbergt. Als Erreger kommen in Betracht das Bact. Gärtner oder das Bact. Breslau. Die Erscheinungen sind ganz gleichartig, Trennung nur bakteriologisch möglich. Wieviel Personen erkranken, hängt davon ab, wieviel von den infizierten Nahrungsmitteln essen. Abweichend von den übrigen Infektionskrankheiten ist die Empfänglichkeit fast absolut.

In Preußen ereigneten sich 1926 3270, 1927 1442 Erkrankungen bei 43 bzw. 27 Todesfällen, was einer Letalität von 2,98% 1926 und 0,83% 1927 entspricht.

Die Krankheit wird dadurch zum Stillstand gebracht, daß man die krankmachenden Nahrungsmittel vernichtet bzw. aus dem Verkehr zieht. Diese Krankheitserreger können bei einer Notschlachtung sich in einem vorher kranken Tiere ausbreiten oder der Schlachter hat verdorbenes Fleisch, d. h. von einem kranken Tiere, verarbeitet. Besonders gefährlich ist Hackfleisch und Bratwurst, ersteres, wenn es roh genossen wird im Sommer, die Bratwurst, weil die Hitze beim Braten nicht ins Innere dringt, und hier das Fleisch roh genossen wird. Besonders gefährlich ist die Teewurst, die nur geräuchert, also ebenfalls roh genossen wird.

α) Von Bedeutung ist *das Reichsgesetz betreffend die Schlachtvieh- und Fleischbeschau* vom 3. Juni 1900.

Rindvieh, Schafe, Ziegen, Pferde, Hunde, deren Fleisch zum Genuß für Menschen verwendet werden soll, unterliegen vor und nach der Schlachtung einer amtlichen Untersuchung. Beschaubezirke sind eingeführt. Beschauer sind Tierärzte oder ausgebildete Fleischbeschauer. Diese bezeichnen das Fleisch als tauglich, untauglich, bedingt tauglich.

Bedingt taugliches Fleisch darf nur als solches kenntlich gemacht verkauft werden oder auf der *Freibank.* Wo solche Freibänke von Gemeinden, meistens im Anschluß an den Schlachthof, bestehen, darf bedingt taugliches Fleisch nur dort verkauft werden.

Durch Gesetz vom 18. März 1868 ist bestimmt, daß, wenn eine Gemeinde ein Schlachthaus errichtet, diese anordnen kann, daß alle Schlachtungen dort stattfinden müssen.

β) *Das Reichsgesetz vom 14. Mai 1879, betreffend den Verkehr mit Nahrungsmitteln, Genußmitteln und Gebrauchsgegenständen*, gestattet der Polizei den Zutritt zu den Verkaufsräumen und Probenentnahme. Verboten ist nach diesem Gesetze auch das Feilhalten von Fleisch, das mit bestimmten Krankheiten behaftet ist. Dies ist ein Grund, Dauerausscheider bei Typhus oder Ruhr oder offen Tuberkulöse von dem Verkauf von Lebensmitteln abzuhalten.

m) Die Trichinose ist eine äußerst seltene Erkrankung in Deutschland mit einer hohen Letalität (vgl. S. 40).

Diese Krankheit wird verhütet durch die Trichinenschau, die durch Trichinenschauer ausgeübt wird. In Preußen unterliegen Schweine und Wildschweine der amtlichen Trichinenschau. Durch Reichsgesetz ist keine Regelung getroffen.

n) Rotz ist sehr selten und sehr gefährlich. Besonders gefährlich ist die Laboratoriumsinfektion bei Kulturversuchen. Rotz findet sich hauptsächlich bei Pferden.

Der Reichskanzler hat besondere Bestimmungen darüber erlassen, wer mit den Erregern der Pest, der Cholera und des Rotzes arbeiten darf und wie die Laboratorien beschaffen sein müssen, damit in ihnen mit diesen Erregern gearbeitet werden darf.

o) Milzbrand. Die Krankheit geht aus von Rindern und Schafen und besonders von deren Fellen. Der Milzbrand ist eine Gewerbekrankheit, weil bei der Leder- und Borstenfabrikation solche Erkrankungen auftreten können.

Die Erkrankungen nicht selten, die Letalität hoch, das Krankheitsbild schwer. Nach § 32—35 des Viehseuchengesetzes vom 23. Juni 1880 dürfen kranke und milzbrandverdächtige Tiere nicht geschlachtet werden, blutige Operationen dürfen nur von approbierten Tierärzten vorgenommen werden. Das Abhäuten ist verboten, die Kadaver müssen vernichtet werden.

Es kommt aber immer vor, daß Schlachter, die auf dem Lande schlachten, sich an einem milzbrandkranken Tiere infizieren, dessen Krankheit nicht erkannt wurde.

Besonders gefährlich sind die ausländischen Häute. Diese unterliegen gesetzlichen Bestimmungen. Trotzdem bieten sie eine Gefahr. Die Abnahme der Milzbranderkrankungen in Deutschland nach dem Kriege führt Hesse auf das Aufhören der Einfuhr von ausländischen Rohstoffen zurück.

p) Tollwut. Die Statistik unterscheidet ausgebrochene Tollwut und Bißverletzung durch der Tollwut verdächtige Tiere; solche Fälle sind nicht selten (vgl. S. 40). Die Letalität ist nicht hoch, da es sich ja nur in einem geringen Teil um wirklich tollwütige Tiere handelt.

Die Letalität der Fälle, in denen die Tollwut wirklich ausgebrochen ist, ist hoch. Nach dem Viehseuchengesetz § 36—41 müssen Hunde, die der Tollwut verdächtig sind, getötet oder bis zur Sicherstellung eingesperrt werden. Der beamtete Tierarzt hat die Entscheidung zu treffen.

Das sicherste Mittel ist die Schutzimpfung auch bei Verdachtsfällen nach Pasteur. Diese wird ausgeführt im Robert-Koch-Institut in Berlin, im Hygienischen Institut in Breslau und in München.

Ist ein wutkranker oder verdächtiger Hund frei umhergelaufen, so wird polizeilich die Hundesperre verfügt für drei Monate in einem Umkreis von 4 km.

q) Grippe, Masern, Keuchhusten siehe Schulalter.

6. Als eine besondere Abwehrmaßregel ist die *gesetzliche Desinfektion* eingeführt worden. Eine Desinfektion muß in allen Krankheitsfällen ausgeführt werden, die in den beiden Gesetzen genannt sind. Den Gesetzen ist eine besondere Desinfektionsanweisung beigegeben durch Bekanntmachung des Reichskanzlers vom 11. April 1907. Eine Änderung der bestehenden Vorschriften in Preußen ist durch Erlaß des Ministeriums für Volkswohlfahrt vom 8. Februar 1921 und 7. Januar 1922 durchgeführt.

Man unterscheidet die *Desinfektion während der Krankheit* und *die Desinfektion am Schluß der Krankheit.* Die sogenannte *Schluß*desinfektion wurde angeordnet bei Genesung, bei Überführung in ein Krankenhaus und beim Tode. Die Desinfektion am Ende der Krankheit hat an Bedeutung in dem Maße verloren, in dem *die Desinfektion am Krankenbett* gut durchgeführt wird. Darauf wird jetzt das Hauptgewicht gelegt. Man kann nie *alle* Krankheitskeime vernichten und alle Desinfektionsmaßnahmen sind unvollkommen. Wir müssen uns aber mit dem praktisch Möglichen begnügen. Vielfach genießt die Desinfektion keine große Achtung, besonders nachdem die Dampfdesinfektion und die Formalindesinfektion der chemischen Desinfektion mit Kresol oder Chloramin hat weichen müssen.

Sicher erreicht man durch die Desinfektion des Geschirres, der Wäsche viel, mehr erreicht man aber durch die Belehrung der Leute, daß eine ansteckende Krankheit vorliegt, daß der Kranke abgesondert werden muß und daß man mit seinen Ausscheidungen und seiner Leibwäsche und seinen Gebrauchsgegenständen vorsichtig sein muß.

Gut ist es, wenn man die Krankheitserreger in einem Speiglas durch zugesetzte chemische Stoffe töten kann. Wichtiger ist es, daß der infektiöse Kranke nicht in die Stube, sondern in das

Speiglas spuckt und daß so die gefährlichen Keime auf einen kleinen Raum beschränkt werden, aus dem sie wiederum auf unschädliche Weise herausbefördert werden müssen. Wer in diesem Sinne den Nutzen der Desinfektionsmaßnahmen leugnet, hat von dem Wesen der Bekämpfung der ansteckenden Krankheiten keinen richtigen Begriff.

Die Desinfektion während der Krankheit kann die entsprechend vorgebildete pflegende Schwester oder die Gemeindeschwester ausführen. Die Schlußdesinfektion, die bei Ruhr, Typhus, Tuberkulose immer gründlichst ausgeführt werden muß, liegt in den Händen der Desinfektoren.

Als Desinfektionsmittel kommen zur Anwendung:

1. Verdünntes Kresolwasser oder Kresolseifenlösung. 50 ccm auf 1 l Wasser. Für Wäsche, Geschirre, Fußbodenreinigung usw. Die Seife ist wirksam als fettlösendes Mittel. Seife allein ist kein Desinfektionsmittel.

2. Sublimatlösung. 1 Pastille : 1 l Wasser. Bei Tuberkulose 5 Pastillen : 1 l Wasser. Oder Chloramin 5 %.

3. Kalkmilch. Frisch gebrannter Kalk und Wasser zu gleichen Teilen. Hiervon 1 l Kalkpulver : 1 l Wasser. Immer frisch bereiten. Vorsicht bei der Zubereitung (gebrannter Kalk!).

4. Chlorkalkmilch, fest verschlossen halten und vor Licht schützen. 1 l Chlorkalk : 5 l Wasser.

5. Formaldehyd. Die käufliche Lösung muß stark stechend riechen. Hiervon 30 ccm zu 970 ccm Wasser. Für Bürsten, Pelze, Polstermöbel. Auch benutzt in den Formalinapparaten. Diese Methode soll jetzt außerhalb von Anstalten nicht mehr ausgeführt werden.

6. Desinfektion durch Kochen: Geschirre usw., Instrumente. Sodazusatz, um Rosten zu vermeiden. Soda ist kein Desinfektionsmittel!

In den Desinfektionsanstalten oder fahrbaren Wagen werden in Dampfapparaten desinfiziert: Kleider, Wäsche, Matratzen.

Die Schwestern, die die Desinfektion am Krankenbett ausüben, müssen einen Nachschulungskurs durchmachen, nachdem sie eine amtliche Bescheinigung über ihre Befähigung erhalten.

Die Gemeinden sollen die Mittel zur Desinfektion am Krankenbett vorrätig halten und unentgeltlich abgeben. Vorsicht mit Sublimatpastillen! Kinder, Verwechselung mit Bonbons!

Eine Lücke besteht immer noch bei der Desinfektion, wenn ein Kranker gestorben ist oder die Wohnung gewechselt hat. In solchen Fällen muß die Gemeindeschwester auf dem kürzesten Wege den Kreisarzt bzw. mit seinem Einverständnis den Desinfektor direkt benachrichtigen. Es kommt gar nicht selten vor, daß selbst bei guter Regelung der Desinfektion der Kranke gestorben ist oder in ein Krankenhaus verlegt wurde vor einigen Wochen und die Hausgenossen haben das undesinfizierte Bett usw. in Benutzung genommen. Telephonische Benachrichtigung ist hier erforderlich und besondere Beachtung, wenn ein Kranker aus dem Hause gebracht wird in ein Krankenhaus oder in eine Heilstätte.

Der Haushaltungsvorstand ist nach dem Gesetz verpflichtet, den Wohnungswechsel anzuzeigen. Er tut es aber nicht und damit muß man sich abfinden und andere Wege finden. Wachsamkeit der Fürsorgerin oder Gemeindeschwester!

7. Die Bekämpfung der Tuberkulose. Geregelt in Preußen durch *Gesetz vom 4. August 1923.* Keine reichsgesetzliche Regelung. In den verschiedensten Ländern Deutschlands sind Tuberkulosegesetze erlassen, die aber so buntscheckig verschieden sind, daß eine Aufzählung hier unmöglich ist. Der Grund, warum eine reichsgesetzliche Regelung bisher nicht erreicht wurde, ist lediglich finanzieller Art. Man will durch Anregung die Länder und Gemeinden anspornen, selbst das Möglichste auf diesem Gebiet zu leisten.

Spricht man von der Sterblichkeit an „*Tuberkulose*", so muß man berücksichtigen: häufig meint man nur „*Lungen*"tuberkulose, meistens aber *Tuberkulose überhaupt.*

In Preußen starben an Tuberkulose überhaupt:

1913	56861	= 13,65	auf	10000	Lebende
1921	52407	= 13,48	„	10000	„
1922	54305	= 14,25	„	10000	„
1923	58876	= 15,26	„	10000	„
1924	46144	= 12,24	„	10000	„
1925	41599	= 10,93	„	10000	„
1926	38553	= 10,03	„	10000	„

Die Letalität kann auf ca. 25% angegeben werden. Die Zahl der Erkrankungen ist sicher größer als bekannt, daher ist die Letalität zahlenmäßig zu hoch. Trotzdem ist die Tuberkulose eine der gefährlichsten Krankheiten.

Von einer *Zunahme* der Tuberkulosesterblichkeit kann man also nicht sprechen, rein ziffernmäßig geht die Sterblichkeit zurück. Während des Krieges trat eine hochgradige Steigerung der Todesfälle auf. In Preußen starben:

1914	58577	= 13,87	1918	97581	= 23,00
1915	61606	= 14,45	1919	85996	= 21,86
1916	66544	= 15,76	1920	59788	= 15,78
1917	87032	= 20,52	1921	52407	= 13,48

Während des Krieges, noch mehr unter dem Einfluß der Nahrungsmittelknappheit erfolgte eine kaum erwartete Zunahme. Mit der Rückkehr zu einigermaßen geordneten Verhältnissen erfolgte ein Absinken ähnlich, wie wir es bei der Ruhr beobachtet haben.

Man hat gesagt, die Tuberkulose sei eine Wohnungskrankheit, eine Ernährungskrankheit, eine soziale Krankheit. Sicher ist die Tuberkulose die interessanteste Krankheit, denn sie ist eine Infektionskrankheit, der Ausbruch der Krankheit hängt aber mehr als bei allen anderen Krankheiten von der Empfänglichkeit des Individuums ab und die Heilung von den sozialen Verhältnissen: Nahrung, Wohnung, Arbeitsverhältnis.

a) *Das preußische Tuberkulosegesetz* regelt 1. die Anzeige der Todesfälle und der Erkrankungsfälle an Lungen- und Kehlkopftuberkulose (also nicht die „anderer Organe"), 2. die Desinfektion während der Krankheit und beim Wohnungswechsel oder Tod. Weitergehende gesetzliche Anordnungen wurden nicht getroffen in Erwartung des Reichstuberkulosegesetzes. Wann kommt es?

Die Tuberkulose *anderer* Organe zeigt noch eine Untergruppe, die statistisch besonders aufgeführt ist: *tuberkulöse Hirnhautentzündung*. Diese Abgrenzung ist wichtig, weil diese Art der Tuberkulose fast ausschließlich im Säuglings- oder Kleinstkindesalter auftritt und uns auf eine Infektionsquelle in der Familie oder im Hause hinweist.

Die Tuberkulose „*anderer Organe*" umfaßt: Die Darmtuberkulose, Drüsen-, Gelenk-, Knochen-, Nieren-, Hirnhauttuberkulose oder der Organe, an denen die Erkrankung sonst auftritt. Eine Sonderform ist die *Miliar*tuberkulose. Diese tritt in jedem Lebensalter auf, und zwar, wenn ein schlummernder Herd jählings aufgerührt wird oder wenn eine Person, die vordem von Tuberkulose vollständig verschont war, plötzlich infiziert wird durch einen Bacillenstreuer. Der Anteil der Tuberkulose „anderer Organe" an der Gesamtsterblichkeit an Tuberkulose ist größer, als man denkt. In der Provinz Schleswig-Holstein betrug die Sterblichkeit dieser Gruppe 1,4—2,8 und 3,6 auf 10000! und machte also den achten bis vierten Teil aller Tuberkulosefälle aus.

Die *Erkrankungs*häufigkeit an *Lungen*tuberkulose kann man aus den amtlichen Statistiken feststellen.

Für 1925 betrug dies Verhältnis in Preußen 56696 Erkrankungen zu 27910 Sterbefällen = annähernd 2 : 1. Tatsächlich betrug dies Verhältnis in der Provinz Schleswig-Holstein in einzelnen Kreisen 1 : 3 bis 1 : 4.

b) Die Abnahme der *Tuberkulosesterblichkeit* insgesamt ist kein absolut günstiges Zeichen. Man muß vor allem die Sterblichkeit in den *jugendlichen* Altersklassen beachten! Nimmt sie in diesen zu, so ist das ein Zeichen, daß die Bekämpfungsmaßnahmen nicht genügen.

Die Zusammenstellung der Sterblichkeit an Tuberkulose in Preußen nach Geschlecht und Alter berechnet auf 10000 der Altersgruppe ergibt:

Jahr	10–15 J.		15–20 J.		20–25 J.	
	m.	w.	m.	w.	m.	w.
1913	3,71	6,22	11,46	14,16	17,74	17,66
1922	3,4	6,01	13,61	15,22	25,59	20,62
1923	3,74	6,28	14,63	16,98	27,99	21,92
1924	2,94	5,25	10,25	12,85	20,14	18,91

Gegenüber 1913 liegt die Sterblichkeit der beiden ersten Altersklassen 1924 darunter, bei der dritten noch darüber. Eine vorübergehende Steigerung ist besonders in der dritten Gruppe bemerkbar, beim männlichen Geschlecht stärker als beim weiblichen.

Man beachte:

Die Höhe der Erkrankungen hängt ab von der Güte der Meldung, der Energie, mit der Fürsorge betrieben wird. Ein Rückgang der Erkrankungen kann darauf zurückgeführt werden, daß nun alle Erkrankungen bekannt sind und neue Erkrankungen weniger zahlreich gebucht werden.

Was ist überhaupt Tuberkulose? Mit dieser Bezeichnung wird viel Unfug getrieben. Eine tuberkulöse Erkrankung darf nur dann angenommen werden, wenn die Krankheitserscheinungen tatsächlich durch eine Infektion mit Tuberkelbacillen hervorgerufen werden. Der Nachweis muß durch den Befund der Bacillen oder der spezifischen Reaktion erbracht werden.

Fürsorgerisch muß ein Kranker dieser Art immer erfaßt werden, denn die Heilungsmaßnahmen müssen sofort einsetzen, um so besser der Erfolg, um so billiger die Heilung.

Vom *medizinalpolizeilichen* Gesichtspunkte werden aber erst „die Kranken", die Tuberkelbacillen ausscheiden — meistens also Lungentuberkulöse —, besonders beachtenswert, denn nun muß der Seuchenschutz einsetzen.

Die Ermittlung ist also das Wichtigste: Stand der Erkrankung. Der Schutz der Umgebung: Absonderung des Kranken, wenn er bettlägerig ist, und Desinfektion seiner Gebrauchsgegenstände usw.

Wenn er aber nicht bettlägerig ist, so wandert die Infektionsquelle umher und ist jetzt gefährlich in dem Maße, wie sie selbst Bacillen ausstreut.

Die Tuberkulose gleicht *in dem Sinne* keiner anderen Infektionskrankheit, weil bei diesen die Kranken im Bett liegen. Die Tuberkulösen bleiben oft bis kurz vor dem Tode außer Bett, die Männer auf der Arbeitsstätte, die Frauen besorgen den Haushalt. Die

Gefährdung durch die wandernden Tuberkulösen nimmt mit der Nähe des Todes zu, besonders wenn eine Kehlkopftuberkulose vorliegt. Viele Tuberkulosekranke sind arbeitsfähig und haben doch lange Jahre Tuberkelbacillen in dem Auswurf. Berufsverbote bestehen in Preußen nicht (nur für Lehrer, siehe S. 77). Es ist auch keine zwangsweise Absonderungsmöglichkeit vorhanden.

Diese Lücken müssen durch ein Reichstuberkulosegesetz ausgefüllt werden. Dieses muß umfassen: Anzeigepflicht für „*alle*" Formen der Tuberkulose, Berufsverbote in bestimmten Fällen (Lehrer, Kindermädchen, Lebensmittelgeschäfte), Absonderungsmöglichkeit (in Krankenhäusern bei schwer Kranken, bei schlechten Wohnverhältnissen).

c) *Besondere Maßnahmen* bei der Bekämpfung der Tuberkulose:

1. Fürsorgerinnen und Gemeindeschwestern müssen krankheitsverdächtige Personen den Ärzten oder Tuberkulosefürsorgestellen zuführen. Die Auffindung der Kranken ist die wichtigste Aufgabe, die Stellung der Diagnose oft sehr schwierig. *Tuberkulosefürsorgestellen* in Städten und in Landkreisen, diagnostische Zentralstellen. Leitende Ärzte möglichst fachärztlich vorgebildet oder nachgeschult. Röntgenapparate in der Fürsorgestelle oder in Verbindung, d. h. in einem Krankenhause am Orte. Keine Behandlung, wohl aber Mitteilung der Befunde an die behandelnden Ärzte als die Zentralstelle für die wirtschaftlichen Maßnahmen und Überwachung der Kranken durch die Bezirksfürsorgerinnen oder Gemeindeschwestern. Spezialschwestern bei der Tuberkulosefürsorgestelle und im Außendienst mit Erfolg in Verbindung mit den Bezirksfürsorgerinnen zu verwenden.

2. Belehrung der Kranken: Auswurf vorsichtig behandeln. Gefahr beim Sprechen, Niesen, Husten durch Tröpfcheninfektion. Nicht auf den Boden spucken: Spucknäpfe mit Knopfdeckel bei den Betten, Flaschen beim Herumgehen. Fliegen dürfen nicht an den Auswurf gelangen.

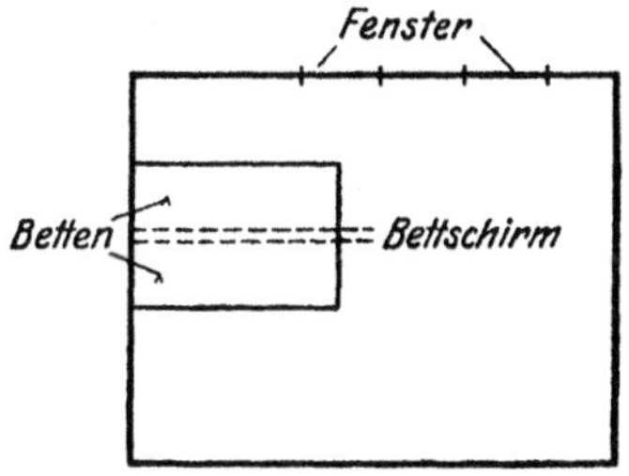

3. Behandlung der Wäsche und des Eßgeschirres. Erst desinfizieren, dann waschen.

4. Stellung des Bettes. Oft Einzelzimmer nicht möglich, Einzelbett immer durchsetzen! Zwischen die Betten bei Eheleuten waschbare Bettschirme!

5. In jedem Falle Prüfung der Heilungsmöglichkeit, entweder nach Beobachtung in einem Krankenhaus oder direkte Bean-

tragung eines Heilverfahrens. Eventuell Vorbehandlung in Krankenhäusern (Operationen). Lange Heilstättenkuren, $^1/_2$ Jahr, eventuell Wiederholungskuren bei günstigen Fällen. Absonderung in Krankenhäusern bei Schwerkranken vor dem Tode und bis zum Tode. (Über die Leistungen der Invalidenversicherung siehe S. 121 f.)

6. Desinfektion beim Todesfall und nach Verbringung in ein Krankenhaus, in letzterem Falle sofort, damit nicht das Bett usw. undesinfiziert benützt wird.

Immer zwei Gesichtspunkte: Der Schutz der Umgebung (Kinder). Die Fürsorge für den Kranken!

8. Andere für die Allgemeinsterblichkeit wichtige Krankheiten.

a) Die Lungenentzündung. Sterblichkeit viel höher, als angenommen wird.

Es starben in Preußen:

1913	50084	=	12,03[1]	1924	34061	=	9,04
1921	46584	=	11,98	1925	35553	=	9,34
1922	49252	=	12,93	1926	33978	=	8,84
1923	41160	=	10,67				

Die Sterblichkeit in den 49 deutschen Großstädten:

1925: 8,88, 1926: 7,3, 1927: 8,3.

b) Sonstige Erkrankungen der Atemwerkzeuge:

Es starben in Preußen:

1913	32677	=	7,85	1924	20227	=	5,37
1921	23495	=	6,04	1925	16847	=	4,43
1922	26546	=	6,97	1926	17432	=	4,53
1923	24194	=	6,27				

Diese Todesfälle statistisch unsicher. Im Verlauf der Jahre aber gleiche Fehlerquellen. Lungenentzündung ist eine schwere Erkrankung, für die Gesamtsterblichkeit von großer Bedeutung.

Die Höhe der Säuglingssterblichkeit wird ursächlich durch die Todesfälle an Lungenentzündung bedingt.

Sterblichkeit an Lungenentzündung und sonstigen Erkrankungen der Atemwerkzeuge höher als an Tuberkulose; also ernstlich zu beachten!

c) Krebs.

In Preußen:

1924	35411	=	9,39
1925	34078	=	9,71
1926	38488	=	10,01

Zunahme der Sterbefälle an Krebs? Wenn die Altersbesetzung sich ändert, die höheren Altersklassen stärker besetzt sind infolge Abnahme der Geburten, dann relativ mehr Todesfälle an Krebs.

[1] Immer auf 10000 Lebende gerechnet.

d) Andere Neubildungen (Sarkom usw.)

In Preußen:

1924	3686	= 0,98
1925	3726	= 1,10
1926	4571	= 1,20

e) Krankheiten der Kreislauforgane (Herz usw.)

In Preußen:

1924	65249	= 17,31
1925	65982	= 17,13
1926	65876	

f) Gehirnschlag.

In Preußen:

1924	22415	= 5,95
1925	22898	= 6,02

Andere Krankheiten des Nervensystems:

1924	15339	= 4,07
1925	14519	= 3,82

g) Krankheiten der Verdauungsorgane.

In Preußen:

1924	34307	= 9,10
1925	35206	= 9,25

Diese Krankheitsgruppe sehr wichtig für die Säuglingssterblichkeit.

h) Krankheiten der Harn- und Geschlechtsorgane.

In Preußen:

1924	11077	= 2,94
1925	10873	= 2,86

i) Verunglückungen und andere gewaltsame Einwirkungen.

In Preußen:

1924	14574	= 3,87
1925	15194	= 3,99
1926	14753	= 3,83

In diesen Zahlen sind die Betriebsunfälle enthalten.

k) Selbstmord.

In Preußen:

1913	9214	= 2,21	1924	8590	= 2,27
1922	8022	= 2,10	1925	9164	= 2,40
1923	7863	= 2,03	1926	9746	= 2,53

Die Behauptung, daß die Selbstmorde erheblich in letzter Zeit zugenommen haben, trifft demnach nur bedingt zu.

Es starben an Selbstmord:

1900	6660
1909	8422

Es scheint sich auch hier um einen wellenförmigen Verlauf zu handeln, wie bei den Infektionskrankheiten (Wirtschaftskrisen, Seelenkrisen). Es ist auch kein auffallender Anstieg in einer bestimmten Altersgruppe feststellbar, soweit es sich um die Altersgruppen bis 15; 15—30; 30—60; über 60 handelt.

Inwieweit diese Todesfälle (a bis k) durch Maßnahmen der Gesundheitsgesetzgebung und Gesundheitsfürsorge beeinflußbar sind, wird die weitere Betrachtung zeigen.

Die einzelnen Lebensalter.

VIII. Das Säuglingsalter.

a) Allgemeine Bemerkungen.

1. Die **Sterblichkeit** im Säuglingsalter ist höher als in jeder anderen Altersgruppe. Die Gesamtsterblichkeit einer Bevölkerungseinheit wird durch die Säuglingssterblichkeit weitgehend bestimmt.

Es starben in Preußen:

Jahr	überhaupt	m.	w.	Säuglinge	m.	w.
1913	620455	321980	298475	175988	97873	78116
1921	529870	267674	262196	129939	73133	56806
1922	539426	272381	267045	111577	63116	48416
1923	522826	263533	259293	104517	58726	45791
1924	459046	230789	228257	83158	46747	36411
1925	450973	228268	222705	83110	47071	36039
1926	445754	225683	220071	76138	43074	33064

Das heißt, es starben in Preußen:

Jahr	auf 1000 Lebende		auf
	überhaupt	im 1. Lebensj.	10000 Lebende
1913	14,9	4,2	42
1921	13,6	3,3	33
1922	14,5	3,0	30
1923	13,9	2,8	28
1924	12,2	2,2	22
1925	11,9	2,2	22
1926	11,6	2,0	20

Vgl. dazu oben die einzelnen Krankheitsgruppen!

2. Geburten. Es wurden in Preußen geboren:

Jahr	überhaupt	m.	w.	auf 1000 einschließlich Totgeburten
1913	1209575	621937	587638	29,0
1921	1001567	519672	481895	25,8
1922	893901	463860	430041	24,0
1923	819815	424625	395190	21,9
1924	812278	420258	392020	21,5
1925	824761	426693	398068	21,6
1926	780621	403949	376672	20,3

Das heißt, die Geburtenzahlen haben dauernd abgenommen, mit einer geringen Ausnahme 1925. Die Sterblichkeit hat ebenfalls abgenommen, aber lange nicht in dem Maße wie die Geburtenziffern.

3. Daraus ergibt sich eine dauernde Abnahme des **Geburtenüberschusses.** Der Überschuß der Geburten über die Sterbefälle betrug.

1913	13,3	auf	1000
1924	8,6	„	1000
1925	9,1	„	1000
1926	8,0	„	1000

Die Geburtenziffern sind in den 49 deutschen Großstädten noch weiter abgesunken:

1925	5,9	auf	1000
1926	5,3	„	1000
1927	4,6	„	1000

In diesen Zahlen sind die Elemente der Bevölkerungspolitik enthalten. Wenn die Geburten stärker absinken als die Todesfälle, und das ist der Fall, wie man sieht, dann wird der Überschuß der Lebenden über die Toten immer geringer, die Bevölkerung, nimmt allmählich, aber sicher ab. *Zu viele* Menschen haben wir also nicht, sondern man muß sinnen, wie eine Vermehrung der Geburten erreicht werden kann.

4. Sterblichkeit bei ehelich und unehelich Geborenen. Einen Überblick über die Sterblichkeit der Säuglinge erhält man erst, wenn man die Berechnung auf „100“ Geborene ansieht.

Es starben von 100 Geborenen in Preußen:

1913	15,0	eheliche	14,04	uneheliche	25,46
1921	13,41	„	12,14	„	25,29
1922	12,91	„	11,57	„	25,54
1923	13,18	„	11,95	„	25,50
1924	10,60	„	9,66	„	19,89
1925	10,43	„	9,50	„	18,29
1926	10,10	„	9,30	„	16,72

5. Säuglingssterblichkeit und Gesamtsterblichkeit. Die *Gesamt*sterblichkeit hat hauptsächlich abgenommen infolge Verminderung der Sterbefälle im ersten Jahre.

In Preußen starben:

1913	14,9	überhaupt	4,2	unter	1	Jahr	10,7	über	1	Jahr
1921	13,6	,,	3,3	,,	1	,,	10,3	,,	1	,,
1922	14,5	,,	3,0	,,	1	,,	11,5	,,	1	,,
1923	13,9	,,	2,8	,,	1	,,	11,2	,,	1	,,
1924	12,2	,,	2,2	,,	1	,,	10,0	,,	1	,,
1925	11,8	,,	2,2	,,	1	,,	9,6	,,	1	,,
1926	11,6	,,	2,0	,,	1	,,	9,6	,,	1	,,

Die Gesamtsterblichkeit wird also ansteigen, wenn die Säuglingssterblichkeit nicht mehr sinkt, oder infolge weiterer Abnahme der Geburten die anteilige Bedeutung verliert.

Die Säuglingsfürsorge beginnt „vor“ der Geburt mit dem Mutterschutz während der Schwangerschaft.

b) Reichsjugendwohlfahrtsgesetz.

Das bedeutsamste Gesetz ist das *Reichsjugendwohlfahrtsgesetz* (RJWG.) vom 9. Juli 1922, Ausführungsbestimmungen vom 29. März 1924 für Preußen.

Jugendämter sind in Stadt- und Landkreisen zu errichten. (Ein Gesetz für die Errichtung von Wohlfahrtsämtern gibt es nicht.) In der Jugendamtskommission werden die wichtigsten Angelegenheiten beraten. In ihr müssen vertreten sein: Ein Vertreter der Geistlichkeit, zwei Lehrpersonen und Vertreter der freien Vereinigungen auf dem Gebiete der Jugendwohlfahrtspflege: mit beratender Stimme sind berechtigt an den Sitzungen teilzunehmen der Kreisarzt, der Gewerberat, der Schulrat, der Vormundschaftsrichter.

Als wichtigste Pflichtaufgaben sind genannt:

1. Schutz der Pflegekinder,
2. Mitwirkung im Vormundschaftswesen,
3. Mitwirkung bei der Tätigkeit des Gemeindewaisenrats,
4. Mitwirkung bei der Schutzaufsicht bei der Fürsorgeerziehung.

Pflegekinder sind eheliche und uneheliche Kinder unter 14 Jahren, die sich dauernd oder nur für einen Teil des Tages jedoch regelmäßig in fremder Pflege befinden, es sei denn, daß von vornherein feststeht, daß sie unentgeltlich in vorübergehende Bewahrung genommen werden (§ 19).

Demnach erstreckt sich die Aufsicht des Jugendamtes auch auf die Kindertagesheime und besonders auf die in Pflegestellen untergebrachten unehelichen Kinder.

Personen, die Pflegekinder aufnehmen wollen, bedürfen der Erlaubnis des Jugendamtes (§ 20). Gesundheitliche Prüfung der Familien ist unerläßlich (Tuberkulose, Verdacht auf Geschlechtskrankheiten). Die Pflegekinder unterstehen der Aufsicht des Jugendamtes (§ 24). Die Erlaubnis zum Halten eines Pflegekindes kann widerrufen werden (§ 22).

Das Jugendamt läßt durch Gemeindeschwestern, Fürsorgerinnen, Fürsorger die Pflegestellen prüfen, macht die Erteilung der Erlaubnis abhängig von der regelmäßigen Vorstellung in den Säuglings- und Kleinkinderberatungssprechstunden. In Landkreisen können hierbei die Hebammen beteiligt werden.

Gute Pflegestellen hängen ab von dem gezahlten Pflegesatz. Dieser schwankt in Kiel und Umgebung zwischen 20 und 24 *RM* neben Sachleistungen: Milch, Schuhzeug usw.

Die Kreisärzte in den Landkreisen, die Stadtärzte in den größeren Städten besuchen als Beauftragte des Jugendamtes häufig die Pflegestellen.

Die Unterstützung der unehelichen Kinder, der vollverwaisten und der getrennt von den Eltern untergebrachten ehelichen Minderjährigen liegt nach § 50 „*den*“ Jugendämtern ob, in deren Bezirk sich der Minderjährige bei Eintritt der Hilfsbedürftigkeit aufhält. Tritt aber die Hilfsbedürftigkeit „*vor*“ dem 14. Lebensjahr ein, so kann das Jugendamt die Erstattung der Kosten und die Übernahme verlangen: von dem Jugendamt des Bezirkes, in dem die uneheliche Mutter ein Jahr vor der Geburt des Minderjährigen ihren gewöhnlichen Wohnsitz hatte usw.

Die Amtsvormundschaft. Das Jugendamt wird Vormund in den durch die folgenden Bestimmungen vorgesehenen Fällen . . . . . (§ 32).

Mit dem Tage der Geburt eines „unehelichen“ Kindes erlangt das Jugendamt des Geburtsortes die Vormundschaft (§ 35).

Gemeindewaisenrat. Das Jugendamt ist Gemeindewaisenrat, und muß als solcher nach § 43 gehört werden, vor allem bei Festsetzung von Geldrenten für den Unterhalt der Minderjährigen.

Die Standesbeamten sollen dem Jugendamt die Geburt aller unehelichen Kinder mitteilen; dieses führt eine Kartothek, stellt Ermittlungen an und übt die Aufsicht in den vorgesehenen Fällen aus. Das Vormundschaftsgericht wird entsprechend benachrichtigt.

c) Die Schwangerenberatung

muß sich erstrecken auf

1. gesundheitliche Beratung über Krankheiten der Schwangeren, insbesondere Geschlechtskrankheiten (Behandlung einer Syphilis während der Schwangerschaft kann ein gesundes Kind zur Folge haben). Diese Beratung erfolgt am besten durch einen Frauenarzt (Frauenklinik, Hebammenlehranstalt);

2. die Rechtsberatung der unehelichen Mutter zwecks Sicherstellung des Vaters und der Mittel für die Niederkunft und die Zeit nach der Entbindung. Hinweis auf die Wochenhilfe der Krankenkassen oder die Wochenfürsorge der Gemeinden!

d) Leistungen der Wochenhilfe für Versicherte.

Im Kriege wurde die Reichswochenhilfe für Kriegerfrauen und -witwen geschaffen. Daraus entwickelte sich **das** selbständige **Gesetz über Wochenhilfe vom 9. Juni 1922** und ein **Gesetz über Wochenhilfe und -fürsorge vom 4. Dezember 1922.** Durch diese Gesetze wurden praktisch alle hilfsbedürftigen Wöchnerinnen erfaßt. Beide Gesetze erlebten die Schrecken der Inflation und Deflation. Die Bestimmungen über Wochenfürsorge ruhten praktisch seit Einführung der Rentenmark. Die Reichsverordnung über die Fürsorgepflicht vom 13. Februar 1924 hat eine neue Grundlage geschaffen.

Für die versicherten Frauen und die Angehörigen von Versicherten gelten jetzt die Bestimmungen § 195a und 205a der Krankenversicherung.

Durch Gesetz vom 1. September 1926 haben diese folgende Fassung erhalten. Zu scheiden: Selbstversicherte Frauen und Mädchen (§ 195a) und Ehefrauen, Töchter, Stieftöchter, Pflegetöchter von Versicherten (§ 205a). Für beide gilt als Voraussetzung der Leistung, daß eine Versicherungszeit bestand (in den letzten 2 Jahren 10 Monate, davon mindestens 6 Monate in dem der Geburt vorangehenden Jahre) auf Grund der Reichsversicherungsordnung oder des Knappschaftsgesetzes. Das Versicherungsverhältnis muß zur Zeit der Niederkunft noch bestehen.

Ist diese Voraussetzung nicht auf den Tag erfüllt, so verweigert die Kasse die Leistung, muß sie verweigern. Darum Erkundigung „*vor*" der Niederkunft bei der Kasse, ob die Ansprüche zu Recht bestehen, und wenn nicht, rechtzeitige Beantragung von Wochenfürsorge bei der Gemeinde!

a) Nach § 195a erhalten die Wöchnerinnen:

1. Bei der Entbindung oder bei Schwangerschaftsbeschwerden Hebammenhilfe, Arznei oder kleinere Heilmittel, sowie falls es erforderlich wird, ärztliche Behandlung.

2. Einen einmaligen Beitrag zu den sonstigen Kosten der Entbindung und bei Schwangerschaftsbeschwerden in Höhe von 10 RM; findet eine Entbindung (siehe S. 63) nicht statt, so sind als Beitrag zu den Kosten bei Schwangerschaftsbeschwerden 6 RM zu zahlen.

3. Ein Wochengeld in Höhe des Krankengeldes, jedoch *mindestens* 50 Pf. täglich für 4 Wochen vor und sechs zusammenhängende Wochen unmittelbar nach der Niederkunft.

4. Solange das Neugeborene gestillt wird, ein Stillgeld in Höhe des halben Krankengeldes, jedoch *mindestens* 25 Pf. täglich bis zum Ablauf der 12. Woche nach der Niederkunft. Der Vorstand kann einen Höchstbetrag für das Stillgeld festsetzen. Die Satzung oder die oberste Landesbehörde kann bestimmen, daß die Kassen bei Zahlung des Stillgeldes auf den Wert der regelmäßigen Inanspruchnahme der Mütterberatungsstellen, Säuglingsfürsorgestellen oder gleichartiger Einrichtungen hinweisen.

Das Recht des Wochengeldbezuges *vor* der Entbindung wird auf zwei weitere Wochen gewährt, wenn die Schwangere während dieser Zeit keine Beschäftigung gegen Entgelt ausübt und vom Arzte festgestellt wird, daß die Entbindung voraussichtlich innerhalb 6 Wochen stattfinden wird. Irrt der Arzt bei der Berechnung des Zeitpunktes der Entbindung, so hat die Schwangere gleichwohl Anspruch auf das Wochengeld von dem in dem ärztlichen Zeugnis angenommenen Zeitpunkt.

Das Wochengeld vor der Entbindung wird jeweils sofort und nicht erst mit dem Tage der Entbindung fällig.

Neben dem Wochengeld für die Zeit nach der Entbindung wird kein Krankengeld gewährt. Für die Zeit nach der Entbindung, in der die Wöchnerin gegen Entgelt arbeitet, wird nur das halbe Wochengeld gewährt!

Wechselt die Wöchnerin während der Leistung der Wochenhilfe die Krankenkassenangehörigkeit, so bleibt die *erst*verpflichtete Kasse für die weitere Durchführung der Leistung zuständig.

Stirbt eine Wöchnerin bei der Entbindung oder während der Zeit der Unterstützungsberechtigung, so werden die noch verbleibenden Beträge an Wochengeld bis zum satzungsmäßigen Ende der Bezugszeit an denjenigen gezahlt, der für den Unterhalt der Kinder sorgt.

Der Anspruch bleibt beim Vorliegen der übrigen Voraussetzungen auch dann bestehen, wenn die Versicherte wegen ihrer Schwangerschaft innerhalb 6 Wochen vor der Entbindung aus der Versicherung ausgeschieden ist (gilt nur bei Selbstversicherten!).

§ 195d. Durch Satzung kann die Dauer der Wochengeldbezüge auf 13 Wochen, des Stillgeldes bis auf 26 Wochen erweitert, der einmalige Entbindungsbeitrag auf 25 *RM* erhöht werden. Die Satzung kann das Wochengeld mit Zustimmung des Oberversicherungsamtes höher als das Krankengeld, und zwar bis zur Höchstgrenze von $^3/_4$ des Grundlohnes bemessen (nur bei Selbstversicherten!).

§ 196. Mit Zustimmung der Wöchnerin kann die Kasse

1. an Stelle des Wochengeldes Kur und Verpflegung in einem Wöchnerinnenheim gewähren:

2. Hilfe und Wartung durch Hauspflegerinnen gewähren und dafür bis zur Hälfte des Wochengeldes abziehen.

Findet die Entbindung ohne Zustimmung der Kasse in einer Entbindungsanstalt statt (das kommt nicht selten bei Eilfällen vor), und wird die von der Kasse gebotene Hebammenhilfe nicht in Anspruch genommen, so erhält die Wöchnerin an Stelle der Hebammenhilfe den nach § 376a, Abs. 1 festgesetzten Betrag („siehe unten“).

b) *Nach § 205a* wird Wochenhilfe gewährt *an „Angehörige“* von Versicherten, wenn sie in häuslicher Gemeinschaft leben, und sie ihren gewöhnlichen Wohnsitz im Inland haben, ihnen ein Anspruch nach § 195a nicht zusteht, die Versicherten (Familienvorstände) entsprechend § 195a versichert waren.

Als Wochenhilfe werden gewährt die Leistungen gemäß § 195a, Abs. 1 (Nr. 1—4 einschließlich). Dabei beträgt aber das Wochengeld nur 50 *Rpf*! und das Stillgeld 25 *Rpf* täglich.

Die Satzung kann das Wochengeld bis auf 13 Wochen, das Stillgeld bis auf 26 Wochen ausdehnen.

Nach § 199 können die Kassen einer Schwangeren, die der Kasse mindestens 6 Monate angehört hat, wenn sie infolge Schwangerschaft arbeitsunfähig wird, Schwangerengeld in Höhe des Krankengeldes bis zur Gesamtdauer von 6 Wochen gewähren.

Das Reich zahlt an die Kasse für die Leistungen entsprechend § 205a einen Zuschuß von 50 *RM* pro Entbindungsfall, da es sich hier nicht um eine „Pflichtaufgabe“ der Krankenkassen handelt und ihnen diese Leistung gleichwohl als Pflichtleistung auferlegt wurde.

Nach § 376 wird folgender § 376a eingefügt: Die oberste Verwaltungsbehörde oder die von ihr bestimmte Stelle setzt unter Mitwirkung der beteiligten Krankenkassen und Hebammen oder ihrer Vereinigung Gebühren fest für alle Verrichtungen und Anforderungen der Hebammen, die für beide Teile verbindlich sind (aber nur soweit es sich um Versicherte auf Grund der Reichsversicherungsordnung handelt, für die anderen gilt die Gebührenordnung, die von den Regierungspräsidenten festgesetzt wird).

Die Krankenkassen haben diesen Betrag unmittelbar an die Hebammen zu zahlen. Die Hebamme ist nicht berechtigt, weitergehende Ansprüche zu stellen.

c) Zu beachten: Das Reichsversicherungsamt hat eine Entscheidung über den Begriff der *Niederkunft* gefällt vom 27. April 1926 (Amtliche Nachrichten des Reichsversicherungsamtes 1926, S. 360).

Nach dieser Entscheidung ist die Wochenhilfe in jedem Falle zu gewähren, in dem das geborene Kind standesamtlich gemeldet werden muß, also nach der 28. Woche und bei einer Länge von mehr als 32 cm.

e) Arbeitsverbot für Schwangere.

1. Auf Grund der *Reichsgewerbeordnung* § 137 besteht ein Arbeitsverbot für Frauen während der Schwangerschaft in *gewerblichen* Betrieben. Arbeiterinnen dürfen vor und nach ihrer Niederkunft im ganzen während 8 Wochen nicht beschäftigt werden. Ihr Wiedereintritt ist geknüpft an den Ausweis, daß seit der Niederkunft wenigstens 6 Wochen verflossen sind. Diese Bestimmung gilt nicht für Heimarbeiterinnnen, nicht für die Landwirtschaft, nicht für Hausangestellte.

Gesetz über die Beschäftigung nach der Niederkunft vom 16. Juli 1927. Dies Gesetz gilt für die weiblichen Personen, die der Krankenversicherung unterliegen, nicht in der Landwirtschaft und Hauswirtschaft.

a) Schwangere sind *berechtigt*, die Arbeitsleistung zu verweigern, wenn durch ein ärztliches Zeugnis nachgewiesen wird, daß sie voraussichtlich nach 6 Wochen niederkommen. Nach der Niederkunft müssen 6 Wochen verflossen sein (wie oben). Während weiterer 6 Wochen sind sie „*berechtigt*", die Arbeitsleistung zu verweigern auf Grund eines ärztlichen Zeugnisses, daß sie wegen einer Krankheit, die eine „*Folge*" der Schwangerschaft oder Niederkunft ist, oder die dadurch eine wesentliche Verschlimmerung erfahren hat, an der Arbeit verhindert sind.

b) Der Arbeitgeber ist nur dann verpflichtet, Entgelt zu gewähren, wenn dies ausdrücklich vereinbart wurde.

c) Stillpausen sind bis 6 Monate bis zu zweimal $^1/_2$ Stunde oder einmal 1 Stunde täglich von der Arbeit freizugeben.

d) 6 Wochen vor und 6 Wochen nach der Niederkunft ist eine Kündigung des Arbeitgebers unwirksam auf Grund der Schwangerschaft oder Niederkunft. Die Arbeitnehmerin muß aber bei einer etwaigen Kündigung sofort Einspruch unter Hinweis auf die Schwangerschaft oder Entbindung erheben.

f) Wochenfürsorge für nicht Versicherte.

Eine *nicht* versicherte Frau oder eine Angehörige eines *nicht* versicherten Familienvorstandes hat weder Anspruch aus § 195a noch 205a.

Diese können Ansprüche an die Gemeinde (Fürsorgeverbände) stellen *auf Grund der Reichsverordnung über die Fürsorgepflicht vom 13. Februar 1924.* Durch diese ist das Wochenfürsorgegesetz vom 9. Juni 1922 bzw. 18. August 1923 außer Kraft gesetzt.

Unter den 6 Aufgaben für

1. Kriegsbeschädigte, 2. Kleinrentner, 3. Schwerbeschädigte, 4. Rentenempfänger, 5. hilfsbedürftige Minderjährige ist als sechste aufgeführt: Wochenfürsorge.

Grundsätzlich sollen dieselben Vergünstigungen gewährt werden wie nach § 205a. Rückzahlungspflicht besteht. Es empfiehlt sich (Städte wie Kiel haben es seit Jahren durchgeführt), auf die Rückzahlung zu verzichten, da sonst die Leistungen nicht in Anspruch genommen werden.

Zu beachten: Die Kasse „*kann*" Verpflegung in einem Wöchnerinnenheim gewähren, sie braucht es nicht. Sie ist vor allem nicht verpflichtet, für die Kosten in einer *Entbindungsanstalt* aufzukommen. Das Reichsversicherungsamt hat die Forderung als berechtigt anerkannt, daß die Klinik sich bei der Einweisung sichert: Die Hebammengebühren 36 *RM*; den einmaligen Entbindungsbeitrag 10 *RM* und das Wochengeld für die Zeit des Aufenthaltes.

Dies müssen die Wöchnerinnen und Fürsorgepersonen wissen, denn häufig ist später die Enttäuschung groß. Der Verpflegungssatz beträgt jetzt z. B. 4,30 *RM* pro Tag, bleibt sie 11 Tage, so sind 47,30 *RM* zu entrichten; den Rest des „Wochengeldes" behält die Wöchnerin. Das Stillgeld kann niemals einbehalten werden.

g) Kann die Sterblichkeit der Säuglinge durch Fürsorgemaßnahmen beeinflußt werden?

1. **Das Absinken der Sterblichkeit** spricht dafür.

Er starben in Preußen:

1901	19,97	1925	10,43	von 100 Geborenen überhaupt im 1. Lebensjahr.
1901	35,6	1925	18,43	von allen Verstorbenen im 1. Lebensjahr,
1901	7,2	1925	2,2	im 1. Lebensjahr auf 1000 der mittleren Bevölkerung.

Von 100 verstorbenen Säuglingen entfielen in Preußen:

1901	18,78	auf eheliche	35,55	auf uneheliche Geborene
1925	9,50	„ „	18,29	„ „ „

Obwohl also die Sterblichkeit der Säuglinge in diesem Zeitraum auf die Hälfte absank, blieb die Sterblichkeit der Unehelichen doppelt so hoch wie die der Ehelichen.

Hier sind: Frühzeitige Trennung von der Mutter (daher Flaschenernährung), ungünstige Wohnungsverhältnisse die Ursache der höheren Sterblichkeit.

Auf S. 41 wurde die abnorm hohe Sterblichkeit bei Infektionskrankheiten im 1. Lebensjahr gezeigt. Diese Sterblichkeit wird übertroffen durch Lungenentzündung und Erkrankungen der Verdauungsorgane (siehe ebenda).

Ein großer Teil der Säuglinge stirbt kurz nach der Geburt an „sogenannter" Lebensschwäche: Von 83100 aller verstorbenen Säuglinge 27659 im Jahre 1925.

Die weitaus größte Zahl stirbt aber schon in den ersten vier Wochen: von 83100:34583 im Jahre 1925 in Preußen.

Diese Todesfälle sind sicher zum großen Teil auf „Geburtsschädigungen" zurückzuführen und wenig beeinflußbar.

Die Bezeichnung „*Lebensschwäche*" ist demnach ungenau und muß durch „*Lebensschwäche durch Geburtsschädigung*" ersetzt werden, falls das Kind wie in den meisten Fällen kein abnormes Untergewicht zeigt.

Der Anteil der Sterbefälle der Säuglinge als Folge der Lungen- und Magen- und Darmerkrankungen hat sich verändert. Die Sterblichkeit als Folge von Erkrankungen des Magens und Darmes sind zurückgegangen, wohl infolge der erhöhten Fürsorge, die Sterbefälle als Folge der Lungenentzündung sind „*wenig*" beeinflußt worden, wohl unter dem Einfluß der Grippe und der Nachkriegsverhältnisse (Wohnungs-, Heizungsnot).

In Kiel ist der Verlauf in den letzten Jahren folgender gewesen:

Es starben im 1. Lebensjahre

	1921	1922	1923	1924	1925	1926	1927
an Lungenentzündung	10,8	21,6	19,9	17,2	11,6	18,02	13,53
an Erkrankung des Magens und Darmes	14,9	12,8	12,17	10,0	11,4	10,51	9,8

2. Säuglingsfürsorgestellen in größeren Städten in Verbindung mit Säuglingsheimen oder in besonderen Räumen. Leitung durch Facharzt dringend erwünscht. Ein Warteraum und ein Beratungsraum ist die Mindestforderung. Merktafeln hänge man an die Wände des Wartezimmers. Hustende Kinder müssen zuerst abgefertigt werden. Säuglings- oder Bezirksfürsorgerinnen, Gemeindeschwestern, die mit der Säuglingsfürsorge des Bezirkes vertraut sind, müssen an der Sprechstunde teilnehmen. Säuglinge werden nackt gewogen. Regelmäßige Eintragung über den Befund. In größeren Städten stets mehrere Säuglingsfürsorgestellen einrichten. Die Listenführung muß zentral beim Gesundheitsamt erfolgen, unbeschadet der Registrierung bei den einzelnen Stellen. An die Zentralstelle werden vom Jugendamt alle unehelich Geborenen gemeldet. Durch die Säuglings- oder Bezirksfürsorgerin werden die Mütter aufgefordert, die Kinder bei der zuständigen Fürsorgestelle vorzustellen. Weite Wege und langes Warten darf ihnen nicht zugemutet werden. Behandelt wird grundsätzlich nicht. Trennung von Beratung und Behandlung bei der Säuglingsfürsorgestelle besonders schwierig, da hier Beratung eine wichtige Teilaufgabe der Behandlung ist. Abgabe von Lebertran wird von den praktischen Ärzten nicht beanstandet. Auch eheliche Mütter müssen den Säuglingsfürsorgestellen zugewiesen werden. Auf den Wert des Stillens muß immer hingewiesen werden.

Zu beachten: Es gibt Mütter, die behaupten, nicht stillen zu können, man kontrolliere die Brüste und wiege den Säugling. Regelmäßigkeit und Vernunft sind die Grundlagen der Stilltätigkeit. Nimmt der Säugling ab, so muß Mutter und Kind zum Arzt. Die häufig verordnete Zwiemilchnahrung geht in der Praxis oft nicht. Wenn eine Mutter „*nach*" der Brust die Flasche gibt, so zieht der Säugling nach einiger Erfahrung nicht mehr an der Brust. Die Milch geht dann rapide zurück. Jedenfalls muß durch eine Milchpumpe der Milchrest vollkommen abgesaugt werden.

Wenn eine Mutter beim Stillen leidend wird, abnimmt, muß ein Arzt befragt werden. Die Mutter darf nicht für das Kind geopfert werden. Stillt eine offentuberkulöse Mutter einen Säugling, so darf sie dies nur unter fachärztlicher Kontrolle und größter Vorsicht (Mundschutz) tun.

Hat eine Mutter viel Milch und nimmt der Säugling doch ab, so ist häufig „*Syphilis*" die Ursache, die Frau muß mit dem Kind zum Arzt. Einlauf darf einem Brustkind bei Stuhlverhaltung nicht gemacht werden. Stuhlverhaltung beim Brustkind beruht bei kräftigem Aussehen nicht selten auf Überfütterung; bei Gewichtsabnahme auf zu geringer Milchabsonderung (Flasche zugeben). Die Gewichtskurve ist stets entscheidend für die Ernährung eines jeden Säuglings.

Säuglingsfürsorge auf dem Lande am schwierigsten durchzuführen. Fachärzte nicht vorhanden, Entfernungen zu etwa einzurichtenden Fürsorgestellen zu groß; Fürsorgestellen in kleinen Landstädtchen werden schlecht besucht. Die Gleichgültigkeit der Mütter ist sehr groß. Säuglingsfürsorge hier nur mit Gemeindeschwestern und Hebammen (siehe oben) durchzuführen. Durch diese Kräfte Hausbesuche mit gut funktionierenden transportabeln Wagen. In größeren Dörfern evtl. Wiegestunden einrichten mit Abgabe von Säuglingswäsche oder Prämien an Mütter. Kranke Säuglinge in Landkreisen den Ärzten zuweisen oder möglichst frühzeitig vorübergehend in Säuglingsheime schicken. Kein Säugling ist in Deutschland zu viel.

Zweckmäßig in Landbezirken „*ambulante*" Fürsorgesprechstunden, die der Kreisarzt regelmäßig an bestimmten Orten zunächst für Säuglinge, dann Kleinkinder evtl. Tuberkulöse (nachher Desinfektion der Räume) und sonstige Hilfesuchende abhält. Auto für den Kreisarzt unerläßliche Vorbedingung.

Die Vaterländischen Frauenvereine widmen sich zweckmäßig besonders der Säuglingsfürsorge. In den Städten Anstellung von „*besonderen*" *Säuglingsfürsorgeschwestern.* Zusammenarbeit mit

Gesundheitsamt und Fürsorgestellen. Auf dem Lande Anstellung von Gemeindeschwestern mit besonderer Ausbildung oder Nachschulung in der Säuglingspflege. Ein wichtiges Mittel für die Vereine sind Säuglingskörbe, diese gleichzeitig Schlafgelegenheit für das Kind. Sie enthalten Windeln, Jäckchen, Unterlagen für die Mütter. Diese Körbe sind besonders wertvoll für Geburten in kinderreichen Familien, wenn es sich um Nachzügler handelt, und bei engen Wohnverhältnissen. Die Wäsche geht meistens nach 12 wöchiger Benutzung in den Besitz der Familie über, die Körbe werden zurückgegeben. Die Bedeutung der Hebamme (siehe oben) für die Säuglingsfürsorge. Die Hebamme muß jedem Neugeborenen Höllensteintropfen nach der Vorschrift von Crédé in die Augen einträufeln. Hierdurch wird die Erkrankung an Tripper und folgender Erblindung erheblich herabgesetzt. 50% aller blinden Kinder hatten das Augenlicht durch eine Tripper-erkrankung kurz nach der Geburt infolge einer Erkrankung der Mutter verloren. Sonstige Medikamente darf die Hebamme ohne Anordnung des Arztes nicht abgeben.

h) Bedeutung des Wochenbettfiebers.

Hebammen sind verpflichtet, jede Temperatursteigerung über 38,5° C in der Achselhöhle dem Kreisarzt zu melden. Auch die Ärzte sind dazu verpflichtet auf Grund des preußischen Gesetzes vom 28. August 1925. Diese Meldungen sind auch zu erstatten bei Fieber nach Fehlgeburt. Es starben in Preußen im Kindbett:

1920	4011	Frauen	=	0,96	auf	10000	Lebende	überhaupt
1921	4955	,,	=	1,27	,,	10000	,,	,,
1922	4697	,,	=	1,23	,,	10000	,,	,,
1923	4503	,,	=	1,17	,,	10000	,,	,,
1924	4576	,,	=	1,21	,,	10000	,,	,,
1925	4298	,,	=	1,13	,,	10000	,,	,,
1926	4055	,,	=	1,05	,,	10000	,,	,,

Diese Todesfälle „enthalten in sich“ die Todesfälle nach Kindbett*fieber. Diese betragen nur etwa die Hälfte!* 1923: 2619, 1924: 2497, 1925: 2318, 1926: 2086. Die Fälle von „Kindbettfieber“ teilen sich wieder in solche nach „*normaler*“ Entbindung und nach „*Fehl*“geburt. *Letztere Fälle beliefen sich 1924 in Preußen immerhin nur auf „1192“.* Diese Zahl ist bei 459046 Todesfällen überhaupt und 228257 des weiblichen Geschlechtes (1924) lange nicht so hoch, wie man gewöhnlich glaubt; die Fälle sind geringer als die Todesfälle in irgendeiner Gruppe der übertragbaren Krankheiten (siehe oben).

Die *Gefährdung* der Frauen durch „*fieberhafte*“ *Fehlgeburten* ist aber sehr groß (also die Letalität!).

Es starben z. B. in Kiel:

1922	33,3 %	nach Entbindung	60 %	nach Fehlgeburten
1923	25 %	„ „	31,9 %	„ „
1924	30,7 %	„ „	52 %	„ „
1925	60 %	„ „	64 %	„ „
1926	47,1 %	„ „	73 %	„ „
1927	41,2 %	„ „	52,2 %	„ „

Bezieht man die Todesfälle infolge von Fehlgeburten auf die Altersklassen von 15—40 Jahren des weiblichen Geschlechtes, so sind die Relativzahlen natürlich „entsprechend“ höher, aber nur *entsprechend*.

Die Fehlgeburten haben ständig zugenommen. Sie betrugen z. B. (bezogen auf 100 Entbindungen):

	1921	1922	1923	1924	1925	1926	1927
in Kiel	12,23	24,7	25,6	34,79	30,7	34,87	37,44
im Landbezirk Kiel . . .	—	20,3	40,5	60	50	50	61,2

Hieraus kann der große Ausfall an Geburten durch die vorzeitig beendeten Schwangerschaften deutlich ersehen werden.

Besondere Untersuchungen zeigten, daß nur etwa die Hälfte aller Frauen während ihrer Gebärtätigkeit Fehlgeburten durchgemacht hatten, daß die Fehlgeburten verhältnismäßig am geringsten bei den freien Berufen auftraten. Bekannt ist, daß die Fehlgeburten bis zu 90% willkürlich herbeigeführt werden. Der Bericht der Gewerbeaufsichtsbeamten für 1926 weist auf die höhere Zahl der Fehlgeburten bei Industriearbeiterinnen hin, aber auch dahin, daß „ein Zusammenhang mit der Arbeit *nicht* nachgewiesen werden konnte“, sondern daß es sich meistens um „*unerlaubte* Eingriffe“ handelte.

Seit 1923 ist ein besonders starker Geburtenabsturz erfolgt, seit dieser Zeit ein erheblicher Anstieg von Fehlgeburten. Die „Verminderung der Geburtenzahl“ ist also weitgehend verursacht durch die *Abtreibungen*. Sicher spielt die Anwendung von empfängnisverhütenden Mitteln zur Zeit nur eine wenn auch hier entscheidende Rolle in den oberen Schichten, daher die geringere Ziffer der Fehlgeburten bei den freien Berufen.

Die Geburten in kinderreichen Familien haben seit 1923 stark abgenommen. Bis dahin betrug die Prozentzahl der Kinder, die in Familien mit 3 und mehr Kindern geboren wurden, jährlich etwa 30%, seitdem nur mehr 16%.

Ein gewisser Zusammenhang zwischen wirtschaftlicher Lage und Geburtenziffer ist festzustellen. 1924 und Anfang 1925 war die Erwerbslosenziffer auffallend gering. 1925 zeigte sich eine vorübergehende Geburten„*zunahme*“ in Preußen und im Reich, und eine vorübergehende „*Abnahme*“ der *Fehl*geburten.

Die Abnahme der Geburten beruht also nicht auf einer zunehmenden Unfruchtbarkeit des deutschen Volkes.

i) Der § 218/20 StGB.

Ist die Aufhebung des § 218 eine berechtigte Forderung? Die Forderung stützt sich auf folgende Gründe:

1. Es wird nur ein verschwindender Teil der Fälle von Abtreibungen zur gerichtlichen Anzeige und Aburteilung gebracht.
2. Infolge des gesetzlichen Verbotes werden die Frauen in die Hände von Kurpfuschern getrieben.
3. Gerade die *Arbeiter*frauen leiden unter diesen Gesetzesvorschriften, denn die besitzenden Klassen können sich jederzeit von einer unerwünschten Schwangerschaft durch eine entsprechende Zahlung von einem Arzte befreien lassen.

Zu 1.:

1883	wurden	167	Verurteilungen wegen Abtreibung der Leibesfrucht in Deutschland ausgesprochen.
1913	„	1467	
1925	„	7193	

Eine restlose Erfassung aller Straftaten ist auch auf anderen Gebieten nicht möglich (Mord).

Zu 2. Richtig ist, daß viele Frauen sich die Leibesfrucht durch Kurpfuscher abtreiben lassen. Das kann kein Grund sein, daß der Staat diese unerlaubte Handlung durch Ärzte gestattet.

Zu 3. Gegen Bezahlung an sich beseitigt kein Arzt eine Schwangerschaft. Heute ist die Grenze nicht Arbeiter—Mittelstand, sondern Wunsch des Betreffenden und mangelnde ethische Einstellung des Arztes. Die Universitätslehrer geben ihre Einwilligung zur Unterbrechung einer Schwangerschaft auch heute nur bei drohender Gefahr für das Leben der Mutter.

Nach dem Reichstagsbeschluß vom 7. Mai 1926 sind §§ 218 bis 220 StGB. so milde wie irgend möglich gefaßt.

„Eine Frau, die ihre Frucht im Mutterleibe oder durch Abtreibung tötet, oder die Tötung durch einen anderen zuläßt, wird mit *Gefängnis* bestraft. Ebenso wird ein anderer bestraft, der eine Frucht im Mutterleibe oder durch Abtreibung tötet. Der Versuch ist strafbar.

Wer die im Abs. 2 bezeichnete Tat *ohne Einwilligung* der Schwangeren oder *gewerbsmäßig* begeht, wird mit „*Zuchthaus*“ bestraft. Ebenso wird bestraft, wer einer Schwangeren Mittel oder Werkzeug zur Abtreibung der Frucht *gewerbsmäßig* verschafft. Sind mildernde Umstände vorhanden, so tritt Gefängnisstrafe nicht unter 3 Monaten ein.

Wenn eine Frau selbst eine Abtreibung vornimmt, bleibt sie praktisch straffrei. Ein Selbstmörder wird auch nicht bestraft. Wenn ein anderer aus Gefälligkeit die Abtreibung vornimmt, ist ebenfalls die milde Gefängnisstrafe mit Bewährungsfrist vorgesehen.

Wird die Abtreibung gegen „*Entgelt*" und gewohnheitsmäßig vorgenommen, so gilt grundsätzlich Zuchthausstrafe unter der Möglichkeit der Zubilligung mildernder Umstände.

Gegen die vollständige Freigabe der Abtreibung der Leibesfrucht sprechen:

1. Biologische Gründe. Die Frucht — das Kind — ist kein Teil des mütterlichen Organismus, sondern ein „*selbständiger Organismus*" in der Mutter. Biologisch bedeutet die Vernichtung dieses Keimes soviel wie Kindestötung. Die Durchtrennung der Nabelschnur kann keine Änderung des Verhältnisses von Mutter und Kind im biologischen Sinne sein.

Jede Schwangerschaftsunterbrechung ist ein schwerer, chirurgischer Eingriff, da eine Ablösung des festsitzenden Mutterkuchens und somit eine breite Eröffnung der Blutbahnen erforderlich ist und dadurch schwere Erkrankungen und Nachkrankheiten entstehen können, denn die Schwangerschaftsunterbrechung ist eine „*unnatürliche*" Operation.

2. Rechtliche Gründe. Ist die Kindestötung außerhalb des Mutterleibes verboten, so auch im Mutterleibe.

3. Sittliche Gründe. Wir haben keine Macht über die Entstehung des Lebens. Die Mutter soll das Empfangene gut hüten. Kann eine Mutter Opfer bringen für lebende Kinder, die sich von dem schutzlosen noch Ungeborenen trennt ohne wirkliche große Not?

Die Erhaltung der Paragraphen bedeutet auch einen Schutz der Frauenwürde. Bleibt die Abtreibung ganz straffrei, fühlen sich die Männer nicht verantwortlich beim ehelichen und außerehelichen Verkehr. Entsteht eine Schwangerschaft, werden sie unbedenklich von den Frauen die Beseitigung der Frucht fordern, das Risiko trägt die Frau. Auch die Angehörigen werden auf die Beseitigung von unehelichen Schwangerschaften drängen. *Vor solchen Zwangslagen muß die Frau geschützt werden.*

Aber in Rußland ist angeblich die Beseitigung der Schwangerschaft geduldet! Nur in „*besonders benannten*" *Krankenhäusern* und nur durch „*Ärzte*" und nur *nach Begutachtung durch eine Kommission.*

August—Dezember 1924 wurden in Leningrad Erlaubnisse

	erteilt	verweigert
bei Arbeitern	49,5 %	39,7 %
„ Angestellten . . .	18,7 %	22,9 %
„ Arbeitslosen . . .	10,1 %	10,1 %
„ freien Berufen . .	0,6 %	0,9 %
„ Hauswirtschaft . .	10,4 %	6,3 %
„ Lernende	3,6 %	3,6 %
„ Sonstige	6,0 %	9,4 %
„ Unbekannt . . .	1,1 %	7,1 %
zusammen	100 %	100 %

Als Grund zur Unterbrechung gilt auch: *fehlender Wunsch* nach einem Kinde.

Hat die Kommission abgelehnt, so wird ein Arzt, Hebamme oder sonstige Personen, die *doch* diese Handlung vornehmen, dem Volksgericht übergeben. Der Konflikt ist also dadurch nicht aus der Welt geschafft.

Die Sterilisierung darf nur in „*den*“ Fällen von Ärzten durchgeführt werden, wenn „*eine Unterbrechung einer Schwangerschaft*“ erforderlich war und *weitere* Schwangerschaften eine ebensolche Gefahr für die Mutter bedingen, wie die eben beseitigte, oder wenn schwere Gesundheitsschädigungen der Frau bei einem möglichen Eintritt einer Schwangerschaft eine Beseitigung derselben erforderlich machen würden. Die Unfruchtbarmachung von Verbrechern und geistig Minderwertigen ist in Deutschland gesetzlich noch nicht zugelassen. Sie kommt ernstlich nur in Frage für geistig minderwertige vor allem weibliche Personen, die mehrere uneheliche Kinder schon geboren haben, und Personen, die an angeborener schwerer Geisteskrankheit leiden.

k) Offene Fürsorge für Säuglinge.

Die *offene* Fürsorge für die Säuglinge und Kleinkinder wird ergänzt durch die *geschlossene* Fürsorge, die Unterbringung in Säuglingsheimen oder Anstalten.

Die *halboffene* Fürsorge, die Krippen, haben sich nicht bewährt. Sie sind unumgänglich notwendig in größeren Fabrikbetrieben mit größerer weiblicher Belegschaft.

Die *Säuglingsheime* sollen möglichst in Form von „*Mütter*-“ *und Säuglingsheimen* eingerichtet werden. Diese sind Zufluchtsstätten für die unehelichen Mütter nach der Entbindung, z. B. in Entbindungsanstalten. Die Kinder werden hier von ihnen gestillt, die Mütter haben Zeit, sich eine Stelle zu besorgen. Das Jugendamt muß stets auch über solche Mütter und Kinder wachen.

l) Milchküchen

sind umstrittene Einrichtungen. Sie sind in Städten durchaus am Platze, werden unterhalten von Vaterländischen Frauenvereinen oder privaten Vereinen. Abgabe von täglicher Milchnahrung in Einzelportionen und Flaschen zubereitet. Hauptnutzen: Abgabe von Milch aus einwandfreier Stallung, fertige Zubereitung, also Vermeidung von Verschmutzung im Haushalt. Sie kommen nur in Frage für gesunde Säuglinge. Die Milchküchen sollen durch Anschläge auf die Kinderärzte und auf die Notwendigkeit ihrer Inanspruchnahme in Fällen von Krankheiten der Kinder hinweisen.

Wichtiges Mittel ist die „*Aufklärung und Belehrung*".

Unkenntnis häufigste Ursache von Krankheit und Todesfällen der Säuglinge. Unterricht durch Ärztinnen in Säuglingspflege in den Oberklassen der höheren Mädchenschulen und in Berufsschulen. Der Nutzen der Belehrung über Alkoholschäden kann bezweifelt werden, da das „*richtige Wissen*" noch nicht gleichbedeutend ist mit „*richtig Handeln*". Welche Mutter wird ihren Säugling aber falsch pflegen, wenn sie *weiß*, wie sie es richtig machen soll? Unterricht in den Oberklassen der Mädchenschulen auf dem Lande ebenfalls erfolgreich. Besondere Unterrichtslehrgänge auf dem Lande für Mädchen und junge Mütter mit Hilfe von Anschauungstafeln und Säuglingspuppe. Kreisfürsorgerinnen evtl. Gemeindeschwestern sollen diese Kurse leiten. Dauer 14 Tage. Sehr zu empfehlen die Anstellung einer Wanderlehrerin für eine Provinz. In Schleswig-Holstein vom Vaterländischen Frauenverein unter Beteiligung des Landeswohlfahrtsamtes. Vorbildung in der Säuglingspflege ist Voraussetzung.

m) Säuglingsturnen

ist jetzt vielfach empfohlen worden. Solange Kinder falsch ernährt werden, werden diese durch das Turnen geschädigt, weil sie überanstrengt werden. Der Säugling turnt am besten allein, das Kleinkind bewegt sich von selbst genügend.

IX. Das Kleinkind (bis 6 Jahre).

Die Altersgruppierung in der Statistik umfaßt Kinder im Alter von 0—1, von 2—5 Jahren, von 5—15 Jahren usw. Altersgruppe 2—5 ist die entscheidendste im Leben des „*Kindes*". Nach dem ersten Jahre ist das Kind praktisch noch ein Säugling, nach dem fünften wird es bald schulpflichtig. Man versteht unter „*Aufzuchts*"ziffer die Zahl „*der*" Kinder, die das „*fünfte*" Lebensjahr überstanden haben; dann erst haben sie das kritische Alter überschritten. Die Zusammenstellung auf S. 41 zeigt deutlich die noch hohe Sterblichkeit dieses Alters infolge von Infektionskrankheiten usw. Das Kleinkind verläßt die Wiege, kriecht, rutscht und läuft. Es sucht also die Gefahren auf, die das Kind in der Wiege vermeidet. Dies Alter ist für die Mutter qualvoll, für das Kind gefährlich.

Eine sehr wichtige Frage in diesem Alter spielt die Ernährung. Nach dem ersten Lebensjahr vernünftige, gemischte Kost unter Beibehaltung der Säuglingsnahrung in den ersten Monaten des zweiten Lebensjahres. Schutz vor Erkältungen, Berührung mit dem kalten Boden und Schutz vor erkälteten anderen Personen. Das Kleinkindesalter ist das Alter der Drüsenschwellungen.

1. Die Skrofulose. Neigung zur Schwellung der regionären Halsdrüsen durch Schmutzkeime, aufgenommen beim Kriechen auf dem Boden und dadurch, daß das Kind Finger und alle Gegenstände in den Mund steckt — in den ärmsten und reichsten Familien: die Gewohnheit ist die gleiche, nur der Schmutz und damit die Gefährdung verschieden.

Zu beachten: Kinder, bei denen Halsdrüsenschwellungen auftreten, sind auch empfänglich für andere Krankheitserreger, z. B. Tuberkelbacillen, die sich nicht selten im Schmutz am Boden finden; dann werden aus „*skrofulösen*" Drüsen „*tuberkulöse*" Halsdrüsen.

Gemeinsame Ursache, gemeinsame Anlage. Unterschied, ob Tuberkelbacillen vorhanden sind oder nicht. Bei skrofulösen Kindern weiterhin Neigung zu Ausschlägen im Gesicht, am Körper, zu Augenentzündungen. Letztere stets dem Arzt sofort zur Behandlung überweisen.

2. Das Laufställchen. Beste Fürsorge für Mutter und Kind. Je beengter das Zimmer, um so nötiger ein abgesonderter Raum für das Kleinkind. Hier turnt es, lernt sich aufrichten, überquert Ecken, gegenüberliegende Wände, lernt laufen, ohne die Mutter zu quälen und ohne daß das Kind überanstrengt wird. Das Kind leistet von sich aus nur das, was es kann. Spielgegenstände mit Fäden am Gitter des Laufställchens befestigen.

3. Schonung, wenn das Kind auf die Straße mitgenommen wird. Das Tempo des Erwachsenen ist nicht für das Kleinkind bemessen.

Zweite Fürsorgemaßnahme: *Der Sportwagen.* Man „*fahre*" das Kind bis zum Spielplatz, dort lasse man es trippeln, beim Nachhauseweg vermeidet man im Wägelchen die Übermüdung.

Die Klugheit liegt in den einfachsten Dingen. Wie viele Plattfüße, X-Beine, O-Beine — man sieht alle möglichen Ausbiegungen — lassen sich so vermeiden, auch wenn sie eine Folge sind der *Rachitis*, der englischen Krankheit, die leider bei uns in Deutschland sehr verbreitet ist. Diese Krankheit besteht in einer minderen Festigkeit der Knochen, weil Salze nicht in erforderlichem Maße angesetzt werden, wahrscheinlich „*auch wenn*“ sie in der Nahrung „zugeführt werden“. Falsche einseitige Ernährung, Mehl ohne Früchte und Gemüse begünstigt die Rachitis, aber auch Brustkinder erkranken. Wahrscheinlich ist die Hauptursache *der Mangel an Licht* in lichtlosen überfüllten Räumen. Sind aber die Knochen minder fest, so müssen sie erst recht im Laufställchen und Wägelchen geschont werden.

4. Die Kindergärten. Können die Kleinkinder laufen und machen sich demgemäß unnütz, schickt man sie in Kindergärten. Auffallend ist die „*starke*“ Belegung der Kindergärten, die „*schwache*“ Belegung von Säuglingskrippen. Die Bevölkerung zeigt an, welche Bedürfnisse bestehen. Die Fürsorge muß sich nach den Bedürfnissen richten.

Kindergärten sind so buntscheckig wie ihre Träger. Es gibt konfessionelle, private, städtische Kindergärten. Sie zeigen gewöhnlich eine Belegzahl, dem Angebot entsprechend; Räume und Einrichtungen sind häufig nicht so, wie es gewünscht wird. Vor allem fehlen häufig grüne Spielplätze. Leitung und Hilfskräfte entbehren häufig der fachlichen Vorbildung. Ärztliche Überwachung meistens ungenügend; demnach fehlt systematische Beaufsichtigung der Kinder in gesundheitlicher Hinsicht. Auf Grund des RJWG. ist Überwachung der Kindergärten möglich. Die Grenzen liegen in den gegebenen Verhältnissen. Wichtig, daß neu eröffnete Kindergärten jetzt einer Erlaubnis des Jugendamtes bedürfen. Die selbstverständlichen Forderungen ergeben sich aus obigen Ausführungen. Besondere Beachtung verdienen noch die Abortverhältnisse. Erstrebenswert wäre dauernde ärztliche Aufsicht, Anlegung von Gesundheitsbögen, die das Kind beim Eintritt in die Schule begleiten und dort weitergeführt werden. Die Stadtärzte sind aber zu sehr belastet, weitere Einstellungen stoßen auf große finanzielle Schwierigkeiten. Daher Beteiligung der praktischen Ärzte.

Die Fürsorge darf nicht durch das Kleinkindesalter durchbrochen werden, muß vom Säuglingsalter über die schwer erfaßbare Zeit im Kleinkindesalter zum Schulalter weitergeführt werden. Die Tuberkulosefürsorgestelle muß, wenn sie möglichst alle Fälle ihres Bezirkes erfassen will, die Infektionsquellen sowohl von den Kindergärten als auch von den Schulen aus verfolgen.

Es ist zu beachten, daß die Vorschriften betreffend die Verhütung der Verbreitung übertragbarer Krankheiten durch die Schulen auch Anwendung finden auf Erziehungsanstalten, Kinderbewahranstalten, Spielschulen, Warteschulen, Kindergärten und Krippen entsprechend § 17 der Anweisung (siehe S. 79).

5. **Erholungsfürsorge** für Kleinkinder ist praktisch kaum durchgeführt. Offene Lungentuberkulose in diesem Alter äußerst selten. Vorwiegend ist die Tuberkulose anderer Organe.

So starben in Kiel im Alter von

	0—1 Jahren:		2—5 Jahren:	
	1913	1925	1913	1925
an Lungentuberkulose	2	3	3	1
„ Tuberkulose anderer Organe . . .	6	5	21	15

Man muß die Kleinkinder möglichst lange durch die Säuglingsfürsorgestellen erfassen, vor allem aber die Aufsicht über die unehelichen Kinder bis zum Eintritt in das Schulalter fortführen.

X. Das Schulkind (bis 15 Jahre).

Das Kind wird schulpflichtig in dem Jahre, in dem es bis zum 30. Juni sein sechstes Lebensjahr beendet.

Die Grundschule mit dem 4jährigen Aufbau kann vom gesundheitlichen Standpunkt nur begrüßt werden. Solange das Kind und das Gehirn so stark wächst, soll es geistig möglichst wenig angestrengt werden. Es erfordert den richtigen Takt des Erziehers in Schule und Haus, hier die richtige Grenze zu finden. Das Kind soll nicht gelangweilt werden, aber wenn es spielend lernt, ist dies eine große Wohltat. Das Kind soll in dieser Zeit spielen und lernen. Besser ein Kind macht einen 4jährigen Grundschullehrgang durch und bleibt später nicht sitzen, als es wird in drei Jahren durch die Grundschule durchgepreßt und muß später, sei es wegen geistiger Überanstrengung oder infolge körperlicher Erschöpfung, ein Jahr wiederholen. Der große Nachteil der Grundschule ist die hohe Klassenzahl zwischen 45 und 50. Hierdurch wird eine verhältnismäßig große Stundenzahl bedingt und der Unterricht wirkt auf schwächliche Kinder ermüdend.

1. **Ist das schul„pflichtige“ Kind schul„reif“?** Untersuchung vor Einschulung durch den Schularzt. Nicht schulreife Kinder werden zurückgestellt.

Privatzirkel bestanden für solche Kinder, die körperlich den Anforderungen in der Grundschule noch nicht gewachsen sind.

Diese erheben Schulgeld und unterrichten nur wenige Kinder in wenigen Stunden. Die Unterrichtsräume lassen häufig zu wünschen übrig, die Kinder haben kein Turnen, Singen, Spielen, der kameradschaftliche Anschluß fehlt, die Kinder entbehren manches.

Manche Städte haben sogenannte Vorklassen eingerichtet, in denen körperlich nicht schulreife Kinder unentgeltlich eingeschult werden. Da diese Kinder an und für sich schulpflichtig sind, könnten sie nach späterer Überspringung einer Grundschulklasse theoretisch nach 4 Jahren im ganzen die Vorschule beenden. Dies kommt aber selten vor.

Die Einführung von Gesundheitsförderklassen, Klassen, die neben den Grundschulklassen für körperlich schwächliche Kinder entsprechend den Privatzirkeln aber auf öffentliche Kosten durchgeführt würden, wäre zu begrüßen. Leider stehen dieser Einführung finanzielle Bedenken entgegen.

2. Die Verhütung der Verbreitung übertragbarer Krankheiten durch die Schulen. — Ministerialerlaß vom 9. Juli 1907 in der abgeänderten Fassung vom 22. September 1927. Dieser Erlaß ist eine Ausführungsbestimmung zum preußischen Gesetz zur Bekämpfung der übertragbaren Krankheiten vom Jahre 1905.

Hiernach sind die Schulbehörden verpflichtet, der Verbreitung dieser Krankheiten durch die Schulen tunlichst entgegenzuwirken.

Die Schulgrundstücke, die Klassenzimmer, die Schulbänke, die Bedürfnisanstalten sind sauber zu halten. Besonders ist auf die Abortgelegenheiten zu achten.

§ 3. Lehrer, Schüler, Hausmeister und anderes Hilfspersonal, die an folgenden Krankheiten leiden, dürfen die Schulräume nicht betreten:

a) die gemeingefährlichen Krankheiten (außer Milzbrand), dazu Diphtherie, epidemische Gehirnhautentzündung, Keuchhusten, epidemische Kinderlähmung, übertragbare Genickstarre, Masern, Scharlach, Rückfallfieber, Ruhr, Typhus, Paratyphus und Rotz.

b) Erbgrind (Favus), ansteckender Eiterbläschenausschlag (Impetigo contagiosa), Krätze, Verlausung, Kleiderläuse, Kopfläuse, Mikrosporie (Hautkrankheit), Mumps, Röteln, Körnerkrankheit, Geschlechtskrankheiten (Syphilis, Tripper, Schanker), Tollwut, Milzbrand, Grippe, Windpocken, ansteckende Lungen- und Kehlkopftuberkulose.

Das Verbot, die Schulräume zu betreten, gilt auch für Bacillenträger oder Dauerausscheider bei Cholera, Diphtherie, Genickstarre, Ruhr, Typhus und Paratyphus.

Die Ortspolizeibehörden sind angewiesen, ihnen bekannt werdende Erkrankungen dieser Art bei den genannten Personen den Schulleitern mitzuteilen.

§ 5. Die genannten gesunden Personen dürfen, wenn in ihren Behausungen Erkrankungen, die im § 3a genannt sind, vorkommen, die Schule so lange nicht betreten, soweit und solange eine Weiterverbreitung der Krankheit aus diesen Behausungen durch sie zu befürchten ist.

§ 6. Die genannten Personen dürfen zur Schule erst wieder zugelassen werden, wenn eine Weiterverbreitung der Krankheit durch sie nach „*ärztlicher Bescheinigung*“ nicht mehr zu befürchten, oder die für den Verlauf der Krankheit erfahrungsgemäß als Regel geltende Zeit abgelaufen ist, oder wenn die erkrankten Personen genesen oder in ein Krankenhaus übergeführt oder gestorben und ihre Wohnräume usw. ordnungsgemäß desinfiziert worden sind.

Die Zeit, in der die Krankheit abgelaufen ist, wird für

Pocken und Scharlach	auf	6	Wochen
Masern, solange Husten besteht, sonst . . .	„	2	„
Grippe, Röteln	„	2	„
Diphtherie, Genickstarre, epidemische Gehirnentzündung	„	4	„
Typhus	„	6	„
Epidemische Kinderlähmung	„	8	„

bemessen. Bei Diphtherie, Genickstarre muß eine dreimalige in zweitägigen Zwischenräumen vorgenommene bakteriologische Untersuchung des Rachenabstrichs negativ sein;

bei Typhus, Paratyphus, Ruhr und Cholera eine dreimalige in achttägigen Zwischenräumen vorgenommene Untersuchung des Stuhlgangs; bei Typhus und Paratyphus auch des Urins negativ sein,

bei Lungen- und Kehlkopftuberkulose, wenn nach dem Zeugnis des Schularztes, des Fürsorgearztes oder des beamteten Arztes keine Ansteckungsfähigkeit mehr besteht.

Dauerausscheider bei Diphtherie können zur Schule wieder zugelassen werden, wenn nach erfolgter klinischer Genesung 8 Wochen verstrichen sind.

Bei Genickstarre, Typhus, Paratyphus, Ruhr und Cholera dürfen Dauerausscheider nur auf Grund des Gutachtens des zuständigen beamteten Arztes wieder zugelassen werden.

Schüler, die an Körnerkrankheit leiden, müssen besondere Plätze erhalten.

§ 10. Mit Wasser gefüllte Speigefäße müssen vorhanden sein. Die genannten Personen sollen bei Verdacht auf Tuberkulose den Arzt befragen und den Auswurf bakteriologisch untersuchen lassen.

Nach dem preußischen Gesetz zur Bekämpfung der Tuberkulose vom 3. August 1923 ist jeder Fall an „Lungen“tuberkulose dem zuständigen Kreisarzt zu melden und auf Grund dieses Ministerialerlasses darf kein an ansteckender Lungen- oder Kehlkopftuberkulose erkrankter Lehrer oder Schüler die Schulräume betreten.

Das deutsche Zentralkomitee zur Bekämpfung der Tuberkulose hat auf die Regierungen eingewirkt, daß Lehrer, die an Lungentuberkulose erkrankt sind, pensioniert werden, auch wenn sie noch keinen Anspruch auf Pension haben.

Für Schüler, die an Lungentuberkulose erkrankt sind, sind in einzelnen Städten Waldschulen eingerichtet, in denen die Kinder den ganzen Tag über im Anschluß an eine Erholungsstätte verbleiben und möglichst im Freien unterrichtet werden. Offene Lungentuberkulose im Schulkindesalter ist verhältnismäßig selten, ziemlich bösartig, und erfordert lang dauernde Heilmaßnahmen.

§ 12 betrifft die Regelung im Falle der Erkrankung einer im Schulgebäude wohnenden Person. In diesen Fällen ist die Schule zu schließen, falls nach dem Gutachten des Kreisarztes diese weder in ihrer Wohnung abgesondert, noch in ein Krankenhaus oder anderen geeigneten Unterkunftsraum übergeführt werden kann.

Die Schließung der Schule erfolgt nach Anhörung des Kreisarztes durch den Leiter.

§ 15. Wenn in Ortschaften die genannten Krankheiten „*epidemisch*“ auftreten, kann die Schließung von Schulen oder einzelnen Schulklassen erforderlich werden.

§ 16. Die Wiedereröffnung der Schule (Schulklasse) darf nur auf Grund eines Gutachtens des Kreisarztes erfolgen. Eine Desinfektion muß, wenn der Kreisarzt es für erforderlich erachtet, vorangehen.

§ 17 regelt das Verhalten in Kindergärten (siehe S. 76).

§ 18. Die Schüler sollen gelegentlich des naturwissenschaftlichen Unterrichts und bei sonstigen geeigneten Veranlassungen über die Bedeutung, die Verhütung und Bekämpfung übertragbarer Krankheiten aufgeklärt werden und die Eltern der Schüler für das Zusammenarbeiten mit der Schule und für die Unterstützung der von ihr zu treffenden Maßregeln gewonnen werden.

3. Die Grippe ist, wie ersichtlich, nur in diesem Ministerialerlaß aufgeführt. Die *Zahl* der Erkrankungen ist sehr groß, sie ist „die verbreitetste“ Infektionskrankheit. Viele Fälle verlaufen so leicht, daß es fast unmöglich ist, diese Krankheitsfälle in ein Gesetz — Meldung, Absonderung — zu fassen. Trotzdem entfallen auf diese Krankheitsgruppe eine so große Zahl von Todesfällen, daß man alles tun muß, um dieselben herabzumindern.

Es starben in Preußen *an Grippe*:

1919	29141	=	7,41	auf	10000	Lebende
1920	42882	=	11,32	„	10000	„
1923	15801	=	4,00	„	10000	„
1924	9832	=	2,61	„	10000	„
1925	9581	=	2,52	„	10000	„
1926	11106	=	3,15	„	10000	„

Einen bisher nicht erreichten Höhepunkt zeigte das Jahr 1918 mit 120612 Todesfällen. Auch jetzt ist die Zahl der Todesfälle an Grippe höher als vor dem Kriege. *Jede Grippeerkrankung ist daher eine ernste Erkrankung*, ob sie beim Säugling, beim Kleinkind oder Schulkind auftritt. Die Temperatur muß genau gemessen werden, bei Fieber müssen die Kinder im Bett gehalten, möglichst abgesondert werden. Die Ansteckungsgefahr ist sehr groß, die Empfänglichkeit fast absolut. In überbelegten, engen Wohnungen ist die Grippe so bösartig, wie die Ruhr. Gemeindeschwestern, Kreisfürsorgerinnen und alle in der Gesundheitsfürsorge tätigen Personen müssen helfen, diese Krankheit zu bekämpfen. Belehrungen und kleine Maßnahmen (Umstellung von Betten usw.) erreichen viel. Sehr viele Todesfälle bei Kindern und Erwachsenen sind die Folge davon, daß diese noch nicht entfiebert das Bett verlassen. Für die Bekämpfung dieser Krankheit sind statistische Unterlagen unerläßlich. Man würde sich leicht bei der Tuberkulosebekämpfung erschöpfen und diese wichtige Volkskrankheit vergessen.

4. Die schulärztliche Überwachung. Schulärzte sind in Preußen durch Gesetz nicht eingeführt, man hat sich lediglich darauf beschränkt, ihre Anstellung den Gemeinden dauernd zu empfehlen. In den größeren Städten ist die schulärztliche Tätigkeit die hauptsächlichste Aufgabe der Stadtärzte. In einzelnen Städten in Deutschland sind besondere Schulärzte angestellt. Dies ist nicht empfehlenswert, denn die Stadtärzte sollen den Überblick über die „*Gesamt*"fürsorge nicht verlieren.

Die Anstellung von Schulärzten ist deswegen erforderlich, weil die Infektionskrankheiten des Kindesalters häufig „*bleibende*" Veränderungen zur Folge haben; so gefährden *Diphtherie*erkrankungen leicht dauernd das *Herz*, *Scharlach*erkrankungen *Herz* und *Nieren*, so fördern *Keuchhusten*erkrankungen den Ausbruch einer ruhenden *Tuberkulose*, *Masern*erkrankungen in gleicher Weise, auch führen sie oft zu *Ohr*eiterungen, ja man sagt, wenn ein Kind Masern durchgemacht hat und erkrankt „*nicht*" an Tuberkulose, daß dann eine tuberkulöse *Infektion* noch nicht erfolgt ist.

Folgende Zusammenstellung gibt einen Überblick über die relative Sterblichkeit in den einzelnen Lebensaltern getrennt nach dem Geschlecht:

Übersicht über die Sterblichkeit nach Altersklassen und Geschlecht in Preußen in den Jahren 1913, 1919, 1920—1924, berechnet auf je 10000 Lebende der betreffenden Altersklasse.

Lebensalter	1913		1919		1920		1923		1924	
	m.	w.	m.	w.	m.	w.	m.	w.	m.	w.
0—1	183,1	150,6	176,6	144,3	161,1	131,9	151,6	122,6	128,2	104,5
1—2	31,2	29,7	42,9	41,3	37,7	34,6	24,6	23,0	17,7	16,1
2—3	10,6	10,0	20,3	19,9	14,8	12,8	9,6	8,8	7,1	6,5
3—5	6,1	5,9	9,9	9,7	7,1	7,1	5,2	5,1	3,9	3,6
5—10	3,0	3,1	4,1	4,4	3,5	3,6	2,4	2,2	1,9	1,8
10—15	2,0	2,1	2,9	3,3	2,5	2,6	1,8	1,8	1,6	1,5
15—20	3,6	3,1	7,0	5,6	6,0	4,5	4,1	3,4	3,4	2,8
20—25	4,6	3,9	8,6	6,6	7,6	6,3	6,6	4,7	5,3	4,0
25—30	4,8	4,9	7,9	7,1	7,0	7,3	5,3	5,1	4,8	4,5
30—40	5,8	5,6	7,6	7,8	6,8	7,4	5,2	5,5	4,6	5,0
40—50	10,1	7,6	9,9	9,3	8,8	8,3	7,8	6,9	7,4	6,8
50—60	20,0	14,0	19,2	16,5	17,3	15,2	16,0	13,1	15,5	12,7
60—70	42,6	34,2	43,1	38,9	39,3	34,7	37,0	31,4	36,5	31,2
70—80	92,8	83,3	104,5	100,5	98,5	94,9	99,7	93,5	87,6	79,2
80u.m.	206,5	193,0	241,3	243,1	202,5	200,2	213,9	210,9	203,7	192,8
zus.:	15,6	14,2	16,3	15,5	15,8	14,9	14,1	13,0	12,6	11,8

Die Allgemeinsterblichkeit ist also in den Jahrfünften 5—10, 10—15, 15—20 am niedrigsten, gleichgültig ob die Sterblichkeit im ganzen zugenommen hat oder nicht. Die größte Senke zeigt das Jahrfünft 10—15 Jahre, und gerade für dieses Alter verlangt man eine ausgedehnte und kostspielige schulärztliche Versorgung; die niedrige Sterblichkeit im Schulalter ist aber nicht verwunderlich, ist doch in diesem Alter die innere Widerstandsfähigkeit am größten, wenn auch die Anfälligkeit sehr groß ist. Wie sehr aber gerade die Jugendlichen auf Umwelteinflüsse reagieren, das zeigt der Verlauf der Tuberkulosesterblichkeit in den Altersklassen 10—25 nach dem Kriege. Die Ansteckung mit Tuberkulose liegt aber lange Zeit vor dem Tode und so ist das *„scheinbar kräftigste“* Alter durch die akuten Infektionskrankheiten und die chronische Krankheit, die Tuberkulose, „am meisten“ gefährdet.

Übersicht über die Sterblichkeit an Tuberkulose überhaupt in den Altersklassen 5—25 Jahre, getrennt nach dem Geschlecht in Preußen 1913 und 1922—1924, berechnet auf je 10000 Lebende der betreffenden Altersklasse.

Lebensalter	1913		1922		1923		1924	
	m.	w.	m.	w.	m.	w.	m.	w.
5—10	3,82	4,64	3,40	4,07	4,14	5,18	3,25	3,74
10—15	3,71	6,22	3,40	6,01	3,74	6,28	2,94	5,25
15—20	11,46	14,16	13,61	15,22	14,63	16,98	10,25	12,85
20—25	17,74	17,66	25,59	20,62	27,99	21,92	20,14	18,91

Aus der ersten großen Übersicht auf S. 80 sieht man, daß die Sterblichkeit in allen Altersklassen, ausgenommen das Jahrfünft 20—25, im Jahre 1924 die Sterblichkeit im Jahre 1913 wieder unterschritten hat. Aus der zweiten Übersicht ist ersichtlich, daß allein im Jahr 1924 im Jahrfünft 20—25 in beiden Geschlechtern die Tuberkulosesterblichkeit nach über der von 1913 liegt. Diese Altersklassen befanden sich aber gerade zur Zeit der Beendigung des Weltkrieges in den allerungünstigsten Lebensverhältnissen.

Schularztgesetze bestehen in Baden, Württemberg, Oldenburg und Sachsen. Der preußische Landtag hat die Vorlage eines Gesetzes verlangt. Der Verfasser hat ein Schularztgesetz entworfen, die Aussichten für die Einführung sind gering. Nach dem Bericht der Medizinalabteilung waren am 1. Oktober 1926 von rund 38 Millionen Einwohnern in Preußen nur 7 Millionen nicht schulärztlich versorgt, während am 1. Januar 1922 diese Zahl noch 14 Millionen betrug.

Hierbei wird außer acht gelassen:

1. Die „*Art*“ der schulärztlichen Versorgung ist in Preußen höchst ungleich und „*vielfach ungenügend*“.

2. Die „*staatlichen*“ Schulen sind besonders ungenügend versorgt, desgleichen die höheren städtischen Schulen und die Berufsschulen.

3. Es fehlt eine „*statistische Zusammenstellung*“ der schulärztlichen „*Ergebnisse*“, sowohl für die einzelnen Kreise als auch für die Regierungsbezirke und die Länder. Aus den Längen- und Gewichtsmaßen beider Geschlechter aus dem wichtigen Lebensabschnitt 6—18 Jahre und den übrigen Angaben könnte ein durch nichts ersetzbarer Überblick über die Rüstigkeit des heranwachsenden Geschlechtes gewonnen werden. Die Ergebnisse könnten aber nur verwertet werden, wenn die Untersuchungsmethoden und die *Berichterstattung* auf „Grund gesetzlicher Bestimmungen“ *vollständig gleichmäßig erfolgen.*

Die bisherige Art der schulärztlichen Versorgung.

a) Die Schulärzte. Man unterscheidet hauptamtliche und nebenamtliche Schulärzte. Nur in den wenigsten Fällen gibt es hauptamtliche Schulärzte, d. h. solche, die „*nur*“ die schulärztliche Tätigkeit ausüben. Festzuhalten ist, daß der Fürsorgearzt als Teilaufgabe seiner Gesamttätigkeit die schulärztliche Tätigkeit auszuüben hat. Dann handelt es sich aber um hauptamtliche Fürsorgeärzte (Schulärzte). In den Landkreisen sind häufig die Kreisärzte als Schulärzte tätig, dann sind dies ebenfalls hauptamtliche Fürsorgeärzte (Schulärzte). Von ihnen sind zu unterscheiden die praktischen Ärzte, soweit sie verpflichtet werden als „*nebenamtliche*“ Schulärzte, denn diese werden dann nur für den Zweig der schulärztlichen Tätigkeit verpflichtet.

b) Die bisherige Art der schulärztlichen Tätigkeit. Die Schüler, die in die öffentlichen Schulen eingeschult werden, also die Grundschulen, werden von den Schulärzten untersucht. Ein Schulgesundheitsbogen, eine Kartothekkarte wird angelegt. Auf dieser wird neben den Personalien der Gesundheitszustand im ganzen und im besonderen angegeben. Diese Bögen begleiten die Schüler durch die Schule bzw. in die Schulen bei Umschulung. Die Schüler, die mit gesundheitlichen Fehlern behaftet sind, welche eine besondere ärztliche Aufsicht bedingen, werden als *Überwachungsschüler* besonders kenntlich gemacht und des öfteren untersucht. Sonst findet eine Reihenuntersuchung nur drei- bis viermal während der Schulzeit statt. Jedenfalls aber in einer Mittelklasse und zu Beginn des letzten Schuljahres.

Ergänzt wird die Reihenuntersuchung durch die schulärztliche Sprechstunde. Der Schularzt ist entweder in seinen Bureauräumen täglich für Schüler, die die Lehrer ihm zuschicken, zu sprechen oder er hält in der Schule an bestimmten Tagen Sprechstunden ab.

Der Schularzt kann auch sog. Klassenbegehungen vornehmen. Die Schüler derjenigen Klassen, welche nicht in Reihenuntersuchungen untersucht werden, werden von dem Schularzt ein- bis zweimal im Jahre in der Klasse aufgesucht, der Lehrer benennt ihm die besonders schwächlichen Kinder, und er sucht sich selbst die ihm auffallen aus. Diese Schüler werden dann in der Schulsprechstunde genauer untersucht.

Zu den Aufgaben des Schularztes gehört auch die Untersuchung derjenigen Schüler, die für die Erholungsfürsorge bestimmt werden sollen. Dabei muß er wohl unterscheiden zwischen Kindern, für die eine „*örtliche Erholungsfürsorge*“ ausreicht, und solchen, für die wegen besonderer Erkrankung Entsendung in besondere Heime an besonderen Orten (klimatische Faktoren) erforderlich ist. Die örtliche Erholungsfürsorge gewinnt immer mehr an Bedeutung. *Lange Reisen sollen nur den Kindern zugemutet werden, die einer besonderen Unterbringung in Kinderheimen usw. bedürfen.*

c) Die Benachrichtigung der Eltern. Die Eltern werden auf besonderen Bogen (Vordrucken) über die erhobenen Befunde benachrichtigt. Diese Mitteilungen gehen ihnen durch den Klassenlehrer zu. Zunächst wird abgewartet, ob die Eltern von sich aus die vorgefundenen Mängel abstellen. Eine Mitteilung an den Klassenlehrer nach einer gesetzten Frist muß verlangt werden. In den Fällen, in denen diese Mitteilung nicht erfolgt, muß der Klassenlehrer durch die zuständige Fürsorgerin eine Nachprüfung veranlassen. Diese Nachprüfung wird von den Kreisfürsorgerinnen, Bezirksfürsorgerinnen oder Gemeindeschwestern vorgenommen. Besondere Schulschwestern gibt es nur in den wenigsten Fällen. Solche sind auch nicht erforderlich. Die schulärztliche Fürsorge darf auch nicht aus der Familienfürsorge herausgerissen werden. Die Eltern müssen im Falle, daß die Krankenfürsorge auf die Familienmitglieder ausgedehnt ist, auf diese hingewiesen werden, im übrigen muß nach strenger Prüfung evtl. eine Beihilfe durch das Wohlfahrtsamt sichergestellt werden. Wenn böser Wille seitens der Eltern vorliegt, muß durch Zureden ein Erfolg versucht werden, im übrigen sind Zwangsmaßnahmen von geringer Wirkung und möglichst auch nicht anzuwenden.

d) Krankhafte Abweichungen, die besonders häufig gefunden werden, sind: Schlechte Haltung, Rückenschwäche, Wirbelsäulenverbiegung, X-Beine, O-Beine, Plattfüße, Knickfüße, seltener Klumpfüße. Verhältnismäßig häufig werden Herzveränderungen, Drüsenschwellungen, Skrofulose und skrofulöse Hautveränderungen und Ohreneiterungen festgestellt. Nicht selten sind Veränderung der Sehfähigkeit.

Soll die Kreisfürsorgerin bzw. die Gemeindeschwester zu den schulärztlichen Untersuchungen stets herangezogen werden?

Grundsätzlich nein. In Landkreisen findet man häufig nur „*eine*“ Kreisfürsorgerin und die Aufgabe der Gemeindeschwester beruht in erster Linie in der Gemeindepflege. Es empfiehlt sich, den Gemeindeschwestern und der Kreisfürsorgerin bzw. den Bezirksfürsorgerinnen den Termin der Schuluntersuchung möglichst frühzeitig mitzuteilen und ihnen anheimzustellen, ob sie erscheinen wollen oder nicht.

e) Besondere Beachtung verdient der Zustand der Zähne. Besondere Schulzahnärzte sind nur in wenigen Fällen vorhanden. Die Einrichtung der Schulzahnpflege befindet sich noch im Entwicklungsstadium.

Die Organisation derselben hat zentral das Deutsche Zentralkomitee für Zahnpflege in den Schulen, Geschäftsstelle Berlin W 62, Kurfürstendamm 101, in die Hand genommen.

Zu beachten ist: Der Zustand der Zähne ist meistens sehr schlecht, er ist für den Gesundheitszustand des Kindes und der Erwachsenen von der größten Bedeutung. Zahnschäden dürfen nicht erst beachtet werden, wenn Schmerzen bestehen, denn lange vorher schon bestehen Veränderungen, die frühzeitig viel leichter und billiger beseitigt werden können.

Die systematische Durchuntersuchung der Zähne der Schulkinder ist demnach erforderlich. Diese Untersuchung muß durch Zahnärzte erfolgen, da kleine Schäden nur mittels des Spiegels und der Sonde gefunden werden. Es geht nicht an, den Eltern die Beseitigung der Zahnschäden allein zu überlassen, weil das Verständnis in weiten Kreisen fehlt. Die Behandlung muß organisiert werden; entweder muß sie in einer entsprechenden Klinik der Ortskrankenkasse, einer Universitätsklinik oder in besonderen von der Stadt eingerichteten Räumen durchgeführt werden. Die Kosten müssen durch Zuschüsse der Versicherungsträger, der Gemeinde und evtl. der zahlungsfähigen Eltern gedeckt werden. Eine Behandlung in den Räumen der Privatzahnärzte ist unbedingt abzulehnen, desgleichen eine Bezahlung nach Einzelpunkten. Es kommt nur die Gewährung einer Pauschale in Frage. Die Ortskrankenkasse Kiel hatte Ende 1925 42320 Mitglieder. In einer modern eingerichteten Zahnklinik dieser Kasse mit

10 Stühlen waren ein leitender Zahnarzt, 6 Zahnärzte und 1 Zahnärztin tätig. Im Jahre

1924 wurden im ganzen 1837 }
1925 „ „ „ 2080 } Kinder wegen Zahnschäden behandelt.

Der Berichterstatter sagt: „Eine Kinderbehandlung als Anhang der Kassenklinik genügt auf die Dauer nicht, weil der moralische Zwang der Schule und die dauernde Propaganda sowie das gemeinsame Erlebnis, wie es bei der Schulzahnklinik zusammentrifft, fehlt bzw. nur in beschränktem Maße zur Geltung gebracht werden kann." *Die Schulzahnklinik ist ein Begriff und nicht eine besondere Einrichtung.* Besser ist der Ausdruck: Kommunale Einrichtung für Schulzahnpflege; denn das wichtigste ist weniger die Örtlichkeit als die Organisation und die Regelung der Kostenfrage.

Zu beachten: Hauptamtliche und nebenamtliche Zahnärzte. Diese Frage ist ebenfalls von geringerer Bedeutung, wichtiger ist, daß, wenn ortsansässige Zahnärzte verpflichtet werden, diese die Behandlung nicht in ihren Sprechräumen, sondern in solchen, die von der Stadt zur Verfügung gestellt werden, vornehmen.

5. Förder- und Hilfsschulen. Diese haben eine besondere Bedeutung für die Schulgesundheitspflege. In Förderklassen kommen Kinder, die durch Krankheit oder infolge des sozialen Milieus das Ziel der Volksschule nicht erreichen. Das Ziel ist, sie wieder in die normale Volksschulklasse zurückzubringen.

In der Hilfsschule sitzen geistig minderwertige Kinder, welche das Ziel der Volksschule in keinem Falle erreichen werden. Es soll versucht werden, ihnen eine abgeschlossene Berufsausbildung minderen Grades zu verschaffen. Hier ist die Abgrenzung nicht nach der gesunden, sondern nach der kranken Seite besonders wichtig. Es ist einleuchtend, daß die Schulärzte hier in besonderem Grade erforderlich sind, 1. um den Grad der körperlichen und geistigen Schwäche festzustellen; 2. durch Maßnahmen der Gesundheitsfürsorge, besondere Zuwendungen usw. Hilfe zu leisten.

6. Konstitution, Charakter und geistige Begabung spielen neuerdings eine gewaltige Rolle. Es genügt, zur Informierung drei verschiedene Typen zu unterscheiden.

1. Den asthenischen Typ: hoch und schlank gewachsen, geringes Dickenwachstum, sämtliche Maße außer ev. dem Längenmaß unter den Mittelwerten. Diese sind mitunter außerordentlich leistungsfähig und zähe, können aber bis zu den reinen Kümmerformen reichen.

2. Den athletischen oder muskulären Typ: mittel bis hoch gewachsen, breite Schultern, kräftige Muskeln, grober Knochenbau.

3. Den pyknischen Typ. Besondere Entwicklung des Bauches, geringere Entwicklung des Bewegungsapparates. Kurzer Hals, spätere Neigung zu Fettbauch.

a) Gesundheitsförderklassen für *normal* begabte, aber durch Krankheit oder infolge zarter Konstitution leistungsschwächere Schüler müssen eingerichtet werden; mit kürzerer Unterrichtszeit möglich, da die Schülerzahl eine geringe sein muß.

b) Besondere Beachtung verdienen die sog. Psychopathen. Das sind Kinder, die ein abnormes Verhalten auf seelischem und moralischem Gebiete zeigen und die sich in der Normalschule wie in der Hilfsschule finden können. Bezeichnend sind: leichte Erregbarkeit, zu starke Betonung der eigenen Persönlichkeit, verminderte Widerstandsfähigkeit gegen seelische Eindrücke von außen; das alles gibt ihnen den Eindruck der Verschrobenheit, und macht sie zu schwer erziehbaren Kindern. Die Eltern müssen frühzeitig auf diese Kinder achten, die Lehrer müssen die Ursache des Versagens in der Schule nachprüfen, die Fürsorgerinnen müssen vermitteln. Wichtig: *Beratungsstellen für Psychopathen* (Ministerialerlaß vom 2. September 1920). Solche Stellen sind für mehrere Kreise einzurichten im Anschluß an Universitätskliniken oder Untersuchungsstellen besonderer Fachärzte. Hinderlich in Landkreisen die Reisekosten und die Teilnahmlosigkeit der Eltern. Kostenübernahme durch das Kreiswohlfahrtsamt erforderlich. Wichtig ist, daß die Eltern und die Fürsorgerin das Kind begleiten, damit letztere die Nachprüfung der Vorschläge überwachen kann. Der Erfolg im häuslichen Kreise recht zweifelhaft. Häufig Verbringung in ein Psychopathenheim erforderlich. Solche gibt es erst in geringer Zahl. Die Leitung muß in Händen von besonders vorgebildeten Ärzten oder Erziehern liegen. Wichtiges Gebiet gemeinsamer Arbeit: Heilpädagogik für Ärzte und Erzieher.

Viele Psychopathen findet man in den Fürsorgeerziehungsanstalten. *Zukunftsaufgabe: diese Jugendlichen von diesen Anstalten fernzuhalten durch frühzeitige Erkennung, Erziehung in besonderen Heimen und evtl. Unterbringung in besonderen Daueranstalten.*

Idiotische, epileptische Kinder gehören nicht in die Hilfsschule, auch nicht in geschlossene Kinderheime, sondern müssen in besonderen Anstalten untergebracht werden. Zu beachten: Manche geistesschwache Kinder können durch *Behandlung* gebessert werden, z. B. im Falle, daß Syphilis oder Störungen der Drüsen mit innerer Sekretion die Ursache sind. Immer mehr greifen ja die Maßnahmen der Gesundheitsfürsorge in das Gebiet der bisher unheilbaren Krankheiten hinein.

7. Blinde und Taubstumme müssen in besonderen Heimen untergebracht werden. *Gesetz vom 7. August 1911 betr. Beschulung blinder und taubstummer Kinder.* Es besteht Schulpflicht für alle Kinder; können sie wegen geistiger oder körperlicher Gebrechen die gewöhnlichen Schulen nicht besuchen, und ist ihr Unterricht in ausreichender Weise anderweitig nicht sichergestellt, so müssen die Eltern in die Anstaltsunterbringung einwilligen. Häufig erheblicher Widerstand. Fürsorgerin und Gemeindeschwester müssen belehrend wirken. Der öffentliche Zwang erfolgt durch die Polizeibehörde. Mit diesem Mittel sollen die *Fürsorgeorgane* weder arbeiten noch sie androhen. Zu den taubstummen Kindern gehören auch stumme, ertaubte und solche Kinder, deren Gehörreste so gering sind, daß sie die Sprache auf natürlichem Wege nicht erlernen können und die erlernte Sprache durch das Ohr zu verstehen nicht imstande sind. Die Kreisärzte müssen die Zeugnisse vor Einweisung in die Anstalten ausstellen.

8. Das preußische Krüppelgesetz vom 6. Mai 1920. Dies ist das erste preußische Gesundheits„*fürsorge*"gesetz. Die Fürsorge für Krüppel unter 18 Jahren und solche Krüppel, die der Anstaltspflege bedürfen, insbesondere zum Zwecke der Berufsbefähigung, ist Aufgabe der Landesfürsorgeverbände. Fürsorge für die Krüppel über 18 Jahre und solche, die nicht der Anstaltspflege bedürfen, ist Aufgabe der Bezirksfürsorgeverbände.

Zur Anzeige verpflichtet sind:

1. Ärzte, die bei Ausübung ihres Berufes bei Personen unter 18 Jahren eine Verkrüppelung wahrnehmen (insbesondere Schulärzte).
2. Ärzte und Hebammen, die bei Neugeborenen Anzeichen von Verkrüppelungen vorfinden.
3. Lehrer (Lehrerinnen), die gelegentlich des in Erfüllung der gesetzlichen Schulpflicht erteilten Unterrichtes oder des Ersatzunterrichtes hierfür bei ihren Schülern Verkrüppelungen wahrnehmen.
4. Ärzte, Krankenpflegepersonen und sonstige Fürsorgeorgane, welche gelegentlich der Berufsausübung bei jugendlichen Personen unter 18 Jahren die Anzeichen drohender Verkrüppelung beobachten. Die Anzeigen sind *an das Jugendamt* zu richten. Die Fälle werden von dem Krüppelfürsorgearzt, der meistens ein Kommunal- oder Kreiskommunalarzt ist, bearbeitet und überwacht. Die Kreisärzte sind in ihrer „staatlichen Funktion" durch dieses Krüppelfürsorgegesetz zum ersten Male ausgeschaltet worden.

Krüppelfürsorgestellen sollen in allen Stadt- und Landkreisen errichtet werden. Die „*Stelle*" ist hier häufig ein *Begriff*. Es genügt, wenn der Kreiskommunalarzt in seinem Sprechzimmer die Untersuchung durch Auftrag des Kreises ausführt.

Eine Verkrüppelung im Sinne des Gesetzes liegt vor u. a. bei angeborenen und erworbenen Leiden der Knochen, Gelenke und Muskeln, bei Fehlen eines wichtigen Gliedes oder von Teilen eines solchen, soweit die Person nicht nur vorübergehend dadurch derart behindert ist, daß die Erwerbsfähigkeit auf dem allgemeinen Arbeitsmarkt voraussichtlich wesentlich beeinträchtigt wird. Unter die Anzeige fallen ebenfalls Hasenscharten, Wolfsrachen, Kieferverbildung, angeborene Hüftverrenkungen, Klumpfuß und Mißbildung des Kopfes und Rumpfes.

In der letztgenannten Gruppe handelt es sich um Mißbildungen, die infolge Hemmung eines normalen Wachstums aufgetreten sind. Im Volksmund wird dem „Versehen" noch heute eine große Bedeutung zugeschrieben. Dies betrifft hauptsächlich die Feuermale, abnorme Behaarungen usw. Es kann nicht bezweifelt werden, daß diese Vorstellung irrig ist. Ebensowenig kann aber ausgeschlossen werden, daß seelische Traumen während der Schwangerschaft die normale Entwicklung des Kindes behindern können. Es ist ferner bekannt, daß durch Syphilis und chronischen Alkoholismus Mißbildungen der genannten Art verursacht werden können. Die Landesfürsorgeverbände sind zur Anstellung von *Landeskrüppelärzten* verpflichtet. Diese sollen die Landkreise jährlich bereisen, um festzustellen, welche Krüppel in Zweifelsfällen der „*Anstaltspflege*" bedürfen. Dieser Begriff ist deshalb so schwierig, weil man oft recht verschiedener Ansicht darüber sein kann, ob durch eine Anstaltspflege eine „*Berufsbefähigung*" noch möglich ist oder nicht.

Krüppelheime sind besondere Heime, in denen Behandlung und Operationen von Fachärzten ausgeführt, Werkunterricht von besonders vorgebildeten Lehrern erteilt wird. Unterbringung in solchen Heimen kommt daher hauptsächlich für Kinder aus Landkreisen in Frage. In Städten kann eine diesbezügliche Behandlung weitgehend ambulant ausgeführt werden und das Kind zu Hause wohnen und eine entsprechende Schule besuchen. Nirgends ist also der Unterschied zwischen geschlossener und halbgeschlossener Fürsorge so fließend und zum großen Teil auch abhängig von dem sozialen Milieu wie hier.

Die „*örtliche*" Fürsorgestelle erteilt Rat, gewährt Zuschüsse zur Beschaffung von Schienenapparaten, z. B. bei Klumpfuß, in abgelaufenen Fällen von Kinderlähmung usw., wenn durch die Gewährung solcher Apparate der Fall erledigt werden kann. Besondere Mittel zu diesem Zweck müssen in dem Etat des Kreises oder des städtischen Gesundheitsamtes eingestellt werden. Am besten nicht rückzahlbar, da es sich ja um eine reine gesundheitsfürsorgerische Maßnahme handelt und die Krankenkassen nur bis zu 30 M. für solche Hilfsapparate gewähren. Solche Apparate kosten aber 60—80 M.

XI. Das jugendliche Alter (bis 21 Jahre).

Vom gesundheitsfürsorgerischen Standpunkt ist dieses Jahrfünft besonders wichtig. In diesen Jahren werden Knaben und Mädchen aus den Volksschulen entlassen, als Lehrlinge den Berufen mit allen Fährnissen zugeführt. Diese bestehen zum Teil in den spezifischen Schädigungen des Berufes, zum Teil in den Gefahren, die der Umgang mit Erwachsenen und Halberwachsenen mit sich führt, Verleitung zum Trinken, zur Anknüpfung von geschlechtlichen Beziehungen und Gefährdung durch Geschlechtskrankheiten. Dieses Alter ist jetzt noch mit einer besonderen seelischen Not behaftet, weil die schulentlassenen Jugendlichen häufig keine Lehrstelle finden können und daher schon in diesem Alter der Zwecklosigkeit des Daseins gegenübergestellt werden.

Wieviel besser haben es Knaben und Mädchen der „*höheren*“ Schulen, die in diesen kritischen Jahren noch im Schutze des Elternhauses und der Schule verbleiben und bei denen nach der Schulentlassung die Berufsausbildung sich anschließt und das Problem der Erwerbslosigkeit in ein späteres Alter gerückt wird! Bei diesen Jugendlichen liegt die Gefährdung mehr in dem Wunsche, die Triebrichtung zu befriedigen, so daß hier erziehliche Maßnahmen von Bedeutung sind.

Man muß also bei dieser Altersstufe wohl unterscheiden zwischen Jugendlichen, die die „*höheren Schulen*“ besuchen, und solchen, die von den Volksschulen entlassen als „*Lehrling*“ tätig sind. ALFONS FISCHER hat in seinem Grundriß der sozialen Hygiene 1922 die Erkrankungshäufigkeit in einigen Berufen nach den Altersklassen auf Grund der Statistik der Ortskrankenkasse Leipzig zusammengestellt.

Auf 100 männliche versicherungspflichtige Mitglieder kamen:

Altersklassen	Alle Berufsgruppen			Steinbearbeitung			Metallverarbeitung			Gärtnerei, Land- und Forstwirtschaft			Büro-, Kontor- und Ladenpersonal		
	a	b	c	a	b	c	a	b	c	a	b	c	a	b	c
Insgesamt	39,6	854,9	0,76	53,9	1308,2	1,23	49,4	956,3	0,61	42,1	1019,8	1,34	20,6	492,3	0,70
unter 15	37,9	595,0	0,09	55,8	879,1	—	59,9	968,6	0,09	10,9	178,1	—	19,3	371,1	0,09
15—19	37,3	617,4	0,27	54,0	786,6	0,13	53,5	810,6	1,19	21,1	359,5	0,31	20,5	408,5	0,34
20—24	35,5	657,4	0,46	46,9	742,0	0,39	46,7	775,7	0,38	24,5	388,1	0,12	19,9	444,1	0,60
25—29	35,5	707,5	0,49	48,5	1086,9	0,62	43,4	817,1	0,52	30,8	557,9	0,25	18,2	424,7	0,62
30—34	38,5	813,6	0,59	50,7	1378,7	1,31	46,3	933,7	0,50	37,1	657,4	0,61	20,7	512,4	0,71

a = Krankheitsfälle, b = Tage, c = Todesfälle.

Aus dieser Übersicht geht hervor: In allen Berufsgruppen ist die Gesamtsterblichkeit hoch. Die Zahl der Krankheitsfälle ist bei den Personen unter 15 Jahren im allgemeinen sehr hoch und sinkt dann ab bis zu der Altersgruppe 25—29 Jahre. Eine Ausnahme machen lediglich die Land-, Forstwirtschaft und Gärtnereibetriebe. Immerhin ist beachtenswert, daß in dieser Gruppe die Gesamtsterblichkeit am höchsten ist und weit über dem Gesamtdurchschnitt liegt. Erkrankungsziffer und Beruf bedürfen besonderer Beachtung. Häufig gehen „*schwächliche*" Personen in „*leichte*" Berufe und deswegen ist die Krankheitsziffer in diesen groß, häufig gehen kräftige Personen in schwere Berufe und deswegen ist die Krankheitsziffer verhältnismäßig klein. Die besondere Anfälligkeit der Jugendlichen geht auch aus den Tabellen auf S. 80—81 hervor. Nach der Reichsgewerbeordnung genießen *Jugendliche* denselben gewerblichen Schutz wie *Frauen* hinsichtlich der Beschäftigungsart, -zeit und -dauer. Die Reichsgewerbeordnung unterscheidet jugendliche Arbeiter 14—16 Jahre und junge Leute = Arbeiter unter 18 Jahren.

1. Die Bedeutung der Berufsschulen in gesundheitsfürsorgerischer Beziehung. Die ärztliche Versorgung muß sich ganz besonders auf die Berufsschulen erstrecken. Beobachtung des körperlichen Gesundheitszustandes unter den Einwirkungen des Berufes, beginnende Erkrankungen, alkoholische Einwirkungen, Geschlechtskrankheiten.

Unterricht muß erteilt werden über die spezifischen Schädigungen des Berufes, über die Gefahren des Alkohols und der Geschlechtskrankheiten.

Eine Urlaubszeit für Jugendliche ist eine unabweisbare Forderung. Man bedenke, welch lange Ferienzeit die gleichalterigen Jugendlichen in den höheren Schulen, auf der Universität haben!

2. Die Schädigung durch den Alkohol. Bekanntlich gibt es in Deutschland kein „*Gesetz*" *gegen den Alkoholmißbrauch.* Gesetzliche Bestimmungen betreffend die Abgabe geistiger Getränke an Jugendliche bestehen, sind aber praktisch nutzlos. Wir brauchen wirksame gesetzliche Bestimmungen, durch die die Abgabe alkoholischer Getränke einschließlich Bier an Jugendliche in öffentlichen Schankwirtschaften absolut verboten ist. Wir brauchen gesetzliche Maßnahmen, durch die die Konzessionserteilung zum Ausschank alkoholischer Getränke nur „*auf Zeit*" erteilt wird, grundsätzlich nach ca. 3 Jahren neu nachgesucht werden muß, damit die Wirte „*selbst*" darauf sehen, daß ihre Schankwirtschaften Stätten der Ordnung sind, in denen sie an Angetrunkene in keinem Fall weitere Getränke ausschenken und Schlägereien usw. um jeden

Preis vermeiden. Vgl. das ausgezeichnete Büchlein: Ernst Joel, Alkoholkranken-Fürsorge. Berlin: Carl Heymann 1928.

Ferner muß die Konzessionserteilung von dem *Bedürfnis* abhängig gemacht werden. Ausschüsse, in denen auch die Abstinentenvereine und Gastwirte vertreten sind, müssen über diese Frage befinden. In Fabrikbetrieben darf überhaupt kein Alkohol ausgeschenkt werden. Zur Zeit wird die Polizeibehörde, das Gesundheitsamt, das Jugendamt nur *gutachtlich* gehört und der Bezirksausschuß entscheidet von sich aus.

Das Gemeindebestimmungsrecht ist ein ständiger Zankapfel. Es will erreichen, daß einzelne Gemeinden darüber beschlußmäßig befinden, ob Alkohol überhaupt ausgeschenkt werden darf, ferner wieviel Konzessionen erteilt werden sollen bzw. ob vorhandene eingezogen werden müssen. Es ist fraglich, ob diese Bestrebungen, die eine bezirksweise Trockenlegung Deutschlands erreichen könnten, jemals zum Ziele kommen. Sicher muß man mehr verlangen, als man erreichen kann. Vielleicht verursacht die extreme Forderung eine Abstoßung der im übrigen willigen Persönlichkeiten in der Gesellschaft. Ein gänzliches Alkoholverbot kommt für Deutschland nicht in Betracht.

Zunächst: Einigung auf den *Jugendschutz*: Schutzalter auf 18 Jahre. Ferner: man soll erstreben, daß der Ausschank alkoholischer Getränke in Schwimmanstalten, in Badeanstalten, an Strandplätzen (Badebetrieb), auf Sport- und Spielplätzen und in „Fabrikbetrieben“ verboten wird.

Weiterhin, daß die Konzessionserteilung von einem „*Bedürfnis*“ abhängig gemacht wird und die betreffende Stelle an das Gutachten der obengenannten Instanzen gebunden wird; weiterhin, daß die Konzession nur auf Zeit erteilt wird.

Es muß durchgesetzt werden, daß auch bei Konzessionserteilung an Gastwirtschaften die Verpflichtung auferlegt wird, *Milch* zum Ausschank bereit zu halten.

Ein großes Feld der Tätigkeit wird immer der freiwilligen Fürsorge verbleiben.

a) Zunächst die Trinkerfürsorgestellen. Diese sind zum Teil von alkoholgegnerischen Verbänden, zum Teil von den Kommunen eingerichtet. Ein amtlicher Trinkerfürsorger ist *sehr zu empfehlen*, da dieser bei den Gerichten eine bessere Stellung zu haben pflegt als alkoholgegnerische Vereine. Die Aufgabe der Trinkerfürsorgestelle besteht darin, die Beratung von Trinkern und deren Angehörigen erstmalig und laufend auszuführen, Anträge auf *vorläufige* und endgültige Entmündigung beim Amtsgericht zu stellen nach § 1906 BGB. Wenn eine solche Stelle besteht, wird die Frau leichter zu einem Antrage bewogen, da dann „*von ihr*“ das Odium des Antrages genommen wird. Der amtliche Trinkerfürsorger nimmt entweder selbst die Beratung der Kranken in die Hand oder verteilt sie in gemeinsamen Besprechungen an einen der Verbände. Als solche kommen in Betracht: der deutsche Guttemplerorden, das Blaue Kreuz, das kirchliche blaue Kreuz, der Arbeiterabstinentenbund, der Frauenbund für alkoholfreie Kultur, der deutsche Bund enthaltsamer Erzieher, der Bund enthaltsamer Pfarrer, der Bund abstinenter Ärzte. Diese Vereine schließen sich am besten zu einem Landesverband zusammen. Abseits stehen mitunter sogenannte „*Mäßigkeits*“-*vereine*. Diese wollen weite, auch nicht abstinente Kreise an sich ziehen. Der Erfolg dieser Vereine ist wenig durchschlagend, weil man mit Mäßigkeit die Trinksitten nicht bekämpfen kann. Lieber sollen „*Abstinenzvereine*“ in ihren Forderungen „*gemäßigt* sein“, als *Mäßigkeitsvereine radikale* Forderungen stellen.

Die Trinkerfürsorgestellen sollen möglichst frühzeitig eine Einweisung in eine Trinkerheilstätte veranlassen. Hier heißt je früher um so besser. In diesen Anstalten wird immer mehr der eigene Wille zur Heilung herangezogen. Willenlose chronische Trinker können nur in Sonderabteilungen von Anstalten für Geisteskranke untergebracht werden. Voraussetzung ist die Entmündigung wegen Trunksucht auf Grund § 6 BGB. und § 680—682 ZPO. Weitere Maßnahmen sind Rentengewährung auf Grund der Invaliden- und Angestelltenversicherung. Nach § 120 RVO. und § 51 der Angestelltenversicherung kann statt Geld Sachlieferung evtl. zu Händen des Trinkerfürsorgers erfolgen. Die Vormundschaft geht auch an ihn über. Er kann sie an andere geeignete Persönlichkeiten übertragen.

b) Die Belehrung über die Schäden des Alkohols muß besonders in den Schulen stattfinden, da die Jugendlichen am leichtesten günstig beeinflußt werden können. Trotzdem Belehrung der Jugend unmöglich, wenn die Erwachsenen Alkohol gewohnheitsmäßig zu sich nehmen. Die beste Einwirkung auf die Jugend ist die Mäßigkeit, am besten Abstinenz der Erwachsenen, also das Beispiel des Erziehers!

Der Alkohol ist ein Gift sowohl bei einmaliger Aufnahme als besonders bei einmaliger übermäßiger und bei chronischer. Dies zeigt sich vor allen Dingen in der Übersterblichkeit der Berufe, die mit der Zubereitung und mit dem Ausschank alkoholischer Getränke zu tun haben. Lebensversicherungsanstalten haben sicher eine Untersterblichkeit von Abstinenten festgestellt. Jugendliche vertragen „*scheinbar*“ große Mengen (Studenten). Quittung wird in späteren Lebensaltern gereicht, hohe Sterblichkeit an Herzveränderungen, vgl. auch Zunahme der Sterblichkeit in den Jahresklassen 40—60 S. 80. Alkohol führt zu Herzverfettung und -entartung. Es tritt ein Magenreizzustand ein. Leber und Nieren verfetten und degenerieren. Die geistige Leistungsfähigkeit nimmt ab durch Schädigung des Gehirnes. Alkohol verleitet zu Strafhandlungen. Gesteigerte Delikte am Sonnabend und Sonntag, auffallender Unterschied zwischen Straftaten in Gastwirtschaften und außerhalb derselben. Alkohol schädigt das Ehrgefühl. Renommiersucht der Trinker. Unmöglichkeit, sie durch Vorhaltungen zu bessern. Folge des Alkohols: Wirtschaftliche Verelendung. Einkommen wird durch den Aufwand von alkoholischen Getränken gekürzt. Der Trinker sinkt in der Gehaltsstufe abwärts, wird entlassen.

Der Alkohol untergräbt das Familienleben. Die Kinder sehen den Streit zwischen den Eltern, den verzweiflungsvollen Kampf der Mutter gegen das Unglück, den angeheiterten, betrunkenen Vater. Kindesliebe kämpft mit Abscheu. Gefühl und Verstand geraten bei dem Streit der Eltern in Konflikt, die kindliche Seele wird vergiftet, das Familienleben wird gestört, zerstört.

Alles, was gesundes Lebensgefühl steigert, muß gefördert werden. Also Körperertüchtigung der Jugend unter gleichzeitiger Forderung der Abstinenz. Der Milchausschank muß auch von den alkoholgegnerischen Verbänden in jeder Beziehung gefördert werden; Milchpropagandawochen in Verbindung mit der Landwirtschaftskammer, fahrbare Milchverkaufswagen, die auf Wochenmärkten und am Strande Milch anbieten.

Noch der Hinweis: Alkoholverbrauch (außer französischem Rotwein) wird unter anderem dem Wohlstandsindex des deutschen Volkes zugrunde gelegt und daraufhin werden die Daweslasten über das Normalmaß erhöht.

3. Das Nikotin ist ein Nervengift. Vorzeitiger Zigarettengenuß ist eines der schlimmsten Schädigungsmittel für die männliche und weibliche Jugend. Kettenraucher sind so schlimm wie chronische Trinker. Beiden gemeinsam ist, daß das Laster den Willen unterdrückt. Die Anzeichen für Schädigung durch Nikotin sind: Blasses Aussehen, allgemeine Nervosität, Zittern der Hände, beschleunigte bis jagende Herztätigkeit, bis 150 Pulsschläge in der Minute. Folgen hochgradiger Nikotineinwirkung sind Sehstörungen durch Gifteinwirkung auf den Sehnerven, Gefäßkrämpfe mit Blutkreislaufstörungen in den Beinen und Förderungen gichtiger Gelenkerkrankungen. Die weiblichen Nerven sind noch empfindlicher als die der männlichen und daher der jetzige Zigarettenverbrauch der weiblichen Jugend sehr zu beanstanden.

Vollständige Enthaltsamkeit von Alkohol und Nikotin wird man schwer allgemein erreichen. Der Maßstab für die Mäßigkeit ist: Der Betreffende legt sich selbst eine Frist auf, während der er nicht raucht und nicht trinkt; kann er diese einhalten, so ist er Herr seines Willens, wenn nicht, Sklave seines Lasters.

4. Die Bekämpfung der Geschlechtskrankheiten. Häufige Folge übermäßigen Alkoholgenusses ist der Besuch von Bordellen oder sonstiger außerehelicher Geschlechtsverkehr, beide die häufige Ursache von Geschlechtskrankheiten. Es gibt drei Arten von Geschlechtskrankheiten: a) der weiche Schanker, b) der Tripper oder die Gonorrhöe, c) die Syphilis.

Anzeigepflicht für Erkrankungen gibt es nicht, die weite Verbreitung läßt sich bisher nur durch Einzelstatistiken feststellen. So sind in einer Stadt von 40000 Einwohnern in den Jahren von 1923—1927 an Gonorrhöe 30,5—37,2 Fälle auf 10000 Einwohner vorgekommen, und 24,0 absteigend bis 13,7 an Syphilis. Diese Zahlen sind also höher als die Erkrankungsziffern einzelner Infektionskrankheiten, ja übertreffen zusammengerechnet bei weitem selbst die mutmaßlichsten Erkrankungsziffern an Tuberkulose. Die Erkrankungsziffern an Geschlechtskrankheiten haben nicht abgenommen, der Abfall bei Syphilis wird durch die wirksamere Behandlung verursacht, denn die Erkrankungszahlen an Tripper bleiben gleich bzw. steigen leicht an.

Ziemlich gleichmäßig entfallen 65% auf Männer, 35% der Fälle auf Frauen. Im Durchschnitt der 5 Jahre waren 40% der über 20 Jahre alten Männer verheiratet, und 50% der Frauen im gleichen Alter. Ein wesentlicher Anstieg der Geschlechtskrankheiten ließ sich in den Jahren 15—20 feststellen; 115 Fälle ziemlich gleichmäßig auf Männer und Frauen gegenüber 11 in den Jahren 10—15. Weitere Begründungen sind offenbar nicht nötig. Reichszählung der vom 15. November bis 14. Dezember 1927 in Behandlung stehenden Geschlechtskranken: Beteiligung zufriedenstellend, durchschnittlich 96% Antworten. Anteilige Zahlen der Geschlechtskranken in den verschiedenen Gebieten recht verschieden, zwischen 1,2—13,8‰ schwankend. Der Anteil der Verheirateten betrug durchschnittlich 32%! Auf das Jahr berechnet ergab sich eine Zugangsziffer von 58 auf 10000 Lebende (vgl. Erkrankungsziffer an Tuberkulose schätzungsweise 40 auf 10000 Lebende!). Wir ersehen erstens die große Häufigkeit der Geschlechtskrankheiten, ferner mit Schrecken die hohe Zahl, die auf Verheiratete entfällt, wobei eine wechselseitige Ansteckung natürlich in Frage kommt, weiterhin die erhebliche Zunahme in dem jugendlichen Alter.

a) Der weiche Schanker spielt praktisch keine Rolle. Er äußert sich in einer schmerzhaften entzündlichen Schwellung der Leistendrüsen (Bubo inguinalis). Die Kranken müssen zu Bett liegen. Die Leistendrüsen vereitern, brechen durch; Heilung unter Narbenbildung. Folgen bleiben nicht zurück. Ursache immer Ansteckung infolge Geschlechtsverkehrs, mehrfache Geschwürchen an den Geschlechtsteilen verursachen die Leistenschwellung.

b) Der Tripper. Der Anteil des Trippers zur Syphilis betrug in der genannten Stadt 56 % zu 44 % (1923), 73,1 % zu 26,9 % (1927), zusammen durchschnittlich 62,4 % zu 37,5 %.

Es handelt sich um eine entzündliche Erkrankung der *Schleimhäute*, am häufigsten der Geschlechtsorgane und Harnwege, nicht selten des Mastdarmes, bei Säuglingen durch Ansteckung auch der Augenbindehäute. Die normale Haut wird nicht von der Infektion erfaßt.

Die Entzündung verläuft ähnlich einem Schnupfen, ist erst wässerig, wird dann eitrig und klingt dann wieder ab. Die Erreger sind die Gonokokken.

Man beachte den Gang der Infektion beim Manne: Schleimhaut der Harnröhre, der Blase, dann weitergeleitet durch die Samenleiter in die Nebenhoden und Hoden.

Bei den Frauen geht die Infektion von der Scheide meist durch die kurze Harnröhre in die Blase, andererseits in die Gebärmutter, die Eileiter und die Tuben, nicht selten wird die Schleimhaut des Mastdarmes ergriffen.

Heilungsmöglichkeit und Heilungsaussicht am besten, je frühzeitiger die Behandlung einsetzt, je später, um so länger dauert die Behandlung, oft zur Verzweiflung des Arztes und des Patienten. Bei Frauen kommt es nicht selten von den erkrankten Eierstöcken aus zu gonorrhöischen Bauchfellentzündungen, eine häufige Ursache von langem Siechtum von jungen Mädchen und Frauen. Unfähigkeit, befruchtungsfähige Eier abzusondern, ist die Folge der Erkrankung der Eierstöcke. Beim Mann tritt Zeugungsunfähigkeit auf infolge Erkrankung der Nebenhoden. Bei Ehepaaren treffen beide Möglichkeiten zusammen und die größte Zahl der kinderlosen Ehen sind die Folge einer früheren gonorrhöischen Infektion. *Insofern hat der Tripper eine große bevölkerungspolitische Bedeutung.* Die seelischen Qualen in der Ehe sind dabei unberücksichtigt.

Zur Verhütung der Augenkrankheiten der Neugeborenen Einträufelung in die Augenbindesäcke nach Crédé durch die Hebamme.

Früher 50 % der blinden Kinder verursacht durch Augenbindehautentzündung kurz nach der Geburt. Die Zahl der blinden Kinder ist z. B. in Bayern in den Jahren 1910—1911 nach Einführung der Schutzbehandlung auf $^1/_{10}$ zurückgegangen. Zwangseinführung nur in Preußen und Bayern, in Thüringen „tunlichst bei allen Neugeborenen“. Gesetzliche allgemeine Anordnung ist aber erforderlich. Ein französischer Spezialarzt für Geschlechtskrankheiten hat über der Tür seines Sprechzimmers den Satz angebracht: „Hier wird gelogen.“

Fürsorgerinnen, Gemeindeschwestern müssen bei Solbadekuren besonders bei Mädchen auf die weite Verbreitung des Trippers achten. Ein Kind kann durch Schlafen bei der Mutter angesteckt werden und kann bei gemeinsamer Badekur eine große Mädchenschar anstecken. Folge: zahlreiche Trippererkrankungen der Scheide, auch der Augenbindehäute, also ohne Badehosen, einzeln baden, nach jedem Bad Desinfektion der Wanne, eigene Handtücher.

c) Syphilis, harter Schanker. Rückgang der Erkrankungsziffern zahlenmäßig erwiesen. Ursache: bessere Behandlungsmöglichkeit.

Ansteckung nur von der verletzten (wenn auch in kaum sichtbarem Grade) Haut. Wichtig: sowohl beim Geschlechtsverkehr als auch beim Beruf (Ärzte, Hebammen) oder vom Munde aus (Küsse, Beruf, Glasbläser) oder von den Rachenmandeln aus (mit Keimen behaftete Trinkgefäße) oder an der Brustwarze (Säuglinge). Immer zeigt der Sitz des Primärgeschwüres die Art der Ansteckung. Von dem ersten Geschwür, oft kaum erkennbar, wandern die Erreger der Syphilis in die Blutbahnen, vermehren sich dort massenhaft und gelangen auf diesem Wege zu allen lebenswichtigen Organen, (Herz, Gehirn, Rückenmark, Leber). Dort können sie sich ansiedeln.

Drei Erkrankungsabschnitte.

1. Das erste Stadium. Das kleine, oft kaum sichtbare Geschwür an der Stelle der Infektion, nicht schmerzhaft, mit folgender Überschwemmung der Blutbahnen.

Hier muß die Behandlung einsetzen, wenn sie schnell Erfolg versprechen soll.

2. Zweites Stadium. Vorläufiges Festhaften der Keime in den Organen, Schwellung der zugehörigen Drüsen, Leistendrüsen (*nicht schmerzhaft*), gleichzeitig kleinfleckiger blasser Hautausschlag (*nicht juckend*) und Haarausfall, ohne erkennbare Ursache. Jetzt Heilung möglich, langwierig, mehrere Kuren erforderlich. Dauer und Stärke der Behandlung abhängig von dem Ausfall der Wassermannschen Reaktion. Diese, mit dem Blutserum des Patienten angestellt, zeigt an, ob die Krankheit noch aktiv oder zur Ruhe gekommen ist, ob endgültig, müssen häufigere Kontrollen vergehen.

3. Das dritte Stadium. Die Zeit der lokalen „*Organ*"erkrankungen: Geschwüre an den Unterschenkeln (Verwechslung mit Unterschenkelgeschwüren!), Rückenmarksschwindsucht, Paralyse, Herzerkrankungen usw. — oft Jahre nach der Infektion. Jetzt Behandlung schwierig. Jetzt kaum endgültig Heilung versprechend, mehr symptomatisch. Neuerdings auffallende Heilerfolge bei Paralyse (bis zu 5 Jahren) im Anschluß an künstliche Impfungen mit Malariaerreger.

Behandlung deswegen sehr wichtig, weil in jedem Stadium der Krankheit bei eintretender Schwangerschaft das Kind im Mutterleibe angesteckt wird, entweder abstirbt oder frühzeitig mit schweren Krankheitserscheinungen behaftet geboren wird. Auch diese Kinder können durch energische Behandlung geheilt werden, bringen aber ein sie schwer belastendes Übel mit auf die Welt. *Darin beruht die bevölkerungspolitische Bedeutung der Syphilis.* Andererseits könnten zahlreiche Insassen von Anstalten gesund sein, dem Staate keine Last bedeuten, wenn nicht die Syphilis die Ursache ihres Siechtums wäre.

d) Das Reichsgesetz zur Bekämpfung der Geschlechtskrankheiten vom 26. März 1927, in Kraft getreten am 1. Oktober 1927. Dieses baut sich auf den Bestimmungen des preußischen Gesetzes zur Bekämpfung der übertragbaren Krankheiten vom 28. August 1905, §§ 8 und 9, und auf die Reichsverordnung zur Bekämpfung der Geschlechtskrankheiten vom 11. Dezember 1918 auf.

Das preußische Gesetz enthält keine Regelung der Anzeigepflicht, sah aber Beobachtung kranker oder krankheitsverdächtiger Personen, Absonderung kranker Personen, welche *gewerbsmäßig* Unzucht treiben, vor.

Nach § 9 konnte eine zwangsweise Behandlung solcher Personen angeordnet werden, wenn dies zur wirksamen Verhütung der Ausbreitung der Krankheit erforderlich erschien.

Die Reichsverordnung vom 11. Dezember 1918 erklärte als Geschlechtskrankheiten die genannten drei Krankheiten, gleichgültig, an welcher Stelle sie saßen, noch wie sie erworben wurden. Sie sah eine zwangsweise Behandlungsmöglichkeit vor, auch bei Männern, und eine Belehrungspflicht seitens der Ärzte. Nach dem neuen Gesetz sind Träger der Bekämpfung: die Gesundheitsbehörden als *kommunale* Einrichtung. (Zum ersten Male wird der staatliche Kreisarzt nicht mit der Durchführung der gesetzlich angeordneten Schutzmaßnahmen bei einer ansteckenden Krankheit betraut.)

An diese Gesundheitsbehörden werden *nur* solche Krankheitsfälle gemeldet, die sich einer ärztlichen Behandlung böswillig entziehen, oder solche Personen, die offenkundig — ohne Beruf — gewerbsmäßig Geschlechtsverkehr treiben und dadurch geeignet sind, die Krankheiten zu verbreiten. Eine Anzeige ist auch zu erstatten, wenn Personen infolge ihres Berufes andere besonders gefährden, wie z. B. Personen, die im Nahrungsmittelgewerbe tätig sind oder als Friseure oder als Pflegepersonen.

Die Beratungsstellen sind den Gesundheitsbehörden angegliedert bzw. in den Gang des Verfahrens eingeschaltet. Beratungsstellen werden entweder von der Landesversicherungsanstalt unterhalten, dann sind es selbständige Gebilde, oder von den Gesundheitsbehörden, dann sind es ihre Unterorgane. Die Beratungsstelle soll die Erfassung der Kranken fördern durch *freiwillige* Inanspruchnahme, durch Sicherung der Diagnose und durch Belehrung des Kranken.

Eine zweite wichtige Einrichtung ist das Pflegeamt, dessen Aufgaben wiederum häufig von einer besonders ausgebildeten Fürsorgerin, die entweder dem Wohlfahrts- oder dem Gesundheitsamt unterstellt ist, erfüllt werden. Diese soll insbesondere erkrankte weibliche Ledige betreuen, die Behandlung auch bei Verbleib in der Berufsstellung sicherstellen.

Wichtig ist § 7, nach dem die Behandlung von Geschlechtskrankheiten oder auch von Krankheiten oder Leiden der Geschlechtsorgane nur den im deutschen Reiche approbierten Ärzten gestattet ist. (Zum ersten Male Verbot der Laienbehandlung.) Aber auch den Ärzten ist eine Fernbehandlung durch Broschüren verboten.

Im großen und ganzen sollen die praktischen Ärzte die wirksamste Stelle der Behandlung, also auch der Verhütung der Geschlechtskrankheiten werden. Daher kann von verdächtigen Personen ein ärztliches Zeugnis verlangt werden, und nur wenn dies nicht einwandfrei erscheint, kann das Zeugnis eines Facharztes oder der Gesundheitsbehörde angeordnet werden.

Nur in den äußersten Fällen soll eine zwangsweise Behandlung im Krankenhause angeordnet werden; diese Maßnahme ist noch erheblich dadurch eingeschränkt, daß die wesentlichen Behandlungsmethoden nur mit Einwilligung des Kranken zur Anwendung kommen dürfen. Von größter Bedeutung ist die Neufassung des § 180 StrGB., der einen zweiten und dritten Absatz erhält:

„Als Kuppelei gilt insbesondere die Unterhaltung eines Bordells oder eines bordellartigen Betriebes."

Der dritte Absatz: „Wer einer Person, die das 18. Lebensjahr vollendet hat, Wohnung gewährt, wird auf Grund des § 180, 1 nur dann bestraft, *wenn damit* ein Ausbeuten der Person, der die Wohnung gewährt ist, oder ein Anwerben oder ein Anhalten dieser Person zur Unzucht verbunden ist."

Der § 180 lautete bekanntlich früher: Wer gewohnheitsmäßig oder aus Eigennutz durch seine Vermittlung oder durch Gewährung oder Verschaffung von Gelegenheit Vorschub leistet, wird wegen Kuppelei mit Gefängnis bestraft.

Auf Grund dieses Paragraphen konnten früher Prostituierte keine Wohnung finden, während durch die Zusätze heute jedes Bordell und jede Kasernierung verboten, hingegen die stillschweigende Duldung von Wohnung erlaubt ist.

Ebenfalls von Bedeutung ist die Neufassung Nr. 6 des § 361 StrGB.

Die alte Fassung des § 361 Nr. 6 lautete: „Mit Haft bestraft wird eine Weibsperson, welche wegen gewerbsmäßiger Unzucht einer polizeilichen Aufsicht unterstellt ist, den entsprechenden Vorschriften zuwiderhandelt oder ohne Aufsicht unterstellt zu sein, gewerbsmäßige Unzucht betreibt."

Bekanntlich ist die gewerbsmäßige Unzucht jetzt nicht mehr anerkannt, eine Einschreibung in die Polizeilisten findet nicht mehr statt. Statt dessen lautet die neue Fassung: „*Mit Haft wird bestraft, wer öffentlich in einer Sitte oder Anstand verletzenden oder andere belästigenden Weise zur Unzucht auffordert oder sich dazu anbietet.*"

Ein Zusatz § 6a lautet: „Wer gewohnheitsmäßig zum Zwecke des Erwerbes in der Nähe von Kirchen oder Schulen oder anderen zum Besuche von Kindern oder Jugendlichen bestimmten Örtlichkeiten der Unzucht nachgeht, desgleichen in einer Wohnung (nicht Hause!), in der Kinder oder jugendliche Personen zwischen

3 und 18 Jahre wohnen, oder in einer Gemeinde mit weniger als 15000 Einwohnern, für die die oberste Landesbehörde zum Schutze der Jugend oder des öffentlichen Anstandes eine entsprechende Anordnung getroffen hat, wird bestraft." Die wichtige Frage des Verkaufes von Mitteln, welche Geschlechtskrankheiten verhüten können, ist im § 184 Abs. 3a neu geregelt. Handelt es sich doch da um Mittel, welche gleichzeitig geeignet sind, vorbeugend gegen Empfängnis zu wirken. Es lautet daher der § 184:

„Mit Gefängnis wird bestraft, wer ... 3. Gegenstände, die zu unzüchtigem Gebrauche bestimmt sind, an Orten, welche dem Publikum zugängig sind, ausstellt oder solche Gegenstände dem Publikum ankündigt oder anpreist."

Hierzu kommt „3a. Wer in einer die Sitte oder Anstand verletzenden Weise Mittel, Gegenstände oder Verfahren, die zur Verhütung von Geschlechtskrankheiten dienen, öffentlich ankündigt, anpreist oder solche Mittel oder Gegenstände an einem dem Publikum zugänglichen Orte ausstellt."

Verboten sind nicht Aufklärung durch Vorträge, Schrift, Abbildung, Darstellung. Ratschläge über Behandlungen dürfen aber dabei in keiner Weise erteilt werden.

Die Bekämpfung der Geschlechtskrankheiten wird sich also praktisch wie folgt gestalten:

Jeder Geschlechtskranke kann sich den Arzt aussuchen, zu dem er Vertrauen hat, er darf während der Zeit keinen Geschlechtsverkehr pflegen, der Arzt ist verpflichtet, den Kranken über seine Krankheit usw. zu belehren. Der Kranke bleibt bis zur Beendigung der Erkrankung beim Arzte, bekommt von ihm einen Entlassungsschein, er bleibt im übrigen unbehelligt.

Bleibt der Kranke aus der Behandlung ohne Grund trotz Mahnung fort, so muß vom Arzt der zuständigen Gesundheitsbehörde Mitteilung gemacht werden. Diese fordert den Betreffenden nun auf, wieder in ärztliche Behandlung zu gehen, und kann den Unbelehrbaren zwangsweise in ein Krankenhaus einweisen.

Ein Arzt, der eine geschlechtskranke Person weiblichen Geschlechtes behandelt, kann mit *deren Einverständnis* dem Pflegeamt Mitteilung machen, welches unter Umständen dem betreffenden Mädchen durch Vermittlung die Stellung erhalten kann.

Sind der Gesundheitsbehörde Personen glaubhaft gemeldet, daß sie geschlechtskrank sind und die Krankheit weiterverbreiten (und dies trifft insbesondere bei den früheren Prostituierten zu), so kann sie diesen auferlegen, sich von *„dem Arzt der Gesundheitsbehörde"* untersuchen zu lassen. Dieser ordnet dann die weitere Behandlung an. Fügt sich die Person derselben, so wird wiederum nichts weiter veranlaßt, außer daß eine wiederholte Vorlage eines ärztlichen Attestes über den Stand der Sache verlangt wird.

Die Beratungsstellen sind neutrale Einrichtungen ohne jegliche gesetzliche Befugnis. Sie dienen vornehmlich der Fürsorge und Behandlungsvermittlung für bedürftige Geschlechtskranke. Für diese Stellen ist die Kostenfrage eine der wichtigsten. Sie haben ferner im Sinne der Fürsorgestellen die Heimverhältnisse des Erkrankten zu prüfen und auch hier das Erforderliche zu veranlassen. Die Beratungsstelle wird also den zuständigen Kostenträger zur endgültigen Bezahlung heranziehen bzw. die Kranken an die zuständigen Stellen zur Behandlung überweisen (Ärzte der betreffenden Krankenkassen, Wohlfahrtsämter). Niemals darf an der Kostenfrage die vorläufige Behandlung scheitern. Man hat vielfach vorgeschlagen, auf die zahlungspflichtigen Bezirksfürsorgeverbände des Heimatsortes nicht zurückzugreifen, um das Berufsgeheimnis nicht zu gefährden. Dies wird aber dann nur möglich sein, wenn vom Reich in irgendeiner Weise Mittel für diese Fälle zur Verfügung gestellt werden. Das Gesetz macht sehr weitgehende Vorschläge über kostenlose Behandlung, hat aber bisher Mittel nicht zur Verfügung gestellt.

Die Erfassung der Geschlechtskranken ist aber ohne Mitwirkung der Polizeibehörden nicht durchführbar. Diese müssen die verdächtigen Personen in den Lokalen und auf der Straße beobachten und versuchen, in jeder Weise der Gesundheitsbehörde in geeigneter Weise Mitteilung zu machen. In diesem Rahmen wird auch die Anstellung weiblicher Polizei verlangt, welche hauptsächlich die Jugendlichen und wiederum die weiblichen in geeigneter Weise beobachten, der Behandlung und dem *Pflegeamt* zuführen müssen.

In größeren Städten muß die Anstellung von weiblichen Assistentinnen verlangt werden zwecks Untersuchung der weiblichen Jugendlichen. Als Ergänzung des genannten Gesetzes müssen Gefährdetenheime verlangt werden, in denen erstmalig Erkrankte behandelt werden und von da aus dem Beruf zurückgeführt werden können. In Krankenhäusern müssen die „*erstmalig*“ Erkrankten von den Rückfälligen grundsätzlich getrennt werden, da sie von diesen doch alles das Schlechte lernen, was sie bisher noch nicht gewußt haben. Arbeitsscheue, chronisch geschlechtskranke Personen beiderlei Geschlechtes müssen in Landheimen oder anderen öffentlichen Arbeitsstätten zurückgehalten werden. Dazu ist das geplante „Bewahrungsgesetz“ notwendig.

In dem genannten Gesetz sind noch folgende Bestimmungen von Bedeutung:

Will eine geschlechtskranke Person gegen den Rat des Arztes heiraten, so darf dieser den Ehepartner unbeschadet des ärztlichen Berufsgeheimnisses unterrichten.

Weibliche Personen dürfen, wenn sie geschlechtskrank sind, gesunde Kinder nicht stillen; syphilitische Kinder dürfen nicht gesunden Personen zum Stillen übergeben werden. Solche Kinder dürfen auch nicht in Pflege gegeben werden, ohne daß die betreffende Familie davon unterrichtet worden ist.

5. Die Prostitution. Wer gegen Bezahlung oder sonstige Vorteile wechselnden Geschlechtsverkehr treibt, fällt unter den Begriff der Prostituierten. Man kann nur durch einen Begriff die Prostitution ausschalten und das ist — die Liebe. Demnach findet man die Prostitution in allen Gesellschaftsschichten und es ist nicht berechtigt, sie als eine soziale Erscheinung, als *notwendige* Folge der Armut zu bezeichnen. Damit beschimpft man die edelsten Züge der weiblichen Natur, und man verkennt, daß der Zug zur Prostitution sich bei den Frauen aller Gesellschaftsschichten findet. Freilich am krassesten tritt sie bei den Ärmsten in Erscheinung. Vielfach sind die Prostituierten geistig minderwertig. Aufgabe des Jugendschutzes ist es, solche Mädchen Berufen zuzuführen, um sie so von diesem Erwerbe abzubringen.

Ist vielleicht die späte Heiratsmöglichkeit die Ursache der Prostitution? Sicher ist, daß diese sich nach Angebot und Nachfrage regelt. Die Männer, welche die Liebe käuflich erwerben, müssen deshalb im gleichen Sinne als Prostituierte bezeichnet werden. Die Prostitution wird nicht schwinden durch Änderung der wirtschaftlichen Verhältnisse, sondern sich in dem Maße vermindern, als sich die Beziehungen zwischen Männern und Frauen *veredeln*.

Man hat jetzt von einer besonderen *sexuellen Jugendnot* gesprochen, verkennt aber, daß diese weitgehend darauf zurückzuführen ist, daß ganz allgemein auf die Sexualsphäre durch Aufführungen, Kleidung, Abbildungen, Schriften ein übermäßiger Wert gelegt wird (vgl. LINDSEY: Die Revolution der modernen Jugend). Die Tendenz dieses Buches muß abgelehnt werden.

Die Gefahren des Alkoholgenusses und der Geschlechtskrankheiten sucht man durch die Bestrebungen der

6. Hygienischen Volksaufklärung zu beseitigen.

Kann durch Aufklärung und Belehrung eine Einwirkung auf die Gesamtbevölkerung erzielt werden?

Sicher können Gesetze nur den Rahmen schaffen. Vom einzelnen Menschen muß die Gesundheit erstrebt werden.

Einem Recht auf Gesundheit muß die Pflicht zur Gesundheit gegenübergestellt werden (GOTTSTEIN), d. h. keine Forderung ohne Leistung!

Hygienische Volksaufklärung unterscheidet Einwirkung durch Wort, Bild, Schrift.

a) Das Wort ist immer am wirksamsten. Vorträge in großen Volksversammlungen von zweifelhaften Wert.

Besser Serienvorträge in fortlaufenden Kursen vor Interessenten (Vereinen).

Besonders wichtig sind Vorträge in den Oberklassen der Schulen und in Berufsschulen über alle Gebiete, die berührt werden.

Abbildungen sind wirksam als Plakate (Unfallplakate!). Vorträge werden durch Tafeln (am besten bunte) in geringer Zahl wirksam unterstützt. Das stehende Lichtbild und der Film sind gute Mittel, sind aber nur in besonderen Fällen verwendbar. Bei Vorträgen auf dem Lande wirkt oft *ein* drastisches Schema am besten. Besonders wirksam ist: „Malchen, die Unschuld vom Lande" (DOHRN, Hannover), d. h. er ist lehrreich, witzig, unterhaltend.

b) Schriften: Von der Wirkung der Merkblätter verspricht man sich heute nur wenig. Man findet sie häufig am Boden, ungelesen.

Bedeutungsvoll können kurze Merkblätter sein bei Ausbruch von Epidemien, wenn das Interesse wach ist.

Zeitschriften, die sich an einen bestimmten sich erweiternden Leserkreis wenden, sind immer noch am wirksamsten, z. B.: Blätter für Gesundheitspflege. Herausgegeben vom Landesausschuß für hygienische Volksbelehrung, Berlin. Die Volksaufartung, Erbkunde, Eheberatung. Herausgegeben vom Deutschen Bund für Volksaufartung Berlin, Ministerium für Volkswohlfahrt. Die kleinen Gesundheitsbüchlein von DELEITER, Dresden, herausgegeben u. a. m.

c) Die ausgedehnten Aufgaben bedürfen einer Zentrale.

In Preußen: Der Landesausschuß für hygienische Volksbelehrung (Geschäftsführer Dr. BORNSTEIN).

In Sachsen: angegliedert an das Hygienemuseum (Dr. VOGEL).

Für das Reich: Der Reichsausschuß (Prof. Dr. ADAM).

Man ist dazu übergegangen, besondere Wanderlehrer und Wanderlehrerinnen anzustellen, mit gutem Erfolg für Säuglingskurse.

Besonders verdient hat sich gemacht Rektor LORENTZ, Berlin. Er hat gesundheitliche Fragen methodisch behandelt, besonders für die Lehrer in einer Form, daß diese befähigt werden, die so bearbeiteten Themen den Schülern zu vermitteln.

Kann man auch nicht alle Schäden verhüten durch Belehrung, man kann den Vorwurf unwirksam machen: Warum habt ihr uns das nicht gesagt? So sind auch die Jugendschutzbriefe von Pastor HOPPE von der Zentrale für sexuellen Jugendschutz in Stülpe bei Luckenwalde warm zu empfehlen, desgleichen das von der Zentralstelle der katholischen Schulorganisation in Düsseldorf, Reichsstraße 30, herausgegebene Schriftchen „Die Erziehung der Jungen und Mädchen zur sittlichen Reinheit".

So wertvoll verantwortliche Volksbelehrung, so schädlich die Volksverführung. Hierzu gehört jeglicher Schmutz in Wort und Bild und Schrift. Was hierunter zu verstehen ist, kann jedem das eigene Gewissen sagen. Trotzdem hat die Reichsregierung versucht, durch gesetzliche Regelung die Jugend vor der Einwirkung zu schützen. Gesetz zur Bewahrung der Jugend vor Schund- und Schmutzschriften, 18. Dezember 1926, RG. I, S. 505.

Viel darf man sich von dem Gesetz nicht versprechen. Hintertüren werden immer gefunden. Der beste Schutz ist der Selbstschutz, der den Jugendlichen von Vater und Mutter gegeben wird durch eine „weise Erziehung".

„Doch dein Gewissen zeigt den Feind dir an
und eine Stimme ruft in dir: Sei wach." R. REINICK.

7. Kurpfuscher. Gefährlich für die Gesundheit der Bevölkerung ist auch die Tätigkeit der *Kurpfuscher*. Die tiefste Ursache besteht in der Kurierfreiheit, d. h. in Deutschland darf jede Person die Heilkunde ausüben, ja selbst die Chirurgie. Bestrafung erfolgt nur, wenn sich jemand, ohne dazu befugt zu sein, arztähnliche Titel beilegt oder Patienten nachweisbare Gesundheitsstörungen verursacht hat. Der Nachweis ist schwer zu erbringen, nur auf Antrag der Beschädigten.

Ein großer Schaden liegt darin, daß ein Kurpfuscher, der verurteilt ist, sein Gewerbe nach wie vor ausüben kann.

Unter Kurpfuschern versteht man Personen, die, ohne sich im Besitz einer Approbation zu befinden und ohne eine geeignete Ausbildung erhalten zu haben, selbständig die Heilkunde ausüben.

Die Behandlung von Geschlechtskrankheiten und von krankhaften Veränderungen der Geschlechtsorgane ist den Kurpfuschern durch das Gesetz zur Bekämpfung der Geschlechtskrankheiten verboten.

Im übrigen behandeln diese aber alle Leiden mit allen kaum glaublichen Methoden. Eine besondere Rolle spielen magnetische Kräfte, also Behandlung durch Handauflegen usw. Sehr verbreitet ist die Behandlung mittels Homöopathie und durch Biochemie.

Solange keine ernstlichen Krankheiten vorliegen (Tuberkulose usw.) schaden diese Mittel wenig oder gar nicht.

Die große Gefahr bei der Behandlung durch Kurpfuscher besteht darin, daß *die Erkennung des Leidens nicht erfolgt.* So können gefährliche Krankheiten z. B., des Herzens, der Nieren usw., so lange verschleppt werden, daß eine Hilfe kaum mehr möglich ist.

Die Kurpfuscher behaupten, durch *Augendiagnose* die Krankheiten erkennen zu können. Diese besteht angeblich darin, daß auf der Regenbogenhaut sich die Organe des Körpers spiegeln und Trübungen eintreten, wenn das betreffende Organ krank sein soll. Bei aller Erkenntnis der Grenzen der Medizin darf gesagt werden, daß es sich hierbei um Schwindel, und zwar um bewußten Schwindel handelt. Die Regenbogenhaut ist ein untergeordnetes Organ des Körpers; es hieße die Allmacht des Schöpfers oder die Wunderleistung der Natur sehr gering einschätzen, zu glauben, daß man an diesem Organ, nur *weil man es sehen kann* und nichts gelernt zu haben braucht, die Krankheiten der einzelnen Organe ablesen könnte. Die Augen sind die Spiegel der Seele, man kann sehen, ob Fieber besteht an dem matten Blick und ob der Tod eingetreten ist an dem Erlöschen des Glanzes. Leider glauben recht viele Menschen an Dinge, die sie nicht beurteilen können, anstatt sich zu informieren.

XII. Der Eintritt in den Beruf (bis 40 Jahre).

Normalerweise soll der Jugendliche nach Abschluß der Lehrzeit eine Stellung erhalten, in der er eine Verdienstmöglichkeit findet, um sich ein Heim zu gründen und die Ehe einzugehen.

Die wirtschaftliche Lage bringt es mit sich, daß viele Jugendliche, die ihre Lehrzeit beendet haben, keine Anstellung finden, also vor Eintritt in die Wirtschaftsgemeinschaft von dieser ausgestoßen werden.

Vielfach wird diese Erwerbslosigkeit als Grund für die ungesunde wirtschaftliche Struktur angesehen und auf diese wiederum die Lehre von der Kleinhaltung der Familie und die Einschränkung der Kinderzahl gegründet. Man bedenkt nicht, daß die Auflösung des stehenden Heeres, der aktiven Marine, die damit verknüpfte Auflösung der mit ihnen verbundenen Betriebe fast 1 Million aus der Wirtschaftsstruktur herausgelöst hat.

Ferner wird nicht bedacht, daß die unrentable Last durch das Dawesgutachten 2,2 Milliarden jährlich beträgt, eine Summe, die unsere Wirtschaft zu einem Leerlauf bis zu diesem Betrag zwingt.

Berücksichtigt man dies und bedenkt man, daß die Erwerbslosigkeit auch in England und Schweden erheblich ist, was auf eine Weltwirtschaftsstörung hinweist infolge des geknebelten Produktenkreislaufes, so erkennt man, daß es sich um so schwerwiegende Wirtschaftskrankheiten handelt, daß die sichtbaren Erscheinungen nicht verwunderlich sind. Erstaunlich ist nur, daß man die Krankheiten der Wirtschaft nicht durch Maßnahmen innerhalb der Wirtschaft zu ändern sucht, sondern durch Abdrosselung des keimenden Lebens, wie wenn der Arzt eine „*Krankheit*“ heilen wollte durch *Tötung* des betreffenden Menschen, und dazu hätte er noch mehr Recht, da es sich doch um sein eigenes Gebiet handelt.

Würden die Jugendlichen zum Heeresdienst eingezogen, dann würden nicht so viele ältere Arbeiter vorzeitig aus dem Arbeitsprozeß ausgeschaltet werden, was jetzt selbstverständlich ist, da die jugendliche Konkurrenz nachdrängt.

Würden nicht so viel ledige Frauen Berufe ergreifen, nicht so viele verheiratete Frauen ebenfalls beruflich tätig sein, so würden zweifellos viel mehr Stellen für männliche Anwärter frei werden, die Heiratsziffern würden steigen und damit die unerwünschten Folgen der Ehelosigkeit sich verringern.

Ein Frauenüberschuß von x % könnte dadurch behoben werden, daß x Frauen, die im Erwerbe stehen, aus diesem ausscheiden würden, dafür Männer eintreten und diese heiraten.

Der wahre Grund für die Berufstätigkeit der Frau innerhalb und außerhalb der Ehe sind zu einem nicht kleinen Teil die gesteigerten Ansprüche an das Leben, die in einer merkwürdigen Parallele mit der allgemeinen Teuerung laufen.

Das Verhältnis der weiblichen zur männlichen Bevölkerung betrug:

1816	49,60 %	und	50,40 %	1923	48,36 %	zu	51,46 %
1910	49,45 %	und	50,55 %	1924	48,48 %	„	51,52 %
1921	48,10 %	zu	51,90 %	1925	48,54 %	„	51,46 %
1922	48,23 %	„	51,77 %	1926	48,60 %	„	51,40 %

Während des Krieges bestand ein erheblicher Frauenüberschuß bis zu 56,26 %. Der Frauenüberschuß zeigt jetzt eine *abnehmende* Tendenz, sicherlich, bei aller Einschränkung, eine bevölkerungspolitisch erfreuliche Tatsache.

Entscheidender ist die Altersbesetzung während des eigentlichen Heiratsalters.

Jahresgruppen	1913		1924	
	m.	w.	m.	w.
15—20	2063648	2041364	1997811	1969893
20—25	1814119	1832766	1854768	1882448
25—30	1570086	1554903	1430360	1730695
30—40	2888109	2882067	2500476	2933986

Das Mißverhältnis ist besonders deutlich, wenn man die Jahresklasse der Männer der nächst niederen der Frauen gegenüberstellt!

Diese feststellbare, immerhin erhebliche Verschiedenheit in dem Verhältnis männlich zu weiblich in den Jahren 1913 : 1924 kann immerhin die verschlechterten Heiratsaussichten auch bei annähernd gleichen Eheziffern begründen.

Ferner hat sich eine immerhin bemerkbare Verschiebung des Heiratsalters feststellen lassen.

Der Anteil der Eheschließungen der Frauen *über 30 Jahre* an den Gesamteheschließungen betrug in Preußen:

1912	13,9 %
1913	15,18 %
1925	19,11 %

Es wird ferner geltend gemacht, daß viele junge Kriegerwitwen, wohl weil sie einen eigenen Hausstand haben, sich wiederum verheiraten und dadurch ungünstig auf die Zahl der unverheirateten Frauen einwirken.

Von 297 237 Eheschließungen in Preußen 1925 überhaupt entfielen

15 368	auf	verwitwete Frauen
9 820	auf	geschiedene „

Im ganzen heirateten 26 224 Witwer und 15 368 Witwen im Jahre 1925 wieder.

Auch aus eugenischen Gründen ist das späte Heiratsalter als durchaus unerwünscht zu bezeichnen. Die Eheschließungen haben relativ nur wenig und absolut kaum abgenommen. Betrug doch die absolute Ziffer 1926 in Preußen 300 804, 1901: 288 567.

Die wichtigste Erscheinung ist die abnorme Zunahme der *Ehescheidungen*, welche von 6924 Fällen 1905, auf 22 721 1925 in Preußen angestiegen sind (21 789 1926), d. h. 1905 wurde rund jede 43.; 1925 jede 13. Ehe geschieden.

Zweifellos hat die Zunahme der Ehescheidungen ihren Grund in der allgemeinen Lockerung der traditionellen Grundlage.

Gemeinschaftliche Kinder waren aber und sind heute kein absolutes Bindeglied für die Ehe.

1905 waren in 58,5 % d. geschiedenen Ehen gemeinsame Kinder vorhanden
1925 „ „ 52,9 % „ „ „ „ „ „

Das Schuldverhältnis Mann : Frau ist ebenfalls fast unverändert geblieben.

1905 betrug es in Preußen 64,5 m. : 35,5 w.
1925 „ „ „ „ 64,1 „ : 35,9 „

Hierbei ist zu berücksichtigen, daß die absoluten Zahlen bei gleichbleibenden Prozentzahlen 1925 ca. $3^1/_2$mal so hoch sind.

Besonders auffallend ist die starke Zunahme der Verletzung der ehelichen Pflichten bei den Frauen.

1905 betrug dies Verhältnis 28,1 männliche : 6,8 weibliche, 1926 34,5 männliche : 15,0 weibliche.

Hier scheint die Emanzipation der Frau die eigentliche Ursache zu sein.

Die Angriffe auf die Einrichtung der Ehe werden häufig durch die Zunahme der Ehescheidungen begründet. Dies ist durchaus verkehrt. Reformen in den Beziehungen zwischen Mann und Frau sind zweifellos erforderlich, aber nicht dadurch, daß die Ehe als solche, wie es in Rußland geschieht und in den Vereinigten Staaten beabsichtigt wird, aufgelöst wird.

Die Lockerungen der Ehebeziehungen durch Eheschließungen auf Zeit oder dadurch, daß Beziehungen zwischen Mann und Frau ohne Abschluß der Ehe staatlich anerkannt werden, sind abzulehnen, da der Sinn der Ehe „*die Aufzucht der Kinder*“ ist und diese durch Lockerungen der Ehebeziehungen einem ungewissen Schicksal preisgegeben werden. Faßt man die Ehe so auf, so müssen alle Bestrebungen, die Ehe durch künstliche Kleinhaltung der Familie zu einer Kameradschaftsehe zu gestalten, als abwegig befunden werden, denn eine Ehe kann nie ihren wahren Sinn erfüllen, wenn sie nicht erfüllt wird vom Willen zum Kinde. Mehr als bisher müssen Mann und Frau die Lasten, die die Familie mit sich bringt, gemeinsam tragen, indem vornehmlich der Mann sich auch an der Kinderpflege und Hauswirtschaft, soweit es seine freie Zeit gestattet, beteiligt. Das ist die richtige kameradschaftliche Ehe! Den jungen Menschen muß der Sinn für die Verantwortung bei der Eheschließung geschärft werden, d. h. sie sollen die Ehe schließen nicht nach geldlichen und beruflichen Rücksichten, sondern nur aus Liebe, dann sind die eugenischen Rücksichten am besten gesichert. Man soll aber alles vermeiden, was die jungen Paare von der Ehe zurückschreckt, weil dadurch die *unehelichen* Beziehungen mit allen unerwünschten Folgen vermehrt werden.

1. Die Eheberatungsstellen sind von Einfluß. Diese sollen laut Ministerialerlaß vom 19. Februar 1926 auf Grund der Beschlüsse des Landesgesundheitsrates vom 18. Juli 1925, ergänzt durch Ministerialerlaß vom 13. September 1926, in den Städten und Landbezirken eingerichtet werden.

„Gehe nicht blind in die Ehe.“ Dieses Plakat der Eheberatungsstelle in Dresden ist recht eindrucksvoll.

„Heirate aus Liebe.“ Dieses Plakat wäre ebenso wichtig.

Das vom Reichsgesundheitsamte entworfene Merkblatt für Eheschließende sollen alle Standesbeamten laut § 45 Absatz 5 des Personenstandsgesetzes den Verlobten vor Anordnung des Aufgebots aushändigen. Dann kommt dieses — *an und für sich vorzügliche* — Merkblatt zu spät. Es muß in den Oberklassen der höheren Schulen und in den Berufsschulen eingehend besprochen werden.

Leider erfüllen die Eheberatungsstellen noch nicht den beabsichtigten Zweck. Erstens ist die Zahl der Besucher sehr gering, zweitens kommen mehr „*Ehe*leute“ als *Braut*leute, und diese suchen häufig Rat, wie Kindereinschränkung erfolgen könne, ja nicht selten wünschen sie die Ermächtigung zur Beseitigung der Schwangerschaft. Erfreulich ist es, wenn Eheleute wegen Schwierigkeiten auf dem Gebiete der geschlechtlichen Beziehungen an sich die Eheberatungsstelle aufsuchen. In diesen Fällen kann viel geholfen werden. Leider hängt der ganze Erfolg der Eheberatungsstellen von der Persönlichkeit ab.

Leitsätze für Eheberatungsstellen. Die Leitsätze, die der bekannte Sozialhygieniker Prof. GROTJAHN auf der „Tagung der Vereinigung öffentlicher Eheberatungsstellen“ in Leipzig, September 1928 aufgestellt hat, sollten allen Eheberatungsstellen als Richtlinien dienen:

1. Ärzte, die an kommunalen oder aus öffentlichen Mitteln der Länder, Gemeinden und Versicherungsträger unterstützten Eheberatungsstellen tätig sind, müssen sich stets der Tatsache bewußt bleiben, daß die bisherige Volksvermehrung in Deutschland einem Bevölkerungsstillstand Platz gemacht hat, der binnen kurzem in einen Bevölkerungs*schwund* überzugehen droht.

2. Die Zahl der Lebendgeburten ist in Deutschland in den letzten 50 Jahren von 42 auf 18,3 auf das Tausend der Bevölkerung gesunken, also noch unter 20, eine Zahl, die bei normaler Altersklassenbesetzung nicht dauernd unterschritten werden darf, wenn auch nur der Bevölkerungs*bestand* erhalten bleiben soll.

3. Da die Geburtenziffer noch nicht zum Stehen gekommen, sondern bisher von Jahr zu Jahr gesunken ist, kann mit Sicherheit angenommen werden, daß sie *noch weiter* sinkt, zumal die Großstädte bereits nur noch 14, Berlin gar nur noch 11 Lebendgeburten auf das Tausend zählen, und erfahrungsgemäß die Bevölkerung der Mittel- und Kleinstädte sowie des Landes diesem Beispiel zu folgen pflegt.

4. Ob das Wachsen unserer Bevölkerung wünschenswert ist oder nicht, mag Gegenstand des Streites sein. Einstimmigkeit wird aber darüber herrschen, daß sie nicht *abnehmen* darf, namentlich nicht in einem Industrielande, das auf eine gewisse Dichte der Bevölkerung angewiesen ist, wenn es nicht gezwungen sein will, Ausländer niederer Kulturstufe und geringerer Lebensansprüche als Lohndrücker ins Land zu ziehen.

5. Der Geburtenrückgang ist größtenteils auf die Verbreitung der geburtenverhütenden Mittel zurückzuführen.

6. Die Rücksicht auf die *Bestands*erhaltung der Bevölkerung macht es den Eheberatern zur Pflicht, die Neigung der Ehepaare zur Anwendung geburtenverhütender Mittel an *unrechter Stelle* und in *übertriebenem* Ausmaße hintanzuhalten.

7. Die Fälle, in denen den ärztlichen Eheberatern die Benutzung von empfängnisverhütenden Pessaren dringend angezeigt erscheint, sollen den praktischen Ärzten zur *Verordnung, Einlegung und Kontrolle zugewiesen werden, da diese Obliegenheiten nicht zu den Aufgaben der kommunalen oder mit öffentlichen Mitteln unterstützten Eheberatungsstellen gehören.*

Damit ist die Abgabe von empfängnisverhütenden Mitteln durch die Eheberatungsstellen als dem Zweck dieser Stellen nicht entsprechend abgelehnt worden.

Manche Arbeit dieser Stellen muß durch Belehrung in den Schulen vorweggenommen werden, insbesondere muß die Jugend über mißverstandene Befürchtungen, die aus der Vererbungslehre und der Eugenik entstehen, aufgeklärt werden.

Viele Leute fassen die Lehren der Eugenik dahin auf, daß die Verantwortung, Kinder zu erzeugen, wegen möglicher Nieten so groß ist, daß man sich der Kindererzeugung überhaupt enthalten solle. Jeder bedenke, daß die Lehren der Eugenik zu leicht durch die Anwendung von Vorbeugungsmitteln beantwortet werden. Dann schalten sich aber die erbbiologisch Tüchtigen von der Fortpflanzung aus, die weniger Verantwortlichen pflanzen sich fort, die Verschlechterung der Substanz des Gesamtvolkes nimmt zu durch falsch verstandene Befolgung der Regeln der Eugenik.

Von der Vererbung wissen wir gerade so viel, daß zwei Eheschließende, wenn sie sich aus Liebe heiraten und die Gesetze der Vernunft beachten, kaum vom rechten Wege abweichen werden. Sind beide *ehrlich* bei der Wahl des Partners, so ist dies die beste Sicherung für eine richtige Ehe. Wollte man dann erst beide Stammbäume zurückverfolgen, wie viele würden dann schaudernd vor der großen Unbekannten den Mut zu einem Entschluß nicht finden. Nicht jeder Baum trägt Früchte. Der Baum ist der beste, bei dem aus möglichst vielen Blüten möglichst viele gute Früchte entstehen. Auch der Laie weiß, in welchen Fällen es sich um schwere Belastung handelt, und wenn *dann* die Liebe stärker ist als die Vernunft, so haben die Eltern, ja hat der Staat mahnend Einspruch zu erheben.

Erfreulich ist es, wenn in solchen Zweifelsfällen die Eheberatungsstellen *vor* dem Standesbeamten aufgesucht werden. Aber wenige Fälle sind es im Vergleich zu den unendlich vielen, die von selbst den richtigen Partner finden würden, wenn sie frei von unstatthaften Vorurteilen und Streben nach Vorteilen ihn sich suchen würden.

2. Die Eugenik scheint mir nachdrücklichst als *die* Lehre bezeichnet werden zu müssen, daß *gesunde* Eltern *die Pflicht* haben, *gesunden* Kindern das Leben zu schenken. Eindringlich muß der Jugend das Verbrechen am Leben vorgestellt werden, wenn ein gesunder Mensch sich durch Alkoholexzesse zugrunde richtet oder durch Erwerb von einer Geschlechtskrankheit entweder unfähig wird, sich fortzupflanzen oder nur mehr imstande ist, minderwertigen Kindern das Leben zu schenken. Also durch Bejahung des Lebens verbessere man die Substanz des Volkes und nicht durch Verstümmelung desselben.

3. Die Sterilisierung kommt praktisch nur dann in Frage, wenn aus gesundheitlichen Rücksichten die Einleitung einer Fehlgeburt erforderlich wurde und eine weitere Schwangerschaft dieselbe Maßnahme erfordern würde. Die Einwilligung zur Sterilisierung ist ein Maßstab für die Schwangerschaftsunterbrechung sowohl für den Arzt als auch für den Patienten. Die freiwillige Sterilisierung aus Bequemlichkeitsrücksichten wird selbst von einem so eifrigen Verfechter wie BÖTERS (Lex Zwickau) als ein strafwürdiges Verbrechen bezeichnet.

Ob in Einzelfällen von Schwachsinn, unheilbaren Geisteskrankheiten und anderen sicher vererbbaren Krankheiten die Sterilisierung als eine Hilfsmaßnahme der Asylierung auf Grund der Gesetzgebung in Frage kommt, und zwar in welchem Umfange, wird späteren Zeiten überlassen bleiben müssen.

4. Die Sozialversicherung ist für dieses Lebensalter am bedeutungsvollsten. Ihren Bestimmungen ist jeder Arbeitnehmer unterworfen. Viele Selbständige können von ihr als einem Recht Gebrauch machen. In diesen Jahren der besten Arbeitsfähigkeit muß die Anwartschaft für Leistungen errungen werden, die nach dem Gesetz den Versicherten zustehen. Die Reichsversicherungsordnung ist erstmalig als zusammenfassendes Gesetz am *19. Juli 1911* in Kraft getreten. Sie ist in gewisser Hinsicht ergänzt worden durch das *Angestelltenversicherungsgesetz, das am 1. Januar 1913* in Kraft getreten ist.

Kaum ein Gesetz erfreut sich weniger Beliebtheit bei den Studierenden als dieses und bei keinem sind die Kenntnisse so wichtig, weil die Bestimmungen nicht einfach sind und viele Rechte durch Unkenntnis verlorengehen können.

Die Reichsversicherungsordnung behandelt
im ersten Buch: gemeinsame Vorschriften,
im zweiten Buch: die Krankenversicherung,
im dritten Buch: die Unfallversicherung,
im vierten Buch: die Invalidenversicherung,
im fünften Buch: die Beziehungen der Versicherungsträger zueinander,
im sechsten Buch: das Verfahren.

Gemeinsame Behörden für alle Zweige der Versicherung konnten aus den verschiedensten Gründen nicht geschaffen werden. Die Reichsversicherungsordnung stellt auch jetzt kein abgeschlossenes Gebilde dar. Sie ist in den letzten Jahren ergänzt worden durch die Knappschaftskrankenversicherung, durch das

Arbeitslosenversicherungsgesetz, durch die Versicherung der Seeleute.

Dadurch, daß vielfach dieselben Behörden, vor allen im Ermittlungs- und Streitverfahren geschaffen sind (durch das fünfte und sechste Buch der Reichsversicherungsordnung), ist eine vorläufige weitgehende Vereinfachung erzielt worden.

a) Die Unfallversicherung zeigt die klarsten Verhältnisse. Durch *das Haftpflichtgesetz vom 7. Juni 1872* ist allgemein dem Verunglückten ein Schadenersatzanspruch zugebilligt worden.

Die „*Arbeitgeber*" schlossen sich zum Selbstschutz in „*Berufsgenossenschaften*" zusammen, die nach Berufszweigen und geographischer Lage gegliedert sind. Die gewerblichen Berufsgenossenschaften umfassen die Betriebe der Gewerbezweige, die landwirtschaftlichen alle Berufszweige, für die sie errichtet sind. Die Knappschaftsberufsgenossenschaft, die Seeberufsgenossenschaft erstrecken sich über das ganze Reich.

Die Aufbringung der Mittel erfolgt lediglich von den „*Unternehmern*" auf dem Wege des Umlageverfahrens, wobei die Gefährlichkeit der Betriebe berücksichtigt wird. Mitglied der Berufsgenossenschaft ist kraft des Gesetzes *jeder* „*Unternehmer*", dessen Betrieb zu den ihm zugewiesenen Gewerbszweigen gehört.

Die Berufsgenossenschaften stehen unter Aufsicht des „*Reichsversicherungsamtes*", in den einzelnen Ländern unter Aufsicht *der Landesversicherungsämter* (nicht Landesversicherungs„anstalt"). Diese haben die Aufsicht über alle Berufsgenossenschaften, die sich nicht über den Bereich des Landes erstrecken.

Die Berufsgenossenschaften haben *Unfallverhütungsvorschriften* zu erlassen, welche vom Reichsversicherungsamt genehmigt werden und durch „*technische Aufsichtsbeamte*" (nicht Gewerberäte) unter Androhung von Strafen im Falle der Übertretung der Vorschriften kontrolliert werden.

Der Unternehmer haftet zivilrechtlich dem Verletzten und der Genossenschaft für Schäden, die entstanden sind durch Außerachtlassung der Unfallverhütungsvorschriften.

Die Industrie hat sich mit Lieferung von Maschinen befaßt, die durch angebrachte Schutzvorrichtungen weitgehend geeignet sind, Unfälle zu verhüten. Warum? Weil durch solche Maschinen die Zahl der Unfälle herabgesetzt, die Umlagen verringert werden, lohnen sich die erhöhten Anschaffungskosten.

Polizeiverordnungen hätten diese großartigen Einrichtungen niemals durchsetzen können.

Eine Leistung der Berufsgenossenschaft tritt ein, wenn sich ein „*Unfall*" ereignet hat, d. h. eine Schädigung des Arbeitnehmers vorübergehender oder dauernder Art in Verbindung mit dem Betriebe. *Die erste Leistung* sind die *Heilmaßnahmen, die zweite die Entschädigungen*. Diese kommen nur so weit in Betracht, als die ersten versagt haben. Für die Berufsgenossenschaft ist es daher von größter Wichtigkeit, den Geschädigten wieder voll arbeitsfähig zu machen. Die Arbeiter haben leider oft ein Interesse daran, einen zurückbleibenden Schaden stark zu unterstreichen.

Arbeit„nehmer" sind in den Berufsgenossenschaften und den Vorständen nicht zu finden, da es sich ja um Genossenschaften handelt, deren Mitglieder Unternehmer sein müssen.

Die Arbeitnehmer sind in diesen Kreis eingeschaltet durch

α) das „Betriebsrätegesetz" vom 4. Februar 1920. Der Betriebsrat wird nur aus Arbeitern gewählt und bildet so eine reine Gegenvertretung gegen die Berufsgenossenschaften.

Nach § 66, 8 hat der Betriebsrat auf die Bekämpfung der Unfall- und Gesundheitsgefahren zu achten, die Gewerbeaufsichtsbeamten und die sonst in Betracht kommenden Stellen bei dieser Bekämpfung durch Rat und Auskunft zu unterstützen, sowie auf die Durchführung der gewerbepolizeilichen Bestimmungen und Unfallverhütungsvorschriften hinzuwirken.

Nach § 77 ist ein vom Betriebsrat bestimmtes Mitglied bei Unfalluntersuchungen, die vom Arbeitgeber, dem Gewerbeaufsichtsbeamten oder sonst in Betracht kommenden Stellen im Betriebe vorgenommen werden, zuzuziehen.

Jeder Unfall ist sofort vom Betriebsunternehmer an die Ortspolizeibehörde anzuzeigen.

Hier greift das dritte Gesetz ein.

β) Die Reichsgewerbeordnung vom 21. Juni 1869 in der Fassung vom 26. September 1900, später noch mehrmals abgeändert. § 120a, ist die polizeiliche Grundlage der gesamten Gewerbehygiene. Die Unternehmer sind verpflichtet, die Arbeitsräume, Betriebsvorrichtungen, Maschinen und Gerätschaften so einzurichten und zu unterhalten, den Betrieb so zu regeln, daß die Arbeiter gegen Gefahren für Leben und Gesundheit *so weit geschützt sind, wie es die Natur des Betriebes gestattet.*

Nach § 120d ist die Ortspolizeibehörde befugt, im Wege der Verfügung für einzelne Anlagen die Ausführung derjenigen Maßnahmen anzuordnen, welche ... erforderlich sind und ... *ausführbar erscheinen.*

Die Gewerbeaufsichtsbeamten, Gewerberäte, sind Staatsbeamte zur technischen Beaufsichtigung der Betriebe.

Die Kreisärzte haben in beschränktem Umfange Befugnisse zur gesundheitlichen Überwachung der Betriebe im Einvernehmen mit den Gewerberäten.

In Preußen sind seit 1921 8 Gewerbemedizinalräte angestellt, mit Sitz bei den Regierungspräsidenten. Sie gelten als Gewerbeaufsichtsbeamte im Sinne der Reichsgewerbeordnung, sollen aber auch im Einvernehmen mit den Gewerberäten ihre Besichtigungen vornehmen. Ihnen obliegt naturgemäß die gesundheitliche Beaufsichtigung der Betriebe.

Hat sich ein Unfall ereignet, so hat der Unternehmer ein Interesse, festzustellen, ob der Betriebsschutz ausreichend war, um sich zu entlasten. Die Berufsgenossenschaft hat ein Interesse an der objektiven Feststellung, desgleichen die Ortspolizeibehörde. Der Unternehmer hat innerhalb 3 Tagen eine Unfallanzeige an die Ortspolizeibehörde zu senden.

Die Berufsgenossenschaften nehmen Unfälle, die über 8 Wochen dauern (früher 14 Wochen), in Heilbehandlung (chirurgisch-orthopädische Institute). Ist die Krankenkasse bis 26 Wochen verpflichtet, dann zieht die Berufsgenossenschaft bis zum Ablauf der 26. Woche die für Krankenbehandlung verausgabten Kosten von der Krankenkasse ein, Hausgeld an die Familie geht zu Lasten der Berufsgenossenschaft. Es liegt natürlich nichts im Wege, daß die Berufsgenossenschaft schon vor der 8. Woche die Heilbehandlung übernimmt, ist aber der Unfall dann vor der 8. Woche erledigt, so muß die Berufsgenossenschaft die vollen Kosten tragen, falls die Krankenkasse mit der Einweisung nicht einverstanden war.

Die zweite Maßnahme ist die Festsetzung der Teil- oder Vollrente. Als Vollrente wird $^2/_3$ des Jahresarbeitsverdienstes gewährt, d. h. betrug das Jahresarbeitsverdienst 2400 *RM*, so erhält ein Arbeiter, der 100 % erwerbsgeschädigt ist, 1600 *RM* jährlich oder 133,30 *RM* monatlich.

Ein solcher Betrag kann sich auf das volle Arbeitsverdienst, also 2400 *RM* jährlich oder 200 *RM* monatlich erhöhen, wenn der Verletzte nicht nur völlig erwerbsunfähig, sondern *hilflos*, d. h. fremder Pflege und Wartung bedürftig ist (beiderseitige Erblindung, Beinlähmung usw.).

Von dieser Rente (Vollrente) wird der Betrag als Teilrente bezahlt, der ärztlich in Prozenten der Erwerbsbeschränkung festgestellt, von der Berufsgenossenschaft anerkannt ist. Ist z. B. ein Arbeiter um $66^2/_3$ erwerbsbeschränkt, d. h. invalide im Sinne der Invalidenversicherung, so erhält er $^2/_3$ von 1600 = 1066,60 oder 88,80 *RM* monatlich.

Beträgt die Unfallrente über 50 %, so kommt 10 % für jedes eheliche Kind unter 15 Jahren bzw. für die Dauer der Berufsausbildung hinzu, in dem obigen Falle also 8,80 *RM* monatlich.

Die Angehörigenrente, die die Familie während der Heilbehandlung des Familienvaters erhält, gleicht in der Höhe derjenigen, die nach dem Tode des Ernährers ausgezahlt würde, d. h. $^1/_5$ des Jahresarbeitsverdienstes für die Frau, $^1/_5$ für jedes Kind bis zum vollendeten 15. Lebensjahre, aber nicht über $^3/_5$, d. h. im obigen Falle $^3/_5$ von 2400 = 120 *RM* monatlich, nicht ganz 30 *RM* wöchentlich. Hauspflege kann mit Zustimmung des Verletzten die Genossenschaft gewähren, wenn das Verbleiben des Verletzten im Hause erforderlich oder die Überführung in eine Heilanstalt geboten, aber nicht durchführbar ist.

Von dieser Möglichkeit wird die Berufsgenossenschaft in den seltensten Fällen Gebrauch machen, da die sicherste Behandlung bei Unfallverletzten in der Klinik stattfindet.

Bei Tötung des Verletzten wird gewährt:

1. ein Sterbegeld, gleich $^1/_{15}$ des Jahresarbeitsverdienstes, im obigen Falle = 160 RM, mindestens 50 RM. Hiervon wird zuerst die Bestattung bezahlt und der Überschuß an die Bezugsberechtigten entrichtet.

2. Witwenrente erhält jede Witwe = $^1/_5$ des Jahresarbeitsverdienstes, im obigen Falle 480 RM jährlich oder 40 RM monatlich.

Bei Wiederverheiratung wird eine Abfindung in Höhe von $^3/_5$ gezahlt, z. B. 1440 RM.

Die Witwenrente wird auf $^2/_5$ erhöht, *wenn die Witwe mehr als 50 % erwerbsbeschränkt ist,* also z. B. auf 80 RM monatlich. Dies muß durch ärztliches (kreisärztliches) Gutachten festgestellt werden. Für die Kinder wird wie gesagt ein weiteres Fünftel gewährt, aber nur bis zu $^3/_5$, d. h. z. B. 120 RM monatlich, und wenn die Mutter über 50 % erwerbsbeschränkt ist, $^4/_5$, das sind z. B. 160 RM monatlich. Diese Zahlen müssen die örtlichen Fürsorgeorgane immer ausrechnen, weil sich nach ihnen das Eingreifen der örtlichen Fürsorgeorgane richtet.

Auch der Witwer, der von der Getöteten vorwiegend unterhalten wurde, erhält die obengenannten Bezüge.

Sind beide Eltern gestorben, so erhöht sich die Rente für jedes Kind auf $^1/_3$, d. h. z. B. auf 800 RM jährlich oder 66,60 RM monatlich.

Eine „*Kapitalabfindung*“ kann, und dies ist sehr wichtig, erfolgen, *auch ohne Einwilligung* des Geschädigten bei Renten „*unter 10 %*“. Eine Kapitalabfindung *kann* mit Einwilligung des Geschädigten stattfinden bei Renten „*von 10—25 %*“. Eine Rente für verletzte Jugendliche richtet sich zunächst nach der Altersstufe, auf der der Unfall erlitten wurde. Bei Aufsteigen in eine höhere Altersstufe ist die Rente entsprechend zu erhöhen. Obwohl die Unfallversicherung grundsätzlich nur Arbeitnehmer umfaßt, kann durch Satzungen die Versicherungspflicht ausgedehnt werden auf Betriebsunternehmer und Hausgewerbetreibende, die Unternehmer eines gewerblichen Betriebes sind.

γ) Der Begriff des Unfalls als eine *plötzliche* Schädigung hat sich gewandelt, am auffallendsten durch die *Verordnung vom 12. Mai 1925*, durch die auf Grund des § 547 RVO. die Bestimmungen der Unfallversicherung auch auf *gewerbliche* Berufskrankheiten ausgedehnt wurden. Als Unfälle werden gewertet: gewerbliche Berufskrankheiten durch Blei, Phosphor, Quecksilber, Arsen, Benzol, Schwefelkohlenstoff, Ruß, Teer, Paraffin in Form des Hautkrebses, grauer Star bei Glasmachern, Erkrankungen durch Röntgenstrahlungen, ferner Wurmkrankheiten der Bergleute und Schneeberger Lungenkrankheit (Erzbau).

Die Unfallversicherung ist an sich als einwandfrei zu bezeichnen, ihre Nachteile beruhen in den Schwächen der menschlichen Natur, die wichtigste ist die *Rentenhysterie.*

Nach der jetzt geltenden Rechtsprechung wird der hysterische Anteil nach Unfallschäden nicht bei der Prozentberechnung bewertet, weil diese Veranlagung schon „*vor*" dem Unfall bestanden hat und es unbillig wäre, diesen Leuten eine erhöhte Rente zu gewähren, während nervengesunde in gleichem Maße Unfallgeschädigte eine entsprechend geringere Rente erhielten.

Auf ganz anderen Grundsätzen beruht die

b) Krankenversicherung. Bei der Unfallversicherung trägt der Unternehmer das Risiko. Der Unfall muß immer mit dem Betriebe zusammenhängen, wenn der Unternehmer bzw. die Berufsgenossenschaft haften soll. Die Form des Schutzes ist die Berufsgenossenschaft, in der nur die Unternehmer vertreten sind.

α) *Versicherungsträger.* Die *Krankenversicherung* entschädigt *jede Krankheit* eines versicherungspflichtigen Mitgliedes. Das Risiko wird daher zu $^2/_3$ für den Arbeitnehmer und $^1/_3$ für den Unternehmer geschätzt. So sind auch die Beitragsleistungen verteilt und entsprechend diesen besteht der Vorstand der Krankenkassen zu $^2/_3$ aus Arbeitnehmern, $^1/_3$ aus Arbeitgebern. Der Ausschuß wird von den Arbeitgebern und den Versicherten nach den Grundsätzen der Verhältniswahl gewählt. Der Vorstand wird von dem Ausschuß gewählt. Der Vorstand stellt die Kassenangestellten an. Daher die gänzlich andere (politische) Einstellung der großen Krankenkassen (§ 327, 335). Es gibt Orts-, Land-, Betriebs- und Innungskrankenkassen.

Eine Orts- und Landkrankenkasse darf in einem Kreise nur zu gleicher Zeit eingerichtet werden, wenn eine Mindestziffer von 1000 Mitgliedern gesichert ist.

Besondere Ortskrankenkasen und für einzelne Gewerbe- oder Betriebsarten besondere Kassen sind nur zulässig, wenn sie bestimmten Bedingungen entsprechen und den Bestand der allgemeinen Orts- bzw. Landkrankenkassen nicht gefährden (§ 239).

Besondere Betriebskrankenkassen können von dem Arbeitgeber errichtet werden unter Zustimmung des Betriebsrates und werden unter bestimmten Bedingungen zugelassen (§ 245). Das gleiche gilt für die Einrichtung einer Innungskrankenkasse. Die Leistungen müssen gleichwertig sein.

Bei der Betriebskrankenkasse führt immer der *Arbeitgeber* den Vorsitz. Auf ihn entfällt die Hälfte der Stimmen!

Bei den Innungskrankenkassen wird der Vorsitzende aus den Vorstandsmitgliedern gewählt. Nur wenn die Arbeitgeber die Hälfte der Beiträge übernehmen, haben sie auch die Hälfte der Stimmen. Ob diese Beitragsregelung stattfinden soll, bestimmt die Satzung; diese muß von dem Gesamtvorstande nach Anhören von Arbeitgebern und Arbeitnehmern bei der Gründung festgesetzt werden (§ 381).

Die Satzungsänderung beschließt der gewählte Ausschuß (§ 345). Diese besonderen Verhältnisse muß man berücksichtigen, will man die Kämpfe in der Sozialversicherung verstehen. Die Vorherrschaft der Orts- und Landkrankenkassen ist eine Folge ihrer zahlenmäßigen Stärke und daher ihr Wunsch begreiflich, die übrigen Kassen aufzulösen. Die Arbeitgeber haben ein großes Interesse an der Erhaltung der Betriebskrankenkassen, in welchen ihnen weitgehende Rechte eingeräumt sind. Mit Parteipolitik haben die Kassen an und für sich nichts zu tun. Das Stimmenverhältnis bringt es aber mit sich, daß bei Wahlen die Kämpfe mit Hilfe der Parteien geführt werden.

Für die Reichsknappschaftsvereine als Träger der Krankenversicherung gelten dieselben Bestimmungen.

Ersatzkassen dürfen nach § 503 nur bestehen, wenn sie als Versicherungsvereine auf Gegenseitigkeit eine Bescheinigung als eingeschriebene Hilfskassen vor dem 1. April 1909 erhalten hatten, einen diesbezüglichen Antrag stellen und dauernd mindestens 1000 Mitglieder aufweisen.

a) *Die „Versicherungsämter“* sind die staatliche Aufsichtsbehörde der Kassen, den Vorsitz führt der Leiter der unteren Verwaltungsbehörde, Landrat, Oberbürgermeister.

Das Versicherungsamt erledigt die laufenden Geschäfte, bei ihm ist zu bilden ein Spruchausschuß zur Entscheidung über Streitigkeiten, über Leistungen, und ein Beschlußausschuß über diejenigen Punkte, für die das Gesetz das Verfahren vorgesehen hat. Die nächst höhere Instanz ist das *„Oberversicherungsamt“* am Sitz eines Regierungspräsidenten. Die höchste Instanz ist das *„Reichsversicherungsamt“*, in den Ländern das „Landesversicherungsamt“.

b) *Versicherungspflichtig*

nach § 165 für den Fall der Krankheit sind:

α) 1. Arbeiter, Gehilfen, Gesellen, Lehrlinge, Hausgehilfen.

2. Betriebsbeamte, Werkmeister und andere Angestellte in ähnlich gehobener Stellung sämtlich, wenn diese Beschäftigung ihren Hauptberuf bildet.

3. Handlungsgehilfen und -lehrlinge, Gehilfen und Lehrlinge in Apotheken.

4. Bühnenmitglieder und Musiker ohne Rücksicht auf ihre Kunst und Leistungen.

5. Lehrer und Erzieher.

5a. Angestellte in Berufen der Erziehung, des Unterrichts, der Fürsorge oder der Kranken- und Wohlfahrtspflege, die nicht unter Nr. 2 und 5 fallen. Voraussetzung ist, daß diese Beschäftigung ihren Hauptberuf und die Hauptquelle ihre Einnahmen bildet.

6. Hausgewerbetreibende.

7. Schiffsbesatzung deutscher Seefahrzeuge sowie die Besatzung der Fahrzeuge der Binnenschiffahrt.

β) *Versicherungspflicht.* Voraussetzung der Versicherung ist für alle Gruppen außer den Lehrlingen, daß sie *gegen Entgelt* beschäftigt werden, für die Gruppen 2—5a und 7, daß ihr regelmäßiger Jahresarbeitsverdienst den Betrag von 3600 RM (seit 12. September 1927) nicht übersteigt. Hierbei bleiben Frauen- und Kinderzuschläge außer acht. Wer diese Einkommensgrenze überschreitet, scheidet mit dem ersten Tage des vierten Monates aus der Versicherungspflicht aus, da aber allen diesen Gruppen die freiwillige Fortsetzung der Versicherung gestattet ist, ist auch diese Bestimmung nicht von Bedeutung. Für die *„Arbeiter"* und die *„Hausgewerbetreibenden"* gilt also *keine* Begrenzung des Einkommens.

Für die Lehrlinge auch nicht, ob sie gegen Entgelt beschäftigt werden oder nicht.

γ) *Eine freiwillige „Fortsetzung" der Versicherung* ist allen Gruppen von 2—5a und 7 gestattet, ohne Rücksicht auf Alter, Gesundheitszustand, Einkommen, wenn der Betreffende 26 Wochen in den vorhergegangenen 12 Monaten oder unmittelbar 6 Wochen mindestens vorher versichert war. Das Mitglied muß binnen 3 Wochen nach Aufhören der Versicherungspflicht der Kasse Mitteilung von der feiwilligen Fortsetzung der Versicherung machen.

Diese Bestimmung wird von den Ärzten scharf angegriffen, und in der Tat wird jedem, der einmal versicherungspflichtig war, hierdurch die Möglichkeit eingeräumt, dauernd Mitglied der Krankenkasse zu bleiben, d. h., daß die Ärzte ihn immer zu den Mindestsätzen der Gebührenordnung behandeln müssen.

δ) *Versicherungsberechtigt* sind nach § 176:

1. Versicherungsfreie Beschäftigte (ohne Entgelt).
2. Familienangehörige des Arbeitgebers, die ohne eigentliches Arbeitsverhältnis und ohne Entgelt in seinem Betriebe tätig sind.
3. Gewerbetreibende und andere Betriebsunternehmer, die in ihren Betrieben keine oder höchstens 2 Versicherungspflichtige beschäftigen.

Voraussetzung ist, daß das jährliche Einkommen 3600 *RM* nicht übersteigt.

Durch Satzung kann die Kasse eine Altersgrenze festsetzen, und die vorherige Beibringung eines ärztlichen Zeugnisses verlangen.

ε) *Versicherungsfrei* sind nach § 172:

1. Beamte des Reiches, Länder, Lehrer, Erzieher und andere, solange sie lediglich für ihren Beruf ausgebildet werden.
2. Personen, die in ihrer wissenschaftlichen Ausbildung für den zukünftigen Beruf gegen Entgelt tätig sind.
3. Mitglieder gesetzlicher Genossenschaften, Diakonissinnen, Krankenschwestern vom Roten Kreuz, Schulschwestern und ähnliche Personen, die sich vorwiegend aus religiösen und sittlichen Beweggründen mit Krankenpflege, Unterricht oder anderen gemeinnützigen Tätigkeiten beschäftigen und nicht mehr als einen freien Unterhalt oder ein geringes Entgelt beziehen, das nur zur Beschaffung der unmittelbaren Lebensbedürfnisse an Wohnung, Kleidung, Verpflegung u. dgl. ausreicht. Für diese Gruppe empfiehlt sich zum mindesten für 1. und 2. die freiwillige Versicherung nach § 176.

ζ) *„Befreit"* sind von der Versicherung ferner Beamte, Ärzte, Zahnärzte im Dienste des Reiches, der Länder usw., wenn ihnen anderweitig mindestens eine gleiche Fürsorge gewährt wird. Dasselbe gilt für Lehrer und Erzieher in öffentlichen Anstalten, für Angehörige der Schutzpolizei.

Auf „Antrag" können nach § 174 von der Versicherungspflicht befreit werden:

Lehrlinge aller Art, solange sie im Betriebe ihrer Eltern beschäftigt sind (von diesem Recht sollte niemals Gebrauch gemacht werden).

Über den Antrag entscheidet nach § 175 der Kassenvorstand. Bei Beschwerde entscheidet das Versicherungsamt.

η) *Die Leistungen der Kasse*: Als Regelleistungen der Kasse werden nach § 179 gewährt:

I. Krankenhilfe,
II. Wochenhilfe,
III. Sterbehilfe,
IV. Familienhilfe.

I. *Die Krankenhilfe* besteht in:

1. *Krankenpflege* vom Beginn der Krankheit an, umfassend ärztliche Behandlung, Versorgung mit Arznei, Brillen, Bruchbänder und andere kleine Heilmittel.

2. *Krankengeld in Höhe des halben Grundlohnes* für jeden Kalendertag, also auch Sonntag, wenn die Krankheit den Versicherten arbeitsunfähig macht, und zwar vom 4. Krankheitstage an; tritt die Arbeitsunfähigkeit später auf, dann von dem späteren Termin.

Von den Kosten für Arznei, Heil- und Stärkungsmittel haben die Versicherten in allen Fällen 10 % zu tragen. Ist die Leistungsfähigkeit der Kasse gefährdet, so kann dieser Betrag auf 20 % erhöht werden. Das Krankengeld endet spätestens nach Ablauf der 26. Woche. Fällt in den Krankengeldbezug eine Zeit, in der nur Behandlung und Arzenei gewährt wurde, so wird diese Zeit auf die Dauer des Krankengeldbezuges bis zu 13 Wochen nicht angerechnet. Wichtig:

Haben rückfällig Kranke innerhalb von 12 Monaten für 26 Wochen Krankengeld bezogen, so wird in einem neuen Krankheitsfall, der im Laufe der nächsten 12 Monate eintritt, die Krankenhilfe auf die Regelleistungen und auf die Gesamtdauer von 13 Wochen beschränkt. — Einschneidende Bestimmung z. B. bei Tuberkulose, Zuckerkrankheit, chronischer Herz- und Nierenkrankheit usw., wenn kein Anspruch auf Invalidenrente bei der Landesversicherungsanstalt besteht.

Für den Grundlohn ist der Entgelt zu berücksichtigen, soweit er für den Kalendertag den Betrag von 10 RM nicht übersteigt. (Mit Geltung vom 1. Oktober 1928.)

Durch Satzung kann das Krankengeld bis zu $^3/_4$ des Grundlohnes erhöht werden. Es kann schon vom ersten Tage der Arbeitsunfähigkeit gewährt werden (hiervon wird wenig Gebrauch gemacht), wenn die Krankheit, die länger als eine Woche dauert, zum Tode führt oder wenn sie durch einen Betriebsunfall verursacht worden ist, sowie mit Zustimmung des Oberversicherungsamtes auch bei anderen Krankheiten. Die Satzung kann mit Zustimmung des Oberversicherungsamtes bis zur Höchstgrenze von $^3/_4$ des Grundlohnes:

1. das Krankengeld für Verheiratete und Ledige, sowie nach der Zahl der Kinder und sonstigen Angehörigen abstufen, die der Versicherte bisher von seinem Arbeitsverdienste ganz oder überwiegend unterhalten hat. (Dies muß örtlich immer festgestellt werden!)

2. Für alle oder nur für die niedrigeren Lohnstufen Zuschläge zum Krankengeld in einem für alle gleich hohen oder für die niedrigeren von ihnen erhöhte Beiträge bewilligen (§ 191).

Das Krankengeld kann durch Satzung Mitgliedern entzogen werden, ganz oder teilweise: 1. wenn sie die Kasse durch eine strafbare Handlung geschädigt haben, 2. die Krankheit vorsätzlich oder durch schuldhaftes Verhalten (Beteiligung bei einer Schlägerei) sich zugezogen haben.

An Stelle der Krankenpflege und des Krankengeldes *kann* die Kasse Kur und Verpflegung in einem Krankenhaus gewähren (die Entscheidung liegt bei der Kasse, gezwungen kann sie nicht werden!). Hat der Kranke einen eigenen Haushalt, so muß er seine Zustimmung erteilen.

Diese Zustimmung ist nicht erforderlich, wenn

1. die Art der Krankheit eine Krankenhausbehandlung erfordert;

2. die Krankheit ansteckend ist (aber auch dann kann die Kasse nicht gezwungen werden, z. B. auf Anordnung des Kreisarztes, einen Kranken, der an einer ansteckenden Krankheit leidet, in ein Krankenhaus ein-

zuweisen! Stets ist daher die vorherige Zustimmung der Krankenkasse einzuholen!),

3. der Kranke wiederholt der Krankenordnung oder den Anordnungen des Arztes zuwidergehandelt hat,

4. der Zustand eine fortgesetzte Behandlung erfordert (§ 184).

In den Fällen 1., 2., 4. *soll* die Krankenkasse „möglichst" Krankenhauspflege gewähren!

Die Kasse kann mit Zustimmung des Versicherten auch Hilfe und Wartung durch Krankenpfleger, Krankenschwestern oder andere Pfleger namentlich auch dann gewähren, wenn die Aufnahme in ein Krankenhaus geboten, aber nicht durchführbar ist, oder ein wichtiger Grund vorliegt, den Kranken in seinem Haushalt oder in seiner Familie zu belassen (§ 185). Hierfür kann bis zu $^1/_4$ des Krankengeldes abgezogen werden.

Wird einem Kranken Krankenhauspflege gewährt, so ist den Angehörigen ein Hausgeld im Betrage des halben Krankengeldes zu gewähren. Das Hausgeld kann unmittelbar an die Angehörigen ausgezahlt werden (§ 186).

Bei Krankenkassen mit räumlich ausgedehnten Bezirken kann die Kasse Krankenschwestern als Pflegepersonen und als Gehilfen der Ärzte anstellen. Der Reichsausschuß für Ärzte und Krankenkassen kann Richtlinien für die Tätigkeit dieser Krankenschwestern aufstellen.

Solche sind am 10. April 1924 erlassen worden, aber nur für die Kassen mit ländlichen Bezirken:

1. Als Krankenschwestern gelten nur staatlich anerkannte Krankenschwestern.

2. Sind sie von Kassen angestellt, so haben sie sich auf Krankenpflege und auf Hilfeleistungen bei durch Ärzte ausgeführten oder angeordneten Verrichtungen zu beschränken.

3. Wird eine Krankenschwester von einem Kranken oder dessen Angehörigen zugezogen, so hat sie den Kranken auf Zuziehung des Arztes hinzuweisen. In dringenden Fällen hat sie den Arzt möglichst unmittelbar zu benachrichtigen.

4. Verboten ist den Krankenschwestern:

a) jede selbständige Beratung zum Zwecke der Behandlung von Kranken;

b) jede selbständige Hilfeleistung, abgesehen von Notfällen, aber auch dann nur bis zum Eingreifen des Arztes;

c) Beeinflussung von Kranken zugunsten oder zuungunsten bestimmter Ärzte.

5. Hält ein Arzt die Zuziehung einer Schwester zur Pflege oder Hilfeleistung für notwendig, so hat er für die Benachrichtigung der Kasse zu sorgen.

6. Die Schwestern haben bei der Krankenbehandlung die Anweisungen des Arztes gewissenhaft auszuführen.

7. Beschwerden der Ärzte wegen Verstößen einer Schwester gegen die Bestimmungen zu 1—4 und Beschwerden der Schwestern über Ärzte sind von dem bei der Kasse bestehenden Ärzteausschuß zu erledigen. Dabei sind etwa bestehende Schwesternorganisationen tunlichst zu hören.

Diese Bestimmungen gelten natürlich nur für die Gemeindeschwestern, die von *Krankenkassen* angestellt sind.

Zu beachten: Gemeindeschwestern, die an einem Orte ohne Apotheke ansässig sind, kann auf Grund *des Ministerialerlasses vom 9. Februar 1895 und 8. März 1904* durch den zuständigen

Regierungspräsidenten die landespolizeiliche Erlaubnis erteilt werden, Arzneimittel in der Krankenpflege abzugeben unter der Bedingung, daß der Bezug aus der nächstgelegenen Apotheke und die Abgabe an unbemittelte Kranke stets unentgeltlich geschieht. Die Erlaubnis ist widerruflich.

Es kommen in Frage: Höllensteinstifte zu Ätzungen. Chin. hydrochlor. in Pulvern zu 0,25 g. Jodoform zu äußeren Zwecken. Essigsaure Tonerde. Anistropfen Brustpulver, Brusttee, Chinatinktur. Borsalbe, Königssalbe, Zinksalbe, Bleisalbe.

Durch die Satzung kann die Kasse

1. die Dauer des Krankengeldes auf ein Jahr erweitern.
2. Fürsorge für Genesende, namentlich durch Unterbringung in einem Genesungsheime, bis zur Dauer eines Jahres nach Ablauf der Krankenhilfe gestatten.
3. Hilfsmittel gegen Verunstaltung und Verkrüppelung zubilligen, die nach beendigtem Heilverfahren nötig sind, um die Arbeitsfähigkeit herzustellen oder zu erhalten.
4. Mit Zustimmung des Oberversicherungsamtes Maßnahmen zur Verhütung von Erkrankungen der einzelnen Kassenmitglieder vorsehen.

Diese Bestimmungen sind die Grundlage für die Tätigkeit der Kassen auf dem Gebiete der „*vorbeugenden*“ Gesundheitsfürsorge. Alle Mehrleistungen sind aber gebunden an die Leistungsfähigkeit der Kasse und an die Höhe der Beiträge (siehe unten).

II. *Wochenhilfe* (siehe S. 61 ff.). Hier sei erinnert: „*Pflicht*“-*leistung* der Krankenkassen besteht nur für Pflichtversicherte, freiwillig Weiterversicherte und Selbstversicherte.

Diese alle erhalten ein Wochengeld in Höhe des Krankengeldes, z. B. 2 *RM*. Stillgeld = halbes Krankengeld = 1 *RM* pro Tag.

III. *Sterbehilfe*. Das Zwanzigfache des Grundlohnes, bei 5 *RM* z. B. 100 *RM* oder bestimmte von der Krankenkasse festgesetzte Beträge.

IV. *Familienhilfe*. Eine „*Pflicht*“versicherung der Angehörigen und Pflichtleistung der Krankenkassen gibt es nicht außer der Knappschaftskrankenkasse. Wenn Familienhilfe besteht, so durch Satzung.

Wochenhilfe an Angehörige muß als Pflichtleistung gewährt werden, dafür erhalten die Krankenkassen die Hälfte der ausgelegten Kosten vom Reiche zurück.

ϑ) *Die Höhe der Beiträge.* Die Beiträge dürfen bei der Errichtung einer Kasse nur dann höher als $7^1/_2$ % des Grundlohnes sein, wenn dies zur Deckung der Regelleistungen erforderlich ist.

Decken diese Einnahmen die Auslagen nicht, so sind entweder durch Satzungsänderungen die Leistungen auf die Regelleistungen zu beschränken oder die Beiträge zu erhöhen.

Über $7^1/_2$ % dürfen die Beiträge nur zur Deckung der Regelleistungen oder durch übereinstimmenden Beschluß der Arbeitgeber und Versicherten im Ausschuß erhöht werden!

Das gleiche gilt bei einer Erhöhung über 10 %.

Da der tatsächliche Arbeitsverdienst als Grundlohn angesehen wird, können die Beiträge z. B. bei 8 *RM* Tagesverdienst und bei 6 % 0,48 *RM* täglich betragen. Davon zahlt der Versicherte $^2/_3$ = 0,32 *RM*; wöchentlich 1,92 *RM*; monatlich bis 8,64 *RM* oder 100,16 *RM* jährlich. Ein nicht unerheblicher Betrag, wenn er Jahr für Jahr gezahlt wird, ohne in Anspruch genommen zu werden.

Krankengeld wird Lehrlingen, die ohne Entgelt beschäftigt werden, nicht gewährt, dann wird der Beitrag entsprechend ermäßigt (§ 494).

Zu beachten: Die Beiträge müssen auch gezahlt werden von denjenigen Arbeitern, die von der Einkommensteuer befreit sind. Eine Befreiung von den Leistungen für die Sozialversicherung gibt es für den arbeitenden Menschen nicht.

Der eigentliche Sinn der Krankenversicherung ist durch die Möglichkeit, daß sich jeder, der versichert war, freiwillig weiterversichern kann unbeschadet der Höhe des Einkommens, abgebogen worden. Dies ist ein Hauptgrund für die Mißstimmung der Ärzte gegen die Sozialversicherung, daß sie sagen, daß die Versicherung Leuten zugute kommt, die ihrer wegen ihrer sozialen Lage nicht bedürfen. Sie weisen darauf hin, daß die Versicherten, die hohe Beiträge leisten, auch höheres Krankengeld erhalten, die Ärzte erhalten aber, ob in der niedrigsten oder höchsten Stufe Beiträge geleistet werden, immer die *Minimal*sätze der Gebührenordnung mit entsprechenden Abschlägen.

Hier die richtige Grenze zu finden, ist eine der wichtigsten Aufgaben der Zukunft. Die Versicherten selbst leiden unter diesen Verhältnissen, da viele Ärzte gewissermaßen gezwungen sind, um trotz der Minimalsätze sich ein ersprießliches Einkommen zu sichern, zu der Massenabfertigung zu greifen. Dies würde niemals möglich sein, wenn die Versicherten als Privatpatienten dem Arzte gegenüberständen, also z. B. von einer gewissen Einkommensgrenze an einen Teil der Arztkosten selbst tragen müßten.

c) Die Invalidenversicherung. Diese gibt Anlaß zu noch größeren Unklarheiten; sie ist der am wenigsten übersichtliche Zweig der Sozialversicherung; darum verlieren viele Versicherte das Anrecht durch Nichtaufrechterhaltung ihrer Ansprüche.

Unfall und Krankheit sind klare Begriffe.

α) *Invalidität* ist ein Kunstbegriff, der bedeutet, daß ein Mensch nicht mehr imstande ist, durch eine Tätigkeit, die seinen Kräften und Fähigkeiten entspricht und ihm unter billiger Berücksichtigung seiner Ausbildung und seines Berufes zugemutet werden kann, *ein Drittel* dessen zu erwerben, was körperlich und geistig gesunde Personen derselben Art mit ähnlicher Ausbildung in derselben Gegend durch Arbeit zu verdienen pflegen (§ 1255).

Dies kann nur durch ärztliches Zeugnis festgestellt werden. Wie schwierig ist es aber für einen Arzt, dies Drittel nach der gesundheitlichen Seite zu bemessen! Und die wirtschaftliche Seite muß er doch auch berücksichtigen!

Die Invalidenrente wird als Krankenrente den Versicherten gewährt, die 26 Wochen hintereinander krank gewesen sind, nach Wegfall des Krankengeldes, aber *nur*, wenn der Betreffende die Anwartschaft erfüllt hat.

Invalidenrente erhält außerdem jeder Versicherte, wenn er das Alter von 65 Jahren vollendet hat, auch wenn er nicht invalide ist (frühere Altersrente).

Die wichtigsten Begriffe sind:

1. die Wartezeit;

2. die Anwartschaft. Diese Bestimmungen sind aus der Privatversicherung bekannt. Das Wesentliche ist aber, daß es sich hier um eine Zwangsversicherung handelt, die strenger verfährt als eine Privatversicherung. Hat jemand die Ansprüche nicht aufrechterhalten, so erhält er gar nichts, während bei der Privatversicherung in irgendeiner Weise der Einsatz ausgezahlt wird.

Die Wartezeit besagt, daß unbeschadet der geleisteten Beiträge eine bestimmte Zeit verstrichen sein muß, bis der Versicherte in den Genuß der Rente kommt, z. B. bei erhaltener Arbeitsfähigkeit das 65. Lebensjahr.

Die Anwartschaft besagt, daß die Beiträge, auch *nachdem* die vorgeschriebene Zahl geleistet wurde, durch weitere Zahlung fortgesetzt werden müssen, bis der Versicherungsfall eintritt (z. B. Invalidität).

Der Kreis der Versicherten hat auch zu Unklarheiten geführt dadurch, daß man die Angestellten, die „früher“ in der Invalidenversicherung versichert waren, zwangsmäßig in die Angestelltenversicherung herübergenommen hat. Die Beiträge sind bei einer bestimmten Einkommenshöhe gleich hoch, die Leistungen aber grundsätzlich bei der Angestelltenversicherung doppelt so hoch.

Die Versicherungsämter sind ebenfalls für die Invalidenversicherung zuständig, aber nicht als Aufsichtsorgane, sondern als Geschäftsstellen, beauftragt zur Erledigung der laufenden Verfahren und gleichzeitig eine Entscheidungsinstanz bei Streitigkeiten erster Ordnung.

Die Landesversicherungsanstalten sind für den Kreis einer Provinz gebildet und sind weitgehend selbständig; über ihnen steht nur als Kontrollinstanz das Reichsversicherungsamt.

β) *Versicherungspflichtig* sind nach § 1226:

1. Arbeiter, Gesellen, Hausgehilfen;
2. Hausgewerbetreibende;
3. Schiffsbesatzung deutscher Seefahrzeuge und der Binnenfahrt mit Ausnahme der höheren Charge;
4. Gehilfen und Lehrlinge in gewerblichen Betrieben.

Die Versicherungspflicht besteht für die Gruppen 3 und 4 insoweit, als die Betreffenden nicht der Angestelltenversicherung unterliegen.

Die unter 1., 3., 4. genannten Personengruppen müssen *gegen Entgelt* beschäftigt sein.

Im Gegensatz zur Krankenversicherung scheiden die Versicherten bei höherem Verdienst nicht aus; ändert sich das Beschäftigungsverhältnis, so sind sie in der Angestelltenversicherung zwangsversichert, hier ist die Einkommengrenze zur Zeit 8400 RM.

γ) Eine *freiwillige Weiterversicherung* kommt also praktisch nur in Frage bei Personen, die sich *selbständig* machen.

Nach § 1244 können Versicherte, die sich selbständig machen, die Versicherung freiwillig fortsetzen oder später auf Grund § 1283 erneuern (siehe unten).

δ) *Berechtigt* zur Versicherung sind Personen bis zum vollendeten 40. Lebensjahr (§ 1243).

1. Gewerbetreibende und andere Betriebsunternehmer, die in ihren Betrieben regelmäßig keine, höchstens zwei Versicherungspflichtige beschäftigen.
2. Personen, die nach den Bestimmungen versicherungsfrei sind, z. B. bei Beschäftigung ohne Entgelt oder bei vorübergehender Beschäftigung.

ε) *Befreit* von der Versicherungspflicht sind:

Praktisch derselbe Personenkreis wie bei der Krankenversicherung;

außerdem Personen, die nur freien Lebensunterhalt erhalten, kein Entgelt (Frage: Was ist Taschengeld? Es darf einer Entlohnung nicht entsprechen!);

ferner Personen, die eine Invalidenrente oder Ruhegeld nach der Angestelltenversicherung beziehen. Die ersteren können sich nicht mehr freiwillig versichern, die letzteren, da Ruhegeld ja schon bei Arbeitsbeschränkung um 50 % gewährt wird, sind dazu berechtigt.

ζ) *Die Leistungen.*

1. Invalidenrente bei Invalidität, bei Alter von 65 Jahren, bei Krankheit von längerer Dauer als 26 Wochen.
2. Hinterbliebenenrente an Witwen und Waisen, wenn der Verstorbene die Wartezeit erfüllt und die Anwartschaft aufrechterhalten hat.

Die Invalidenrente setzt sich zusammen aus

1. einem Grundbetrag von 168 RM jährlich;
2. einem Reichszuschuß von 72 RM jährlich = 240 RM, oder 20 RM monatlich. Zu diesem Betrag kommen 20 % derjenigen Beträge, die ab 1. Januar 1924 zwangsmäßig oder freiwillig geleistet wurden.

Außer der Invalidenrente selbst wird für jedes eheliche und uneheliche Kind bis 15 Jahre, für Stiefkinder und Enkel, soweit sie von dem Versicherten erhalten werden, ein Kindergeld von 10 RM monatlich gewährt. Das Krankengeld wird bei Berufsausbildung weiter gezahlt, oder wenn das Kind infolge körperlicher oder geistiger Mängel nicht imstande ist, für sich selbst zu sorgen.

Die Beiträge selbst werden nach Lohnklassen erhoben.

Lohnklasse 1:	wöchentlicher	Verdienst	6 RM	Wochenbeitrag	30 Rpf
„ 2:	„	„	6—12 RM	„	60 Rpf
„ 3:	„	„	12—18 RM	„	90 Rpf
„ 4:	„	„	18—24 RM	„	120 Rpf
„ 5:	„	„	24—30 RM	„	150 Rpf
„ 6:	„	„	30—36 RM	„	180 Rpf
„ 7:	„	„	über 36 RM	„	200 Rpf

Von diesen Beträgen zahlen Arbeiter und Arbeitgeber je die Hälfte. Warum? Weil die Invalidenrente gezahlt wird nicht nur wegen Beschädigung des Arbeiters in dem Betriebe oder durch den Betrieb, sondern weil die Invalidität auch verursacht wird durch andere Ursachen, durch Krankheiten, evtl. unzweckmäßiges Verhalten, Alkoholismus. Das Risiko wird halb zu halb verteilt.

Deswegen gehören dem Vorstande der Landesversicherungsanstalt als nicht beamtete Mitglieder Arbeitgeber und Arbeitnehmer in gleicher Zahl an.

η) *Die Wartezeit.* Diese dauert 200 Beitragswochen oder ca. 4 Jahre, wenn der Versicherte auf Grund der Pflichtversicherung davon mindestens 100 Beiträge geleistet hat.

Hat er weniger als 100 Beiträge auf Grund der Versicherungspflicht geleistet, so müssen im ganzen 500 Beiträge geleistet werden, also ca. 10 Jahre. Für freiwillig Versicherte beträgt die Wartezeit immer 500 Beitragswochen.

Sind diese Beiträge aus irgendeinem Grund nicht regelmäßig geklebt, so verlängert sich die Wartezeit entsprechend.

Die Leistung der genannten Beiträge ist die Voraussetzung für die Gewährung der genannten Renten. Diese werden aber nach dieser Zeit nur gewährt, wenn der Versicherungsfall eingetreten ist. Im übrigen muß

ϑ) *die Anwartschaft* aufrechterhalten werden. Das heißt, es müssen solange der Versicherte regelmäßige Arbeit leistet, auch weiterhin für jede Woche Beiträge geklebt werden. Als *Mindest*beiträge sind zur Aufrechterhaltung der Anwartschaft zu leisten:

a) wenn er ein Pflichtversicherter ist, alle 2 Jahre mindestens 20 Beiträge,
b) wenn er freiwillig versichert war, alle 2 Jahre mindestens 40 Beiträge.

Als Pflichtbeiträge gelten die vollen Wochen, in denen der Versicherte wegen einer Krankheit zeitweise arbeitsunfähig war, nicht aber, wenn er sich dieselbe durch schuldhaftes Verhalten zugezogen hat. Krankheit, die länger als ein Jahr dauert, wird nicht angerechnet, d. h., es müssen jetzt freiwillig Beiträge geleistet werden. Genesung wird der Krankheit gleichgeachtet. Dasselbe gilt für die Dauer von 8 Wochen bei einer Arbeitsunfähigkeit, die durch eine Schwangerschaft oder ein regelmäßig verlaufenes Wochenbett veranlaßt worden ist (§ 1279).

Hat ein Arbeiter z. B. 10 Jahre hindurch je 50 Beiträge geleistet in der höchsten Wochenklasse 7 und wird dann Invalide, so erhält er 240 RM + 500 × 200 Rpf = 1000 RM (davon 20 % = 200 RM) + 200 RM = 440 oder 36,60 RM.

Ein Unfallverletzter, der nach obigem Beispiel 66 $^2/_3$ % erwerbsbeschädigt wurde, erhielt 88,80 RM monatlich bei einem Einkommen von 2400 RM jährlich. Es ist einem solchen Lohnempfänger nicht möglich, sich nach einer höheren Lohnklasse in der Invalidenversicherung zu versichern.

Im günstigsten Falle, wenn ein Arbeiter „*40 Jahre*" lang regelmäßig Beiträge (2000 in Klasse 7 zu 2 RM) geklebt hat, so stellt sich die Rente auf 240 + 20 % von 4000 = 800

$$\begin{array}{r} 240 \\ 800 \\ \hline 1040 \end{array} = 86{,}60 \text{ RM monatlich.}$$

Sehr wichtig, daß weitgehend die Möglichkeit vorgesehen ist, daß verlorene Ansprüche wieder aufleben.

ι) Zu beachten (§ 1283): *Die Anwartschaft lebt wieder auf*, wenn der Versicherte wieder eine versicherungspflichtige Beschäftigung aufnimmt oder das Versicherunsgverhältnis durch freiwillige Beitragsleistung erneuert und danach eine Wartezeit von 200 Beitragswochen zurücklegt, d. h. es ist ihm die Möglichkeit gegeben, von vorne wieder anzufangen.

Hat der Versicherte das 40. Lebensjahr schon zurückgelegt, so kann die Anwartschaft nur wieder aufleben bei *freiwilliger* Beitragsleistung, wenn vor dem Erlöschen der Anwartschaft bereits 500 Beitragswochen geleistet wurden. Es müssen aufs neue 500 Beitragswochen geleistet werden.

Hat der Versicherte das 60. Lebensjahr zurückgelegt, so lebt die Anwartschaft nur wieder auf bei Pflichtbeiträgen oder freiwilligen Beiträgen, wenn vor dem Erlöschen der Anwartschaft mindestens 1000 Beitragsmarken verwendet wurden.

κ) *Die Hinterbliebenenrente* erhält die Witwe des versicherten Ehemannes nur, wenn sie *selbst dauernd invalide* ist.

Witwerrente erhält der erwerbsunfähige Ehemann einer versicherten verstorbenen Ehefrau, die den Lebensunterhalt ganz oder überwiegend bestritten hat.

Die Witwenrente setzt sich zusammen aus $^6/_{10}$ der Invalidenrente des Verstorbenen und einem Reichszuschuß von 72 RM.

Wenn also ein verstorbener Versicherter 440 RM Invalidenrente jährlich erhielt, so erhält die *invalide* Witwe folgende Rente: $^6/_{10}$ von 440 RM = 264 RM, oder 22 RM monatlich.

Als Waisenrente wird gezahlt für jedes eheliche Kind unter 15 Jahren, bei Berufsausbildung länger, ein Reichszuschuß von 36 RM und ein Anteil von $^5/_{10}$ der Invalidenrente, z. B. im obigen Falle 36 RM Reichszuschuß + $^5/_{10}$ von

$$\begin{array}{r} 168 \text{ RM} \\ +\ 200 \text{ RM} \\ \hline 368 \text{ RM} \end{array} = \begin{array}{r} 184 \text{ RM} \\ +\ 36 \text{ RM} \\ \hline 220 \text{ RM} \end{array} \text{ oder } 18{,}33 \text{ RM monatlich.}$$

Den ehelichen Kindern werden gleichgestellt:

1. für ehelich erklärte Kinder;
2. an Kindes Statt angenommene Kinder;
3. Stiefkinder und Enkel, wenn sie *vor Eintritt* der Invalidität von dem Rentenempfänger unentgeltlich unterhalten worden waren;
4. die unehelichen Kinder, wenn die Vaterschaft des Rentenempfängers festgestellt ist, aber nur solange sie von dem Rentenempfänger unterhalten werden.

Bei Wiederverheiratung erhalten Witwe und Witwer als Abfindung den Betrag der Jahresrente einmalig.

λ) *Das Beitragsverfahren.* Es werden Marken verwendet, deren Aufdruck den Wochenbetrag der entsprechenden Lohnklasse zeigt.

Die Marken werden auf Quittungskarten geklebt, welche 52 Felder haben. Jede Marke wird am Sonntag durch das Datum entwertet.

Sowie die Karte voll ist, muß sie umgetauscht werden, spätestens alle 2 Jahre.

Die Karten können bei der Landesversicherungsanstalt oder bei der Ortskrankenkasse umgetauscht werden.

Statt Renten können Sachleistungen teilweise oder ganz gewährt werden. In ländlichen Bezirken können Gemeinden beschließen, daß Renten bis zu $^2/_3$ in Sachleistungen gewährt werden, wenn die Empfänger als Landarbeiter nach Ortsgebrauch ganz oder teilweise in Sachen entlohnt werden, aber nur wenn der Rentenempfänger mit diesem Verfahren einverstanden ist.

Bei Waisenrenten muß der Vormund zustimmen (§ 1275).

Durch Satzung kann der Vorstand der Versicherungsanstalt ermächtigt werden, den Rentenempfänger auf Antrag *in einem Invaliden- oder Waisenheim* oder in einer ähnlichen Anstalt unterzubringen und dazu die Rente ganz oder teilweise zu verwenden. Die Aufnahme verpflichtet den Rentenempfänger auf ein Vierteljahr, und wenn er nicht einen Monat vorher Einspruch erhebt, auf ein weiteres Vierteljahr zum Verzicht auf die Rente (§ 1277).

Trunksüchtigen, die noch nicht entmündigt sind, können Sachleistungen ganz oder teilweise gewährt werden. Auf Antrag eines beteiligten Trägers der Armenfürsorge (amtlicher Trinkerfürsorger) oder der Gemeindebehörde des Wohnortes des Trunksüchtigen *muß* dies geschehen. Bei Trunksüchtigen, die entmündigt sind, ist die Gewährung der Sachleistung von der Zustimmung des Vormundes abhängig. Auf seinen Antrag muß dies geschehen. Die Sachleistung kann ersetzt werden durch Aufnahme in eine Trinkerheilanstalt, oder mit Zustimmung der Gemeinde durch Vermittlung einer Trinkerfürsorgestelle gewährt werden.

Ein Rest der Barleistung (Feststellung im Einzelfalle: wie hoch?) ist dem Ehegatten des Bezugsberechtigten, den Kindern, den Eltern und falls solche nicht vorhanden sind der Gemeinde zur Verwendung für ihn zu überweisen. Das Versicherungsamt erläßt die Anordnung. Beschwerdeinstanz das Oberversicherungsamt (§ 120).

μ) Freiwillige Leistungen. Ein Heilverfahren kann von der Versicherungsanstalt gewährt werden, um eine drohende Invalidität eines Versicherten oder einer Witwe abzuwenden (§ 1269).

Der Erkrankte kann in einem Krankenhause oder einer Anstalt für Genesende untergebracht werden; ist er verheiratet, lebt er mit seiner Familie zusammen, hat er einen eigenen Haushalt oder ist er Mitglied des Haushaltes seiner Familie, bedarf es einer Zustimmung (§ 1270).

Ein Hausgeld wird den Angehörigen des Erkrankten, wenn er deren Unterhalt ganz oder teilweise aus seinem Arbeitsverdienst bestritten hat, gewährt während der Zeit eines Heilverfahrens. Es beträgt $^1/_4$ des Ortslohnes für erwachsene Tagearbeiter, ist also immer nur $^1/_2$mal so hoch wie das gewöhnliche Krankengeld. Dieses beträgt bekanntlich die Hälfte des Ortslohnes. Ist der Ortslohn z. B. 6 RM, so 1,50 RM pro Tag; 10,50 RM die Woche. *Dieser Betrag ist, wenn mehrere Kinder vorhanden sind, zu niedrig. Unterlag der Versicherte der Krankenkasse, wird das Hausgeld so hoch bemessen wie das Krankengeld* (*§ 1271*).

Entzieht sich ein Versicherter einem Heilverfahren, das voraussichtlich die Invalidität behoben hätte, so kann die Rente ganz oder teilweise auf Zeit entzogen werden (§ 1272).

§ 1274 und § 1277a sind eine wichtige Grundlage für die Fürsorgetätigkeit.

Die Versicherungsanstalt *kann* mit Genehmigung der Aufsichtsbehörde Mittel aufwenden, um allgemeine Maßnahmen zur Verhütung des Eintrittes vorzeitiger Invalidität unter den Versicherten oder zur Hebung der gesundheitlichen Verhältnisse der versicherungspflichtigen Bevölkerung zu fördern oder durchzuführen. Die Genehmigung kann auch für Pauschbeträge gewährt werden (§ 1274). Der § 1277 kann dazu verwendet werden, Kinder in Kinderheime unterzubringen (siehe oben).

Eine Heilbehandlung kann von dem Versicherten nicht erzwungen werden. Ein Heilverfahren kostet zum mindesten bei Tuberkulösen 540 RM (3 Monate). Die Invalidenrente beträgt nach Erfüllung der Wartezeit in der höchsten Klasse 440 RM jährlich. Die Rechnung ist leicht zu übersehen. Anerkennenswert ist es, daß die Versicherungsträger Heilverfahren in weitgehendem Maße verwenden. Grundsätzlich wird ein Heilverfahren nur nach Leistung von 200 bzw. 500 Beitragswochen gewährt. Ausnahmen werden weitgehend gemacht, insbesondere bei Jugendlichen.

Sehr beachtenswert „*Die Statistik der Heilbehandlung* bei den Trägern der Invalidenversicherung *für das Jahr 1925*", herausgegeben von dem Reichsversicherungsamt 1927, Verlag von Reimar Hobbing, Berlin.

Es wurden behandelt:

Jahr	Personen	Gesamtkosten	davon Hausgeld	Aufwendungen allgemeiner Art nach § 1274	Sonstige Aufwendungen
1897	10564	2011149	50254		
1900	27427	6210720	506773		
1905	54420	14448005	1692936	225957	
1910	114310	26593569	3613360	624626	339935
1913	153636	34128088	4889804	1359463	308896
1925	210478	41579092	4821804	7007904	555877

Gesamtausgaben für Heilverfahren:

1905	14673962	11853032	nach Abzug der Ersatzleistungen.
1910	27558130	22022465	
1913	35796447	27773270	
1925	49142873	37103011	

Die außerordentliche Steigerung der Beträge für Hausgeld von rund 50000 ℳ auf 4,8 Millionen ist sehr erfreulich, da eine Heilstättenbehandlung nur Zweck hat, wenn die Familie versorgt ist. Es geht aus dem Bericht auf S. 7 hervor, daß die verschiedenen Versicherungsanstalten freiwillig über das gesetzliche Hausgeld hinausgehen, durchschnittlich bis zu 20 RM, ja bis 40 RM im Bedarfsfalle.

Die Zahl der Personen, die eine Heilstättenkur durchmachten, hat sehr erheblich zugenommen, von rund 10000 auf 210000. Natürlich ist die Zahl der in Heilstätten geschickten Männer weit größer als die der Frauen. 1925 29738 Männer, 17870 Frauen. Die Zahl der untergebrachten Frauen hat sich seit 1910 nicht wesentlich vermehrt. Frauen können schlechter vom Hause wegkommen. Ein wichtiger Zweig ergänzender Fürsorge ist hier sichtbar.

Die *Dauer* der Heilstättenbehandlung wegen Lungentuberkulose hat durchschnittlich *nicht* zugenommen.

1897 bei Männern 73 Tage; bei Frauen 87 Tage;
1925 bei Männern 70 Tage, bei Frauen 70 Tage.

Eine Heilbehandlung bei „*offener aktiver*“ Tuberkulose erfordert zirka 26 Wochen. In der Schweiz rechnet man bei Privatpatienten mit Kurdauern von 1—2 Jahren. In diesem Sinne ist die Tuberkulose eine soziale Krankheit.

Es müssen immer mehr aktive behandlungsbedürftige Tuberkulöse in Heilstätten *längere Zeit* behandelt werden, Wiederholungskuren müßten die Regel sein.

Auf Grund des § 1274 wurden 1925 folgende Mittel aufgewendet:

	RM
Für Gemeindekrankenpflege	557359
Errichtung von Heilstätten	101824
Errichtung und Unterhaltung von Walderholungsstätten	87630
Errichtung und Unterhaltung von Auskunfts- und Fürsorgestellen für Lungenkranke	1494926
Für Entseuchung von Wohnungen	430
Für sonstige Zwecke	2491334
Zur Bekämpfung des Alkoholmißbrauchs	63122
Zur Bekämpfung der Geschlechtskrankheiten	648207
Zur Bekämpfung des Lupus	3847
Zur Bekämpfung des Krebses	740
Sonstige Zwecke	1558845
Zusammen	7008264

Diese Leistungen sind gewiß großartig, sind aber freiwillige Leistungen; bedenkt man die niedrige Höhe der Renten, so besteht zweifellos ein Mißverhältnis. In einem Mißverhältnis steht auch der Betrag zur Bekämpfung des Alkoholmißbrauches zu dem der Geschlechtskrankheiten.

Zu erwägen ist ernstlich: Planwirtschaft in Geldzuwendungen. Bestimmten Behörden sollten bestimmte Gebiete gewissermaßen zur Betreuung übergehen werden. Sonst sind Doppelzuwendungen, Einzelzuwendungen in nicht genügender Höhe fast unvermeidbar.

Geld wird gegeben von den Regierungen, durch die Arbeitsgemeinschaft der sozialen Versicherungsträger, vom Landeswohlfahrtsamt, von Vereinen der freien Liebestätigkeit.

Für Kinderfürsorge wurden im Jahre 1925 ausgegeben:

Für werdende Mütter, für Säuglinge, als Zuschüsse an Gemeinden und Wohltätigkeitsanstalten usw.	227297 *RM*
Für Fürsorge für größere Kinder als Zuschüsse für Unterbringung in Kinderheilstätten, Walderholungsstätten, Lungenheilstätten, Krankenhäusern, Bädern	2664741 *RM*
Als Zuschüsse an Gemeinden, Vereine usw. für Kindergärten, Schulzahnpflege, Landaufenthalt von Stadtkindern .	564022 *RM*
Für Fürsorge für Tuberkulöse und tuberkulosebedrohte Kinder durch Unterbringung in Kinderheilstätten usw. . .	449015 *RM*
Für Fürsorge für andere Waisenkinder	40089 *RM*
Insgesamt	3945164 *RM*

Diese Beträge werden als *nicht* rückzahlbar gegeben. Dagegen Mittel zur Wohnungsfürsorge verzinslich aus dem Vermögensbestande der Anstalt!

ν) Die innere Verfassung der Landesversicherungsanstalt. Der Ausschuß besteht zur Hälfte aus Arbeitgebern und Arbeitnehmern, mindestens 10 Mitgliedern (§ 1351).

Der Ausschuß hat folgende Aufgaben:

1. Wahl der nicht beamteten Vorstandsmitglieder;
2. Festsetzung des Voranschlages;
3. die Jahresrechnung abzunehmen;
4. die Satzung zu ändern.

Der Ausschuß beschließt die Satzung.

Der Vorstand verwaltet die Anstalt nach der Satzung (§ 1342).

Der Gemeindeverband oder die oberste Verwaltungsbehörde bestellt die beamteten Vorstandsmitglieder und bezeichnet eines von ihnen als Vorsitzenden (§ 1344).

Nicht beamtete Vorstandsmitglieder gehören dem Vorstand in gleicher Zahl an je zur Hälfte Arbeitgeber und Versicherte (§ 1346).

Es ist zweckmäßig, wenn der Landeshauptmann der Vorsitzende der Landesversicherungsanstalt ist.

d) Die Krankenversicherung der Reichsknappschaft. Gesetz vom 1. Juli 1926.

Zu beachten: „Familienversicherung“ ist obligatorisch.

Das Krankengeld beträgt die Hälfte des Grundlohnes. Für die Ehefrau und jedes Kind wird je 10% des Krankengeldes gewährt.

Freie ärztliche Behandlung und Krankenhauspflege für Familienangehörige erst nach 3 Monaten.

Lohnklassen von 75—200 *RM*.

Die Invalidenrente wird gewährt mit Vollendung des 65. Lebensjahres und bei dauernder Berufsunfähigkeit, d. h. Unfähigkeit für „den Beruf“ im *Bergwerks*betriebe.

Berufsunfähigkeit wird schon dann „auf Antrag“ angesehen, wenn der Antragsteller das 50. Lebensjahr vollendet, 300 Beitragsmonate zurückgelegt und in dieser Zeit mindestens 180 Beitragsmonate hauptsächlich bergmännische Arbeit verrichtet hat (also nach 25jähriger Beitragsleistung).

Im *Steinkohlen*bergbau kann die Rente auf Antrag vom 55. Lebensjahr an gewährt werden bei Berufsunfähigkeit, wenn 360 Beitragsmonate (30 Jahre) zurückgelegt sind.

Kindergeld wird gewährt in gleicher Höhe wie bei der Invalidenversicherung.

Die Witwe erhält Rente, auch wenn sie *nicht* invalide ist.

Die Bestimmungen über die Angestellten entsprechen denjenigen der Angestelltenversicherung.

Die Beiträge zur Krankenversicherung werden zu $^2/_5$ von den Arbeitgebern, zu $^3/_5$ von den Arbeitnehmern gezahlt. Das gleiche gilt für die Invalidenversicherung.

e) Der neueste Zweig ist die Krankenversicherung der Seeleute auf Grund des Gesetzes vom 16. Dezember 1927. Sie führt den Namen „Seekrankenkasse“. Durch dieses Gesetz ist eine empfindliche Lücke ausgefüllt.

Familienhilfe wird gesetzliche gewährt.

Die Versicherten zahlen $^3/_5$.

Versicherungspflicht besteht für alle in der Seefahrt beschäftigten Personen.

Nur die Kapitäne (Schiffer), deren Einkommen 8400 *RM* übersteigt, scheiden aus der Versicherung aus.

Die Seeleute unterliegen der Versicherungspflicht in der Invaliden- bzw. Angestelltenversicherung. Die Bestimmungen der Unfallgesetzgebung gelten für sie so gut wie für die Knappschaft.

5. Eine wichtige Ergänzung bildet die **Angestelltenversicherung**, die am 1. Januar 1913 in Kraft getreten ist.

Ob die Einführung dieser besonderen Versicherung notwendig oder zweckmäßig war, ist eine andere Frage. Die Trennung zwischen sog. Kopf- und Handarbeitern ist hierdurch verstärkt worden. Die Grundprinzipien entsprechen denen der Invalidenversicherung. Es ist aber ein Gesetz für sich. Die oberste Behörde ist die Reichsversicherungsanstalt für Angestellte in Berlin. Unterbehörden entsprechend den Versicherungsämtern sind nicht vorhanden. Die Arbeit wird von örtlichen Vertrauensleuten geleistet.

a) Versicherungspflichtig sind:

1. Angestellte in leitender Stellung;

2. Betriebsbeamte, Werkmeister und andere Angestellte in ähnlich gehobenen oder ähnlichen Stellungen;
3. Bureauangestellte, soweit sie nicht mit untergeordneten Arbeiten beschäftigt werden, einschließlich Bureaulehrlinge und Werkstattschreiber;
4. Handlungsgehilfen und Handlungslehrlinge, andere Angestellte für kaufmännische Dienste, Gehilfen und Lehrlinge in Apotheken;
5. Bühnenmitglieder und Musiker ohne Rücksicht auf den Kunstwert ihrer Leistungen;
6. Angestellte in beruflicher Erziehung des Unterrichts, der Fürsorge, der Kranken- und Wohlfahrtspflege (aber nicht Hebammen).
7. Schiffsbesatzung deutscher See- und Binnenfahrzeuge, alle in gehobener Stellung.

Voraussetzung ist die Beschäftigung gegen Entgelt, und daß das Einkommen 8400 *RM* nicht übersteigt (ab 1. September 1928), und daß beim Eintritt das 60. Lebensjahr nicht überschritten wird.

b) Befreit sind von der Versicherung:

1. Beamte des Reiches usw.;
2. Angestellte des Reiches usw.;
3. Soldaten bei der Vorbereitung zu einer bürgerlichen Beschäftigung;
4. Personen, die zu ihrer wissenschaftlichen Ausbildung für den zukünftigen Beruf gegen Entgelt tätig sind.

Ferner, wer berufsunfähig ist oder Invalidenrente bezieht.

c) Die freiwillige Selbstversicherung ist möglich vor Vollendung des 40. Lebensjahres für

1. Personen, die für eigene Rechnung eine Tätigkeit ähnlich der wie die obengenannten Personen ausüben;
2. die an und für sich versicherungsfreien Personen (bei Beschäftigung ohne Entgelt oder Personen zur Vorbereitung für den zukünftigen Beruf).

Auf Antrag können sich versichern Angehörige der Schutzpolizei und selbständige Lehrer und Erzieher.

Die *freiwillige Weiter*versicherung ist jedem möglich, der 4 Beitragsmonate auf Grund der Versicherung zurückgelegt hat, also auch wenn die 8400-*RM*-Grenze überschritten ist.

d) Leistungen:

Ruhegeld und Hinterbliebenenrente.

Ruhegeld erhält, wer das 65. Lebensjahr vollendet hat, oder infolge körperlicher oder geistiger Gebrechen unfähig ist, seinen Beruf auszuüben. Berufsunfähigkeit besteht schon dann, wenn die Arbeitsfähigkeit *um 50 % vermindert ist in seinem Beruf.* Das Ruhegeld setzt sich zusammen aus einem Grundbetrag von 480 *RM* jährlich und 15 % der ab 1. Januar 1924 geleisteten Beiträge.

e) Die Wartezeit

für männliche Versicherte 120 Beitragsmonate = 10 Jahre;
für weibliche Versicherte 60 Beitragsmonate = 5 Jahre.

Sind weniger als 60 Pflichtbeiträge geleistet, so erhöht sich die Wartezeit für männliche Versicherte auf 150 Beitragsmonate = $12^1/_2$ Jahre, für weibliche Versicherte auf 90 = $7^1/_2$ Jahre. Für alle Selbstversicherten beträgt die Wartezeit 15 Jahre.

f) Die Anwartschaft

wird aufrechterhalten dadurch, daß in den ersten 10 Kalenderjahren nach Beginn der Versicherung „*mindestens*“ 8 Beiträge jährlich und in den folgenden Jahren „*mindestens*“ 4 Beiträge entrichtet werden.

Im übrigen gilt auch hier, daß Beiträge geleistet werden müssen, solange und wenn versicherungspflichtige Beschäftigung geleistet wird.

g) Auch hier kann die Anwartschaft wieder aufleben, wenn der Versicherte die erforderlichen Beiträge noch 2 Jahre nach der festgesetzten Zeit entrichtet. Sie lebt auch wieder auf, wenn der Versicherte auf Grund einer versicherungspflichtigen Beschäftigung oder eines Selbstversicherungsverhältnisses Beiträge entrichtet hat. Falls vor dem Erlöschen der Anwartschaft die Wartezeit erfüllt war, nach 24 Beitragsmonaten (2 Jahre), und wenn die Wartezeit noch nicht erfüllt war, nach 48 Beitragsmonaten (4 Jahre).

Ab 1. September 1928 betragen die Pflichtbeiträge:

Einkommen RM	Klasse	Beitrag (monatl.) RM	Einkommen RM	Klasse	Beitrag (monatl.) RM
bis 50	A.	2	300—400	E.	16
50—100	B.	4	400—500	F.	20
100—200	C.	8	500—600	G.	25
200—300	D.	12	600—700	H.	30

dazu freiwillige Klassen J. 40 RM. K. 50 RM monatlich.

Zu beachten: In der Invalidenversicherung betragen die Monatsbeiträge 1,20 RM bis 8 RM. Die Beiträge entsprechen also der Klasse A—C. Trotzdem erhalten die Angestellten auch in diesen 3 Gruppen den doppelten Betrag wie die Arbeiter.

Dies ist nicht recht verständlich trotz der verschieden langen Wartezeit.

Ein Angestellter, der 120 Beitragsmonaten, geleistet nach Klasse C, berufsunfähig wird, erhält

Grundbetrag 480 RM dazu 15 % von 960 RM (120 × 8) = 144 RM
144 RM
624 = 52 RM monatlich.

Der Arbeiter, der nach der Invalidenversicherung versichert ist, invalide wird, nachdem er 10 Jahre geklebt hat, erhält 36,60 monatlich.

h) Hinterbliebenenrente erhält die Witwe ihres versicherten Ehemannes, auch wenn sie *nicht* invalide ist, Witwerrente nur der Witwer, der bedürftig ist und wenn er berufsunfähig ist.

Die Rente beträgt $^6/_{10}$ des Ruhegeldes, d. h. z. B. 374,40 RM oder 31,20 RM monatlich.

Die Witwe in der *Invaliden*versicherung erhält, *wenn sie invalide ist*, nur z. B. 22,60 RM monatlich.

Waisenrente erhalten die Kinder bis 18 Jahren entsprechend der Invalidenversicherung, auch andere Kinder (siehe oben).

Die Waisenrente beträgt $^5/_{10}$, rund z. B. 26 RM. In der Invalidenversicherung 18,33 RM.

Im übrigen wird bei dem Ruhegeld ein Kinderzuschlag für jedes Kind von 10 RM monatlich gewährt.

Heilverfahren werden entsprechend den Bestimmungen der Invalidenversicherung gewährt, das gleiche gilt für Einweisung in ein Krankenhaus.

Ein *Hausgeld* wird den Angehörigen gewährt, mindestens $^3/_{20}$ des zuletzt entrichteten Monatsbeitrages, bei 8 RM 1,20 täglich.

Wer nach der höchsten Klasse H versichert ist, 30 Jahre regelmäßig Beiträge geleistet hat, kann 2100 RM Jahresrente, d. h. 175 RM monatlich sich als Ruhegeld sichern.

i) Als Sachleistung kommen in Betracht:
Unterbringung in ein Invalidenheim oder Waisenhaus.
Bei Trunksüchtigen gilt § 51 entsprechend den Bestimmungen der Reichsversicherungsordnung.
Auch die Angestelltenversicherung gewährt Mittel für die Tuberkulosefürsorgestellen, aber in viel geringerem Umfang als die Landesversicherungsanstalten, erfreulicherweise auf einem Gebiete, das sonst brachliegt für Mittelstandskuren.
h) Die Leitung liegt in der Hand des Direktoriums, ihm zur Seite steht der Verwaltungsrat. Das Direktorium leitet ein Präsident, ihm unterstehen beamtete Mitglieder. Außerdem müssen zu gleichen Teilen Vertreter der Versicherten und der Arbeitgeber als ehrenamtliche Mitglieder vorhanden sein, und zwar im ganzen in größerer Zahl als die beamteten Mitglieder. Die Beschlüsse werden durch Stimmenmehrheit gefaßt. Der Verwaltungsrat besteht aus dem Präsidenten als Vorsitzenden und mindestens je 12 Versicherten und je 12 Arbeitgebern. Der Verwaltungsrat kann für einzelne Arbeitsgebiete Ausschüsse einsetzen.
Die Wahlen erfolgen durch die Vertrauensmänner.
Diese wählen nicht nur den Verwaltungsrat, sondern auch die Beisitzer der Angestelltenversicherung bei den Versicherungsämtern, dem Oberversicherungsamt und dem Reichsversicherungsamt.
Spruch- und Beschlußverfahren regelt sich ganz wie bei der Reichsversicherungsordnung. Die Vertrauensmänner werden je zur Hälfte von den Versicherten, zur Hälfte aus den Arbeitgebern gewählt. Hierbei ist der politische Charakter offensichtlich, wie dies besonders bei den Wahlen im Dezember 1927 in Erscheinung trat. Naturgemäß wollen die Angestelltenverbände der verschiedenen Richtungen ihre Vertrauensmänner in die wichtigen Stellen bringen.
Auch die Marken für die Angestelltenversicherung sind auf der Post erhältlich, die Marke wird monatlich entwertet. Karten werden bei den Stellen der allgemeinen Ortskrankenkasse ausgegeben, die Karten sind alle 3 Jahre umzutauschen.

Die Sozialversicherung diente dem Zweck, die kranken und arbeitsunfähigen Arbeiter vor Not zu schützen. Die wirtschaftliche Notlage Deutschlands hat

6. Am 16. Juni 1927 das Gesetz über Arbeitsvermittlung und Arbeitslosenversicherung geschaffen. Dies ist in Kraft getreten am 1. September 1927.

Bei einer normalen Wirtschaftslage wäre ein solches Gesetz unmöglich.

In der Reichsverfassung wird im Art. 163 erklärt, Abs. 1, jeder Deutsche hat unbeschadet seiner persönlichen Freiheit die „*sittliche Pflicht*“, seine geistigen und körperlichen Kräfte so zu betätigen, wie es das Wohl der Gesamtheit „*erfordert*“; Abs. 2: Jedem Deutschen „*soll die Möglichkeit gegeben werden*, durch wirtschaftliche Arbeit seinen Unterhalt zu erwerben“. Weimar, 11. August 1919.

Dagegen Juli 1927: Eine *gesetzliche* „*Pflicht*“ besteht für jeden deutschen Arbeiter, sich *gegen* „*Arbeitslosigkeit*“ zu versichern.

Eine der wichtigsten Tatsachen des Gesetzes ist vielleicht, daß das Reich eine wesentliche Aufgabe, die bisher von den Kommunen verwaltet wurde, in eigene Regie genommen und staatliche Behörden bis in die unteren Verwaltungsbezirke verankert hat.

Die Form der Notstandsarbeiten: Nur Arbeiten, die zu *Tariflöhnen* verrichtet werden, gelten von jetzt an als versicherungspflichtige Beschäftigung. Dadurch ist es den Gemeinden fast unmöglich gemacht, *große Arbeiten wie bisher* bei verbilligten Arbeitslöhnen aber mit dem Erfolg, viele Erwerbslose zu beschäftigen, auszuführen. Es ist auch den Gemeinden die Möglichkeit genommen, auf Grund dieser Arbeiten in größerer Zahl Arbeitslose in die Erwerbslosenversicherung zu bringen.

Tatsache ist, daß die Zahl der Erwerbslosen seit Juli 1927 in Deutschland erheblich abgenommen hat. Man beachte aber die Zahl der in Krisenfürsorge befindlichen und die Zunahme der Zahl der Wohlfahrtsunterstützten.

a) Staatliche Organe sind die Reichsanstalt für Arbeitsvermittlung und Arbeitslosenversicherung, die *Landesarbeitsämter* und die *Arbeitsämter* in den Gemeinden. In den Ausschüssen sitzen Vertreter der Arbeitgeber und Arbeitnehmer in gleicher Zahl. Das folgt daraus, daß die Beiträge zu gleichen Teilen gezahlt werden.

Der Vorsitzende in den Ausschüssen ist ein Staatsbeamter. Zu einem Drittel der Stimmen sind außerdem Vertreter der öffentlichen Körperschaften mit Sitz und Stimme beteiligt.

In allen Organen sollen Frauen vertreten sein.

Bei jedem Arbeitsamt wird ein Spruchausschuß gebildet. Bei den Landesarbeitsämtern besteht eine Spruchkammer, deren Vorsitzender der Vorsitzende des Oberversicherungsamtes ist (§ 30,2); hierdurch wird die Einheit mit der Sozialversicherung herbeigeführt. Beim Reichsversicherungsamt ein Spruchsenat. In ihm ist der Vorsitzende ein vom Reichsarbeitsminister bestellter Senatspräsident.

b) Der erste Abschnitt behandelt die Arbeitsvermittlung und die Berufsberatung (§ 58—68).

Freie Stellen sollen durch geeignete Arbeitskräfte besetzt werden. Hierdurch ist es möglich, die Facharbeiter unterzubringen. Die persönlichen und die Familienverhältnisse, die Dauer der Arbeitslosigkeit sind zu berücksichtigen *soweit die Lage des Arbeitsmarktes es gestattet*! Es ist zu beachten, daß ein Einstellungszwang für den Arbeitgeber nicht besteht. Es ist erfreulich, daß der Reichsarbeitsminister die Arbeitsämter darauf hingewiesen hat, daß den „*kinderreichen*“ Familienvätern vordringlich Arbeit nachgewiesen werden soll. Aber der Erfolg ist gering. Immer mehr mechanisiert sich der Arbeitsprozeß. Ältere Arbeiter, die dem Arbeitstempo nicht mehr gewachsen sind, werden entlassen. 50—54 Jahre alte Familienväter können schwer, fast gar nicht wieder in Arbeit gebracht werden, sie beziehen 26 Wochen Arbeitslosenunterstützung, bleiben vielleicht einige Wochen in der Krisenfürsorge und fallen dann dem Wohlfahrtsamt zur Last. Sind sie nicht invalide, so müssen sie bis zum 65. Lebensjahr Unterstützung beziehen, ehe ihre wohlerworbenen Rechte, die Altersrente, in Erscheinung treten.

Große Schwierigkeiten bestehen auch in der Berufsberatung.

Frauen sollen für die weiblichen Berufszweige herangezogen werden. Zur Arbeitsvermittlung gehört auch die Vermittlung der Lehrstellen. Aber auch hier liegen die Schwierigkeiten in der Lage des Arbeitsmarktes. Die Frage des Lehrlingsstellennachweises ist zur Zeit ebenfalls recht schwierig.

Man hat Heime mit Beschäftigungsmöglichkeit für jugendliche Erwerbslose eingerichtet, deren Besuch nach dem Gesetz zwangsmäßig ist. Ein kostspieliger Notbehelf.

Der zweite Hauptabschnitt behandelt

c) die Arbeitslosenversicherung:

1. Versicherungspflichtig sind alle, die auf Grund der Reichsversicherungsordnung oder des Reichsknappschaftsgesetzes für den Fall der Krankheit pflichtversichert sind;

2. wer in der Angestelltenversicherung pflichtversichert ist und der Pflicht der Krankenversicherung nur deshalb nicht unterliegt, weil er die Verdienstgrenze der Krankenversicherung (3600 RM) überschritten hat;

3. Wer der Schiffsbesatzung eines deutschen Seefahrzeuges angehört.

d) Versicherungsfrei sind Eigentümer und Pächter in der Land- und Forstwirtschaft; ferner wenn der Arbeitnehmer auf Grund eines schriftlichen Arbeitsvertrages von mindestens einjähriger Dauer beschäftigt wird oder auf Grund eines schriftlichen Arbeitsvertrages auf unbestimmte Zeit beschäftigt ist, wenn eine sechswöchige Kündigungsfrist vereinbart ist.

e) Die Versicherungspflicht beginnt in beiden Fällen 6 Monate vor Lösung des Arbeitsverhältnisses (§ 71).

f) Freiwillige Weiterversicherung ist denen gestattet, die wegen Überschreitung der Gehaltsgrenze (8400 RM) aus der Versicherungspflicht ausscheiden (§ 86).

g) Die Versicherungsleistungen. Anspruch auf Arbeitslosenunterstützung hat

1. wer arbeitsfähig, arbeitswillig, aber „*unfreiwillig*" arbeitslos ist;

2. wer die Anwartschaft erfüllt hat;

3. den Anspruch auf Arbeitslosenunterstützung noch nicht erschöpft hat.

Arbeitsfähig ist derjenige, der *nicht invalide* im Sinne der Invalidenversicherung ist; aber nicht ohne weiteres, wer Invalidenrente auf Grund des Alters erhält, ist arbeitsunfähig. Wer Krankengeld, Wochengeld oder eine Ersatzleistung empfängt, erhält keine Arbeitslosenunterstützung.

Wer trotz Belehrung eine Arbeit auch außerhalb des Wohnortes ablehnt, erhält 4 Wochen keine Arbeitslosenunterstützung (§ 90).

Ein berechtigter Grund zur Ablehnung liegt vor:

1. wenn die Arbeit nicht tariflich entlohnt ist;

2. die Arbeit dem Arbeitlosen nach seiner Vorbildung, seinem körperlichen Zustand oder mit Rücksicht auf sein späteres Fortkommen nicht zugemutet werden kann (daher erfolgt amtsärztliche Untersuchung durch die Arbeitsämter);

3. die Arbeit durch Streik frei geworden ist;

4. die Unterkunft gesundheitlich oder sittlich bedenklich ist;

5. die Versorgung der Angehörigen nicht hinreichend gesichert ist.

Bei Erwerbslosen unter 21 Jahren und bei Empfängern von Krisenunterstützung kann die Unterstützung von einer Arbeitsleistung abhängig gemacht werden.

Als Pflichtarbeiten dürfen aber auch dann nur solche Arbeiten zugewiesen werden, die sonst überhaupt nicht ausgeführt würden, gemeinnützig sind, ihnen nach Alter, Gesundheitszustand, häuslichen Verhältnissen zugemutet werden können, ihre Vermittlung in Arbeit nicht stören, ihnen keine Nachteile für späteres Fortkommen bieten.

Eine Berufsumschulung oder Fortbildung kann verlangt werden (§ 92). Wer die Arbeitsstelle ohne wichtigen Grund verläßt, erhält 4 Wochen keine Unterstützung.

g) Die Anwartschaft ist erfüllt, wenn der Versicherte in den letzten 12 Monaten 26 Wochen, d. h. 26 mal 6 Tage in einer versicherungspflichtigen Beschäftigung gestanden hat.

In diese Frist von 12 Monaten wird mit eingerechnet, wenn der Arbeitslose sich durch selbständige Arbeit erhalten hat, wenn er eine versicherungspflichtige Beschäftigung ausgeübt hat, die nicht zur Erfüllung einer neuen Anwartschaft ausreicht, sich in einem geregelten Ausbildungsgange zur Berufsumschulung oder Fortbildung befunden hat, wer deswegen keine Arbeitslosenunterstützung bezog, weil er noch Leistungen aus einem früheren Arbeitsverhältnis bezog, wer durch Krankheit, Schwangerschaft oder Wochenbett zeitweise arbeitsunfähig und nachweislich behindert war, seine versicherungspflichtige Beschäftigung fortzusetzen, wer auf behördliche Anordnung in einer Anstalt verwahrt wurde, oder Arbeit wer auf behördliche Anordnung in einer Anstalt verwahrt wurde oder Arbeitslosenunterstützung erhielt, seinen Anspruch auf Unterstützung aber nicht erschöpft hat (26 Wochen).

Voraussetzung ist in allen diesen Fällen, daß der Arbeitslose in 3 Jahren vor dem Tage der Arbeitslosmeldung im ganzen 26 Wochen in einer versicherungspflichtigen Beschäftigung gestanden hat.

Der Anspruch ist erschöpft, wenn 26 Wochen Unterstützung gewährt wurde. Die Höchstdauer kann auf 39 Wochen ausgedehnt werden. Eine neue Leistung wird nur gewährt, wenn die Anwartschaft von neuem erfüllt ist, d. h. wieder 26 Wochen Arbeitsleistung bestanden hat (§ 99).

h) Bei Zeiten andauernden ungünstigen Arbeitsmarktes kann Krisenunterstützung gewährt werden. Dauer und Höhe der Krisenunterstützung kann beschränkt werden, insbesondere auf einzelne Berufszweige.

Krisenunterstützung erhalten Arbeiter, die arbeitsfähig, arbeitswillig, unfreiwillig arbeitslos und *bedürftig* sind, wenn sie

1. die Anwartschaft (siehe oben) nicht erfüllt haben, aber in 12 Monaten mindestens 13 Wochen in einer versicherungspflichtigen Beschäftigung gestanden haben, oder

2. den Anspruch auf Arbeitlosenunterstützung erschöpft haben (26 bis 39 Wochen). Genaue Angaben im Einzelfall bei den Arbeitsämtern erfragen!

i) Die Arbeitslosenunterstützung besteht aus der Hauptunterstützung und den Familienzuschlägen (§ 105ff.). (S. Tabelle auf S. 137.)

Anmerkung: Für eine Person heißt: die Ehefrau, für die weiteren: die versorgungspflichtigen Kinder, also nur bis zum vierten Kind. Man beachte: die Einkommenstufen von I—VI haben eine Unterstützung, die bei einer Familie mit 4 Kindern unter dem Existenzminimum liegt. Ein Wohlfahrtsempfänger mit 4 Kindern erhält wöchentlich rund 25 ℛℳ. Auf Grund der *gesetzlichen* Versicherung bleibt die Unterstützung eines Familienvaters *mit einer Normalfamilie* „unter dem Existenzminimum"!

Das Prinzip war: Den jetzigen einheitlichen Satz der Erwerbslosenunterstützung, der sich nicht nach dem Arbeitsverdienst richtete, abzuschaffen, desgleichen die Kinderzulagen, durch die ein Erwerbsloser mit 4 Kindern eine höhere Unterstützung erhielt als der Ledige.

Man versuchte durch Prozente des Arbeitseinkommens diesen Schwierigkeiten aus dem Wege zu gehen.

Man sah sich aber doch genötigt, den Familienstand zu berücksichtigen.

Die Unterstützungssätze für die Ledigen und die Verheirateten waren früher grundsätzlich zu niedrig. Die Unterstützungssätze der Familien mit 4 und mehr Kindern betrugen früher in den größeren Städten wöchentlich 24,60 RM, jetzt bleiben sie bis zur Lohnklasse 7, also bis 36 bis 42 RM Wochenverdienst unter der früheren Höhe mit 15,12 RM, 17,55, 21,45 RM wöchentlicher Unterstützung. Man kommt also auch mit dieser Berechnung nicht zum Ziele, und zwar deshalb, weil das Entlohnungsprinzip falsch ist, den Familienstand nicht berücksichtigt (siehe unten).

k) Gelegenheitsarbeit kann der Arbeitslose leisten, bis 20 % bleibt hierbei außer Ansatz. Bei 30,60 RM Unterstützung, also 7,20; der übersteigende Betrag wird zu 50 % angerechnet. Hat ein Erwerbsloser 10 RM Nebenverdienst, so werden von 2,80 RM 50 % = 1,40 RM in Abzug gebracht, der Erwerbslose erhält also nicht 30,60 RM, sondern 29,20 RM ausgezahlt (§ 112).

l) Die Arbeitslosenunterstützung wird nach Ablauf von 7 Tagen seit dem Tage der Arbeitslosigkeit *ausgezahlt*.

Lohnklasse	Wöchentlicher Arbeitsverdienst RM	Einh.-Lohn RM	Hauptunterstütz. d. Arbeitslos. %	Hauptunterstütz. d. Arbeitslos. RM	Gesamtunterstützung mit Familienzuschlag: für 1 Pers. %	für 1 Pers. RM	für 2 Pers. %	für 2 Pers. RM	für 3 Pers. %	für 3 Pers. RM	für 4 Pers. %	für 4 Pers. RM	für 5 Pers. %	für 5 Pers. RM
I	bis 10	8	75	6	80	6,40	80	6,40	80	6,40	80	6,40	80	6,40
II	mehr als 10—14	12	65	7,80	70	8,40	75	9	80	9,60	80	9,60	80	9,60
III	„ „ 14—18	16	55	8,80	60	9,60	65	10,40	70	11,20	75	12	75	12
IV	„ „ 18—24	21	47	9,87	52	10,92	57	11,97	62	13,02	67	14,70	72	15,12
V	„ „ 24—30	27	40	10,80	45	12,15	50	13,50	55	14,85	60	16,20	65	17,55
VI	„ „ 30—36	33	37,5	13,20	45	14,85	50	16,50	55	18,15	60	19,80	65	21,45
VII	„ „ **36—42**	**39**	**35**	**14,63**	**42,5**	**16,58**	**47,5**	**18,53**	**52**	**20,48**	**57,5**	**22,43**	**62,5**	**24,38**
VIII	„ „ 42—48	45	35	15,75	40	18	45	20,25	50	22,50	55	24,75	60	27
IX	„ „ 48—54	51	35	17,85	40	20,40	45	22,95	50	25,50	55	28,05	60	30,60
X	„ „ 54—60	57	35	19,95	40	22,80	45	25,65	50	28,50	55	31,35	60	34,20
XI	„ „ 60	63	35	22,05	40	25,20	45	28,35	50	31,50	55	34,65	60	37,80

Die Arbeitslosenunterstützung wird *mit dem Tage* der Arbeitslosenmeldung gewährt, wenn die Arbeitslosigkeit im unmittelbaren Anschluß an

1. Beschäftigung von weniger als 6 Wochen;
2. Kurzarbeit von mindestens zweiwöchiger Dauer, infolge deren das Arbeitsentgelt um mindestens ein Drittel gekürzt war;

3. oder *Arbeitsunfähigkeit* von mindestens einwöchiger Dauer;

4. oder mindestens einwöchige Verwahrung auf behördliche Anordnung in einer Anstalt eintritt (§ 110).

m) Die Krankenversicherung besteht für die Dauer der Erwerbslosenunterstützung.

Die Erwerbslosen sind Mitglieder der allgemeinen Ortskrankenkasse ihres Bezirkes (§ 121).

Als Krankengeld wird derjenige Betrag gewährt, den der Arbeitslose nach den Bestimmungen als Arbeitslosenunterstützung erhält, wenn er nicht krank wäre (§ 120).

Werden Empfänger von Arbeitslosenunterstützung durch Krankheit arbeitsunfähig, *so steht für die ersten drei Tage* der Krankheit dem Fortbezuge der Arbeitslosenunterstützung nichts entgegen (also für die Zeit, in der Krankengeld nicht gezahlt wird).

Es gibt demnach 2 Gruppen von Krankengeldempfängern bei den Ortskrankenkassen: Erstens die ordentlichen Mitglieder, die das auf Grund der Reichsversicherungsordnung festgesetzte Krankengeld beziehen (gewöhnlich $^1/_2$ Grundlohn). Zweitens Erwerbslose, die wegen Krankheit Unterstützung erhalten. Über die Höhe dieser Sätze siehe oben. In den Fällen von Krankheit müssen die Wohlfahrtsämter Zuzahlungen leisten, denn eine Normalfamilie kann mit den Sätzen I bis einschließlich VI nicht auskommen, sei der Vater gesund oder krank.

n) Die Kurzarbeiterunterstützung

ist auch in dem neuen Gesetz beibehalten worden.

Sie *kann* solchen Arbeitern gewährt werden, die eine versicherungspflichtige Beschäftigung haben, aber in einer Kalenderwoche infolge Arbeitsmangels, die in ihrer Arbeitsstätte übliche Zahl von Arbeitsstunden nicht erreichen.

Die Kurzarbeiterunterstützung darf nicht höher sein als die Arbeitslosenunterstützung, die der Arbeiter erhielte, wenn er arbeitslos wäre. $^5/_6$ des normalen Arbeitsverdienstes dürfen durch die Kurzarbeiterunterstützung aufgefüllt werden, mehr nicht (§ 130).

o) Maßnahmen zur Verhütung und Beendigung der Arbeitslosigkeit. Solange im Falle der Übersiedlung die zuschlagsberechtigten Familienangehörigen nicht nachfolgen können, *kann* der Vorsitzende des Arbeitsamtes die Familienzuschläge ganz oder teilweise fortgewähren! (§ 133.)

Kann ein auswärts Beschäftigter wegen Regentagen den vorgesehenen Lohn nicht erhalten, so gilt er als Kurzarbeiter, und wenn eine entsprechende Bescheinigung beigebracht wird, kann der Arbeitsnachweis Zuzahlung leisten.

Arbeitsausrüstung kann vom Vorsitzenden des Arbeitsamtes vorgestreckt werden; auf Rückerstattung kann teilweise oder ganz verzichtet werden (§ 135).

Der Vorsitzende des Arbeitsamtes kann Veranstaltungen zu beruflicher Fortbildung und Umschulung unterstützen (§ 137).

Der Verwaltungsausschuß des Landesarbeitsamtes kann aus den Mitteln der Reichsanstalt Darlehen zur Förderung von produktiven Arbeitsgelegenheiten gewähren (§ 139).

Werden durch diese Mittel Notstandsarbeiten gefördert, so können durch den Verwaltungsausschuß der Landesarbeitsamtes obere Grenzen für den Lohn festgesetzt werden. Auch dann gilt die Entlohnung als tarifliche! (§ 139,4).

p) Die Aufbringung der Mittel. Die Mittel werden zu gleichen Teilen von Arbeitgebern und Arbeitnehmern aufgebracht. Reich und Länder leisten anteilig Beiträge (nicht höher als 3% des Durchschnittslohnes $^1/_2 : ^1/_2$).

q) Der Antrag auf Arbeitslosenunterstützung muß persönlich beim Arbeitsamt gestellt werden (§ 168).

Das Arbeitsamt kann Ermittlungen jeder Art anstellen, insbesondere den Arbeitslosen zur Prüfung seiner Arbeitsfähigkeit ärztlich untersuchen lassen (§ 171).

Regelmäßige Meldung beim Arbeitsamt ist bei Bezug der Arbeitslosenunterstützung erforderlich. Die Arbeitslosenunterstützung wird wöchentlich *nachträglich* gezahlt. (Eine vorübergehende Wohlfahrtsunterstützung kann also in Frage kommen, da in der Regel der Arbeitslose die erste Zahlung 14 Tage nach Beendigung der Arbeit erhält!)

r) Der Arbeitslose, der Arbeitslosenunterstützung erhält, muß ohne Aufforderung dem Arbeitsamt melden:

1. wenn er aus seiner früheren Beschäftigung eine Abfindung oder Entschädigung erhält;
2. wenn er oder einer seiner Angehörigen, für den ein Familienzuschlag gezahlt wird, eine entlohnte Arbeit übernimmt;
3. wenn ihm Krankengeld, Wochengeld, Rente aus der Unfallversicherung wegen einer $66\,^2/_3$ vom Hundert übersteigenden Einbuße seiner Erwerbsfähigkeit, Invalidenrente nach der Reichsversicherungsordnung oder Ruhegeld nach der Angestelltenversicherung oder Invalidenpension nach dem Reichsknappschaftsgesetz zugebilligt wird;
4. wenn einer seiner Angehörigen, für den ein Familienzuschlag gewährt wird, stirbt, die häusliche Gemeinschaft verläßt, oder von einem Dritten Unterhalt gewährt wird (§ 176).

Arbeitslosenunterstützung soll nur erhalten, wer „*arbeitsfähig*“ ist, d. h. auch nach dieser Fassung, wer *nicht* invalide ist. Mit 65 Jahren bezieht der Arbeiter die Invalidenrente als Altersrente, wenn er dann noch arbeitet, so kann er trotz der Rente versichert sein, und im Falle der Arbeitslosigkeit Arbeitslosenunterstützung beziehen!

Einspruchsfrist 2 Wochen (§ 178).

s) Wichtig ist § 217. Wer einem andern eine versicherungspflichtige Beschäftigung hauptsächlich deswegen gibt, damit der Beschäftigte dadurch Anspruch auf Arbeitslosenunterstützung erhält, hat der Reichsarbeitslosenunterstützung alle Aufwendungen zu ersetzen, die ihr an Versicherungsleistungen infolgedessen erwachsen. Das gilt insbesondere, wenn mit einer Beschäftigung bezweckt wird, Empfänger der öffentlichen Fürsorge in die Arbeitslosenunterstützung zu überführen.

Diese Bestimmungen richten sich gegen die Gemeinden. Nach dem starren Wortlaut sind sie gar nicht durchführbar. Notstandsarbeiten auch im Einverständnis mit dem Arbeitsamt sind nicht zu umgehen. Diese bezwecken indirekt eine Zurückführung in die Arbeitslosenversicherung.

Die vom Arbeitsamt in die Krisenfürsorge Verwiesenen wandern in die Wohlfahrtsunterstützung, wenn ihr Anspruch erschöpft ist.

t) Die Gemeinden müssen ihrerseits arbeitsscheue Elemente ausschalten. Arbeitsgelegenheiten müssen geschaffen werden (Hof, Hammer, Kiel). Landkulturarbeiten bei Verpflegung und Prämienzahlung ohne direkte Entlohnung. Verköstigung wird gewährt. *Arbeitsfürsorge.* Gelegenheit zum Stempeln wird gegeben, damit die Betreffenden ihren Anspruch auf Arbeitszuweisung nicht verlieren.

Bei dieser Zwangsarbeitszuweisung nahmen recht viele von den Aufgeforderten die Arbeit nicht auf; diese wurden aus der Fürsorge ausgeschaltet.

In Kiel waren in einem halben Jahre (1. Oktober 1927 bis 31. März 1928) 774 Hilfsbedürftige für die Arbeitsfürsorge in Aussicht genommen. Zugewiesen wurden nach der ersten Sichtung 657. Von diesen haben nur 403 die Arbeit angetreten, 254 nicht. Letztere wurden den Kreisämtern mitgeteilt. Sie schieden aus der Unterstützung aus!

7. Familienpolitik. a) Allgemeine Bemerkungen. Das Alter bis zu 30 Jahren soll für Mann und Frau die hauptsächlichste Zeit der Familiengründung sein. Die höchste Heiratsziffer liegt für Männer zwischen 24 und 25 und bei Frauen zwischen 22 und 24. Die Hauptzahl der Geburten fällt in das Jahrzehnt 20—30 (vgl. Statistisches Jahrbuch für den Freistaat Preußen).

Späte Heiraten ergeben an sich eine geringere Geburtenzahl. Dies ist eines der Mittel, welche MALTHUS angegeben hatte, um die Übervölkerung zu verhüten. Dieser englische Gelehrte war bekanntlich der Ansicht, daß die Bevölkerungszahl derartig fortschreiten würde, daß Hunger, Elend, Krieg und Laster die Bevölkerungsziffer dezimieren müsse, weil sonst eine Übervölkerung eintreten würde.

α) *Der Neomalthusianismus* hat diese Lehre aufgegriffen und verbreitet sie durch Wort und Schrift. Die Kleinhaltung der Familie wird als Dogma hingestellt, weil eine Übervölkerung insbesondere in Deutschland bestehe. Die Anwendung von empfängnisverhütenden Mitteln wird in weitem Umfange empfohlen, auch unter dem Hinblick, die erschreckend große Zahl von Fehlgeburten einzudämmen.

Auf die Leitsätze von Professor GROTJAHN, die auf S. 108 abgedruckt sind, kann hier Bezug genommen werden.

Die Anwendung der empfängnisverhütenden Mittel wird auch unter dem Gesichtspunkte der Eugenik empfohlen. Man sieht, daß unerwünschte Elemente sich zu stark vermehren, und hofft auf diese Weise ihre Fortpflanzung einzuschränken.

Zu beachten: Die Erbmasse eines Volkes wird nur natürlich erhalten, wenn alle Schichten der Bevölkerung sich annähernd gleichmäßig vermehren. Bekannt ist aber, daß die sozial niedrigeren Schichten sich immer stärker vermehren als die oberen. Die Lehren der Rassenhygiene und der Eugenik sind aber in den intelligenten Schichten vornehmlich bekannt, in denen schon seit Jahrzehnten eine gewisse Geburtenmüdigkeit besteht.

Die Rassenhygiene hat ein ungeahntes Interesse erweckt. Wir wissen heute, daß körperliche Schäden von den direkten und seitlichen Vorfahren ererbt sein können. Die Beschäftigung mit diesen Dingen kann unter dem Gesichtswinkel der erhöhten Verantwortlichkeit zu einer noch stärkeren Geburtenbeschränkung in den intelligenten Kreisen führen.

Die Vererbungslehre hat uns aber hauptsächlich erklärt, daß körperliche und geistige Defekte vererbbar sind, von denen man mit offenen Augen schon früher wußte, daß sie ein Ehehinderungsgrund sein müßten. Dies trifft zu für die Bluterkrankheit, für die Epilepsie und andere Geisteskrankheiten.

Die Lehre der Eugenik sollte sich aber vielmehr auf folgende Tatsachen richten: Ein schweres Vergehen gegen die Erbmasse eines Volkes ist es, wenn körperlich und geistig gesunde Eltern ihre gesunde Erbmasse nachträglich verderben. Kinder von Syphilitikern und von Alkoholikern und auch Kinder, die in gelegentlichen Rauschzuständen geboren werden, sind *„schlecht geboren“* infolge eingetretener Keimschädigungen des Vaters oder der Mutter. Auch der Einwand ist nicht zutreffend, daß Kinder bei steigender Geburtenzahl schlechter werden, diese nehmen vielmehr bis zu einem verschieden hohen Optimum an Güte zu. Die seelische Anpassung in der Ehe spielt hierbei sicher eine Rolle. Die starke Vermehrung unerwünschter minderwertiger Familien kann leichter in Kauf genommen werden, wenn die Gesamtbevölkerung sich durchschnittlich kräftig vermehrt, als wenn die oberen Schichten aus den oben angeführten Gründen eine starke Geburteneinschränkung betreiben.

β) Die Verbreitung der neomalthusianischen Lehren gefährdet aber fernerhin die Sittlichkeit in hohem Grade. Sagt man, daß der Zweck des Geschlechtsverkehrs nicht das Kind sei, so erklärt man den Geschlechtsgenuß als Selbstzweck. Die Anpreisung der freien Liebe, der Ablehnung der Kindererzeugung, der Auflösung der Ehe sind die Folge.

Die Erkenntnis, daß *wenige* Kinder den Lebensstandard erhöhen, verbreitet sich schnell in alle Volkskreise und eine allgemeine weitere Geburtenverminderung ist die Folge.

Der Adel ist auf diese Weise praktisch ausgestorben. Früher ergänzte sich die obere Schicht von unten her. Zeigt die untere Schicht dieselbe Geburtenarmut, so ist diese Ergänzung unmöglich.

γ) Das Land war früher die Quelle der Kraft. Die Geburtenziffern dort übertrafen bei weitem die der Städte. Die Geburtenabnahme ist in erschreckendem Maße auch auf dem Lande aufgetreten, jetzt verödet das Land, die Bewohner ziehen in die Städte und werden dort kinderarm.

Ungünstig wirken auf dem Lande: Die maschinelle Umstellung des Betriebes und die dadurch bedingte Saisonarbeit.

Polnische Arbeiter werden in das Land gezogen, während gleichzeitig Erwerbslosenunterstützung an deutsche Arbeiter gezahlt wird.

Durch die Geburtenabnahme in den Landbezirken kann es zur Verödung weiter Gebiete kommen. Beispiel Frankreich. Dies ist gleichzeitig beweisend für Unterwanderung fremdstämmiger Volkselemente und dadurch eintretende Überfremdung. Bis 6 Millionen Fremde befinden sich in französischen Landen, jeder achte Franzose ist fremder Nationalität. Das eigene Volk wird ersetzt. Die alten Völker starben aus, nicht infolge von Unfruchtbarkeit, sondern infolge von Sittenlosigkeit (Geburtenbeschränkung und Auflösung der Ehe), sie wurden durch fremde Völker ersetzt. *Beispiele*: Rom, Griechenland, Babylonien, das Reich der Azteken. Vgl. KORHERR: Geburtenrückgang. Süddtsch. Mh. 1928. Ferner zu beachten zu diesen ganzen Fragen: EDGAR J. JUNG: Gegen die Herrschaft der Minderwertigen, ihr Zerfall und ihre Ablösung. Berlin, Deutsche Rundschau 1927.

δ) *Die Rassenhygiene* darf nicht danach streben, eine bestimmte Rasse als beste zu empfehlen, z. B. die blauäugige, blondhaarige. Die Rassenhygieniker sollen die Vorteile und Nachteile der Rasse ihres Landes untersuchen und eine spezifische Hygiene ihrer besonderen Rasse aufstellen. Wohl der Rasse, die ihre guten Eigenschaften pflegt, an der Unterdrückung ihrer schlechten arbeitet, sie wird auch im Wettbewerb die besten Chancen zeigen.

ε) *Das Wohlergehen* jedes Volkes hängt aber von der Pflege der Familie ab. Daher ist der Eingriff in die Einrichtung der Ehe, wie er in Rußland stattgefunden hat, abzulehnen. Dort ist die registrierte Ehe und die nicht registrierte Ehe als gleichberechtigt anerkannt worden. Gefährlich in diesem Sinne ist die Anpreisung der Kameradschaftsehe (LINDSEY), der Frühehe mit bewußter Kinderverhütung (FOREL), die Stufenehe (ELISABETH V. SCHMIDT). Alle diese Empfehlungen sind als Angriffe auf die Ehe und auf die Familie anzusehen.

b) Reformvorschläge. Artikel 119 der Reichsverfassung sichert den Schutz der Ehe, der Familie und insbesondere der kinderreichen Familie. Tatsächlich leben heute zahlreiche kinderreiche Familien in wirtschaftlicher Not und ein großer Teil von ihnen lebt in vorübergehender oder dauernder Verbindung mit den Wohlfahrtsämtern.

c) Der Reichsbund der Kinderreichen Deutschlands zum Schutz der Familie, Geschäftsstelle Berlin W. 8, Friedrichstr. 186, Vorsitzender HANS KONRAD, hat sich folgende Aufgabe gestellt:

1. Ideelle Unterstützung der Familie durch Zusammenschluß der kinderreichen Familien (mit 4 und mehr lebenden Kindern).
2. Materielle Erleichterung durch

a) eine Entlohnung nach dem Familienstande, d. h. durch Gewährung staatlicher Erziehungsbeihilfen an alle kinderreichen Familien (Elternschaftsversicherung).

b) Eine gerechte Besteuerung unter Berücksichtigung der Kopfzahl der Familie.

c) Eine gesunde Wohnpolitik, bei der auf die besonderen Bedürfnisse der kinderreichen Familien Rücksicht genommen wird (Art. 155 der RV.).

d) Sonstige Vergünstigungen auf dem Gebiete des Schulwesens (Ermäßigung des Schulgeldes bei mehreren Geschwistern) und des Verkehrswesens.

Für die staatlichen Erziehungsbeihilfen können die in Preußen gezahlten Kindergelder zur Richtschnur dienen. Es werden für die ersten 2 Kinder je 20 *RM*, für das dritte und vierte Kind je 25 *RM*. für das fünfte und weitere Kind je 30 *RM*. monatlich gezahlt.

Rektor Thiede hat einen entsprechenden Vorschlag für die Beamtenbesoldung bzw. Gehaltszahlung überhaupt gemacht. Er schlägt prozentuale Zuschläge bzw. Abzüge in jeder einzelnen Gehaltsstufe vor, so daß ein Beamter mit 4 Kindern bei einem Grundgehalt von 4000 *RM* 100 % mehr als der ohne Kinder, d. h. 8000 *RM* erhält. Es bestehen Untergruppen des Reichsbundes in den Provinzen, Ortsgruppen in den Städten. Der Reichsbund gibt ein Bundesblatt heraus, das monatlich in einer Auflage von 70000 Exemplare erscheint.

Ein internationaler Zusammenschluß der kinderreichen Familien hat in der Liga für Leben und Familie stattgefunden (Genf 1927). Angeschlossen sind: Belgien, England, Deutschland, Frankreich, Holland, Spanien. Bei der Eröffnung hat der Präsident den internationalen Zusammenschluß dahin begründet, daß, da der Angriff gegen die Familie international erfolge, daher trotz Wahrung der Interessen des eigenen Landes eine internationale Abwehrfront gebildet werden müsse.

Auf die Bedenken, daß durch eine solche Regelung die Minderwertigen sich stärker vermehren würden, ist schon oben eingegangen worden.

Inwieweit man direkt die minderwertigen Menschen von der Fortpflanzung ausschalten kann, ist eine noch ungelöste Frage. In den Vereinigten Staaten von Amerika hat man mit Eifer und starker rechtlicher Sicherung die Sterilisierung von rückfälligen Verbrechern und minderwertigen Personen in Angriff genommen. In Deutschland hat Boeters (Zwickau) einen entsprechenden Gesetzesvorschlag gemacht. Das Reichsgesundheitsamt hat aber nicht Stellung genommen, weil es der Ansicht ist, daß man auch heute noch nicht mit Sicherheit sagen kann, ob die Nachkommen der genannten Personen tatsächlich dieselben körperlichen und geistigen Defekte zeigen.

d) Der Entwurf für ein Bewahrungsgesetz, der dem Reichstag vorliegt, steht in engster Beziehung zu der Sterilisierungsfrage. Gelingt es, die genannten Personen und hochgradig asoziale Menschen dauernd in Verwahrung zu halten, so ist eine Sterilisierung füglich nicht erforderlich. In Zukunft wird man die Frage der Sterilisierung in enger Verbindung mit der Bewahrung erörtern. Das abschließende Wort ist noch nicht gesprochen. Für die Unterbringung in Bewahrungsanstalten kämen in Frage: Chronische unbeeinflußbare Trinker, chronisch Geschlechtskranke, insbesondere Frauen ohne Beruf, rückfällige Verbrecher.

Gefährdetenheime insbesondere für weibliche Personen müssen den Bewahrungsanstalten in derselben Weise vorgelagert werden wie die Psychopathenheime den Fürsorgeerziehungsanstalten.

e) Die Wohnung ist von der größten Bedeutung für den normalen Ablauf des Leben, heute mehr als je.

Zirka 800000 Wohnungen fehlen infolge Baustockung während der Kriegsjahre. In Kiel wurden in den Jahren 1915—1924 1425 neue Wohnungen, in dem einen Jahre 1914 1347 Wohnungen erstellt.

Andererseits ist die Bevölkerung wach geworden. Viele Familien, die früher in ungesunden Wohnungen gewohnt haben, fordern heute mit Recht eine gesunde Wohnung.

Es gibt also:

eine absolute Wohnungsnot (die fehlenden Wohnräume),
eine relative Wohnungsnot (die ungesunden Wohnräume).

Dazu kommt, daß die Altwohnungen in hohem Maße verfallen, weil nicht genügende Mittel zu ihrer Erhaltung verwendet werden.

Die Wohnungsenge, die Feuchtigkeit, Lichtlosigkeit einer Wohnung hat aber nachteilige Folgen in vieler Beziehung.

Die Säuglingssterblichkeit ist höher in überbelegten lichtlosen Wohnungen. Häufiger finden wir hier die Rachitis, die Darmstörungen, Lungenentzündungen.

Bei Kleinkindern sind die Drüsenaffektionen häufiger bei großen Ansammlungen von Menschen, die den Schmutz der Straße zusammentragen. Alle ansteckenden Krankheiten des Kindesalters, auch die Tuberkulose, sind häufiger, wenn viele Menschen gehäuft beisammen wohnen.

Der Ablauf von Krankheiten ist besser in gut belichteten, gut lüftbaren Wohnungen. Hier finden sich seltener die jetzt mehr beobachteten rheumatischen Erkrankungen.

Aus allen diesen nur angedeuteten Gründen verdient das Einfamilienhaus im Garten den Vorzug gegenüber dem Miethaus.

Die Städte müssen aufgelockert werden dadurch, daß die Miethäuser an der Peripherie rasch in die Kleinwohnungen übergehen.

Die Wohnungspflege hat nur dann einen Sinn, wenn es möglich ist, die Familien in ausreichende Wohnräume zu verpflanzen. Wohnungen können feucht werden durch ungenügende Beheizung, durch Überbelegung, dadurch, daß man in den Wohnräumen kocht und wäscht.

Alles dies kann vermieden werden, wenn im Einfamilienhaus eine Küche mit der Waschküche und einer Badewanne vereinigt ist und die Wäsche im Hofe oder Garten hinter dem Hause zum Trocknen aufgehängt werden kann. Die Bettennot ist ebenfalls nur zu beheben, wenn Platz zur Aufstellung von Betten gegeben ist. Auf die Unsitte, daß vielfach Erwachsene „*freiwillig*" mit Kindern zusammenschlafen, muß nachdrücklich hingewiesen werden. Vom Säuglingsalter an soll jeder Mensch sein eigenes Bett haben. Erst dann kann man von einer Wohnkultur sprechen.

Solange die absolute und relative Wohnungsnot besteht, müssen die Wohnungsämter bestehen bleiben, um nach dem Wohnbedarf die Zuweisung zu regeln.

Sollte die absolute Wohnungsnot einmal behoben werden — und das hoffen alle —, so müssen die Wohnungsämter auf Grund eines sozialen Wohngesetzes als „Wohnungspflegeämter" erhalten bleiben, um die relative Wohnungsnot zu beseitigen.

XIII. Das reife Alter (40 bis 50 Jahre).

Für die Frauen ist dieses Alter gekennzeichnet durch die Pflege der Kleinkinder und die Aufzucht der Kinder. Sollen die geborenen Kinder das fünfte Lebensjahr überleben und somit weniger gefährdet das Schulalter erreichen, so kostet dies der Mutter unendliche Mühe und viele schlaflose Nächte.

Der Mann ist in diesen Jahren besonders durch die Arbeit und die Unfälle in den Betrieben gefährdet.

Für ihn beginnt in diesen Jahren die Abnutzung, sei es infolge körperlicher oder geistiger Arbeit und Überanstrengung.

Arbeit, Pausen, Erholung ist die wichtige Regel für die Gesunderhaltung. Ein Urlaub im Jahre ist für die Erhaltung der Spannkraft wichtig für Männer und Frauen. Wie wenige kinderreiche Mütter können sich einen Urlaub gönnen!

Die Anstrengung im Berufe wird verstärkt durch die unvernünftige Ausnützung der Freizeit. Das Wirtshaus und der Genuß alkoholischer Getränke ist nicht das richtige Mittel für die Erholung von der Arbeit. Aufenthalt in frischer Luft, Arbeit im Garten, Übungen auf Sport- und Spielplätzen bringen die richtige Entspannung und geben Kraft für die Arbeit des nächsten Tages.

In diesen Jahren zeigen sich häufig die Folgen einer unvernünftig verbrachten Jugendzeit.

1. Todesfälle. Die Sterblichkeit steigt in dem Jahrzehnt 40 bis 50 Jahre an und erheblicher bei den Männern.

Es starben in Preußen:

Im Alter von Jahren	1913 m.	1913 w.	1923 m.	1923 w.	1924 m.	1924 w.
30—40	5,8	5,6	5,2	5,5	4,6	5,0
40—50	10,1	7,6	7,8	6,9	7,4	6,8
50—60	20,0	14,0	16,0	13,1	15,5	12,7

berechnet auf je 1000 Lebende derselben Altersklasse.

Die Todesfälle an *Lungenentzündung* treten mit zunehmendem Alter stärker hervor.

Besonders auffallend sind die Todesfälle an *Herzkrankheiten,* die entweder auf Abnützung oder auf frühere syphilitische Erkrankungen zurückzuführen sind oder auf *Alkohol-* oder *Tabak*mißbrauch.

So starben in Preußen an Erkrankungen der Kreislauforgane auf 10000 der betreffenden Altersklassen

Im Alter von Jahren	1913 m.	1913 w.	1914 m.	1914 w.	1923 m.	1923 w.	1924 m.	1924 w.
30—40	5,36	6,81	5,79	6,90	4,48	5,28	4,46	5,52
40—50	13,27	12,26	14,51	13,17	10,54	10,14	10,95	11,36
50—60	35,66	28,30	39,20	30,22	29,62	26,25	30,02	27,05

Die Frauen arbeiten schwerer als die Männer, soweit sie Kinder haben.

Die Übersterblichkeit der Männer wird, wie wissenschaftliche Männer betonen, auf den vermehrten Verbrauch von Alkohol und Tabak zurückgeführt.

2. Die Unfälle bedrohen die Männer natürlich stärker als die Frauen.

Es starben in Preußen auf 10000 Lebende überhaupt infolge tödlicher Verunglückungen und anderer gewaltsamer Einwirkungen

	1922	1923	1924	1925
Männer überhaupt	12,29	12,23	11,30	11,97
Frauen „	3,50	3,46	3,27	3,22

Hierbei sind die Betriebsunfälle eingerechnet.

3. Selbstmorde. Man hat behauptet, daß die *Selbstmordfälle* erheblich in den letzten Jahren zugenommen haben.

In Preußen endigten durch Selbstmord überhaupt (auf 10000 Lebende):

1903	2,10	1912	2,12
1904	2,02	1913	2,21
1905	2,07	1920	2,07
1906	1,95	1921	1,94
1907	2,02	1922	2,11
1908	2,14	1923	2,04
1909	2,16	1924	2,28
1910	2,07	1925	2,41
1911	2,08	1926	2,53

In den letzten Jahren ist also ein Anstieg unverkennbar. Für ganz Deutschland betrugen die absoluten Zahlen:

1927: 4629, 1926: 4734, 1925: 4734 für 47 Wochen in derselben Zeitspanne.

Die Verteilung der Selbstmorde in Preußen, getrennt nach Stadt und Land und nach Geschlechtern:

Jahr	in den Städten			auf dem Lande		
	m.	w.	zus.	m.	w.	zus.
1913	3967	1460	5427	2864	923	3787
1922	3545	1801	5346	1978	698	2676
1923	3360	1844	5204	1940	719	2659
1924	4004	1661	5665	2247	678	2925
1925	4315	1791	6106	2283	775	3058
1926	4569	1962	6531	2419	796	3215

oder überhaupt:

Jahr	m.		w.		zusammen	
	absolut	auf 10000 Lebende	absolut	auf 10000 Lebende	absolut	auf 10000 Lebende
1913	6831	33,17	2383	11,32	9214	22,12
1922	5523	29,99	2499	12,70	8022	21,06
1923	5300	28,41	2563	12,86	7863	20,38
1924	6251	34,19	2339	12,05	8590	22,79
1925	6598	35,75	2466	13,09	9064	24,08
1926	6988	37,42	2758	13,95	9746	25,35

Wir sehen in den letzten Jahren eine Zunahme der Selbstmorde
in den Städten bei Männern seit 1924 bei Frauen seit 1925
auf dem Lande bei Männern „ 1924 bei Frauen „ 1925.

Die *höchsten* Selbstmordziffern hatte Berlin mit 43,10 auf 10000 Leb.
es folgt die *Provinz* Schleswig-Holstein . . . . . 34,32 „ 10000 „
dann Niederschlesien . . . . 32,15 „ 10000 „
„ Sachsen . . . . 31,84 „ 10000 „

Die *geringsten* Ziffern finden sich dagegen in:
der Rheinprovinz . . . . 14,75 „ 10000 „
Westfalen . . . . 15,74 „ 10000 „
Ostpreußen . . . . 15,94 „ 10000 „
Pommern . . . . 17,04 „ 10000 „

Auffallend ist, daß in den beiden Provinzen mit den höchsten Selbstmordziffern diese in den Städten und auf dem Lande fast gleich hoch sind.

So kamen in:

	in den Städten		auf dem Lande		im ganzen		
	m.	w.	m.	w.	m.	w.	zus.
Schleswig-Holstein	209	57	195	60	400	117	521
Niederschlesien . .	360	152	381	112	741	264	1005

Selbstmorde vor.

Die Zahl der Selbstmörder unter 15 Jahren ist nicht eindeutig

	m.	w.	zus.	
1913	76	20	96	absolute Zahlen.
1923	50	10	60	
1924	56	5	61	
1925	37	16	53	
1926	50	9	59	

Eine besondere Zunahme ist deutlich in den Altersklassen über 60 Jahre. Man muß den Selbstmordfällen ernste Beachtung schenken.

Sie sind ein Gradmesser für die äußeren Schwierigkeiten und für die abnehmende innere Widerstandsfähigkeit — auch einzelner Altersklassen oder Gesellschaftsschichten.

Außerdem kann aber die Lösung aus der Religionsgemeinschaft, eine zunehmende materialistische Lebensanschauung und Lebensführung zu einer Zunahme von Selbstmorden führen, selbst aus Blasiertheit oder Überdruß am Leben.

„Denn setzet ihr nicht das Leben ein,
Nie wird euch das Leben gewonnen sein.“

Soll heißen: Mit Einsatz des Lebens muß man Güter erstreben und Idealen zueilen. Nur dann gewinnt das Leben Wert.

4. Die Geisteskrankheiten sind ebenfalls zahlreich in diesen Jahren.

Auch sie kann man als soziale Erscheinung auffassen, insofern manche Formen auf einem Bruch der Persönlichkeit beruhen, wie vielleicht die Verrücktheit oder das jugendliche Irresein.

Die Verrücktheit oder die Paranoia, die einhergeht mit Verfolgungsideen, ist die Geisteskrankheit des mittleren Lebensalters *vor* 40 Jahren; die Paralyse, die Gehirnerweichung, kommt häufiger *nach* dem vierzigsten Lebensjahr vor. Die Dementia praecox oder das Jugendirresein befällt jugendliche Individuen, die oft scheinbar hochbegabt sind, und plötzlich tritt ein zeitiger Stillstand ein mit bizarren Angewohnheiten.

Zu den Geisteskrankheiten rechnet man auch die sog. seelischen Abweichungen, die Hysterie, die Neurasthenie, die Melancholie, die alkoholischen Verwirrungszustände.

Jede dieser Krankheiten hat ihre besondere Ursache. In manchen Fällen stehen wir allerdings ratlos da.

So kennen wir nicht die Ursache der Paranoia und können sie auch nicht ursächlich beeinflussen. Die Paralyse ist auf syphilitische Infektion zurückzuführen und tritt dann auf, wenn eine Frühbehandlung nicht durchgeführt oder nicht energisch genug betrieben wurde.

Die Dementia praecox ist hinsichtlich der Entstehungsursache unbekannt. Leider können wir diese Krankheit auch nicht beeinflussen.

Die Heilerfolge bei der Paralyse, der Krankheit, die bisher als unheilbar galt, sind in den letzten Jahren besonders gut durch die Fieberbehandlung. Man hat künstliche Impfungen mit Malaria vorgenommen und dadurch Besserungen erzielt, die mehrere Jahre andauerten und gestatteten, den Beruf wieder aufzunehmen, aber nur in einem Teil der Fälle. Andere wurden in geringem Grade oder gar nicht beeinflußt. Die Hysterie, Neurasthenie, Melancholie gehören zu den funktionellen oder seelischen Störungen. Es sind Krankheiten, die zu den Psychopathen überleiten, den seelisch Abnormen.

Die Irrenpflege ist auf dem Wege, sich zu modernisieren.

Fragt man, ob die Zahl der Geisteskranken in Irrenanstalten zugenommen hat, so ist ausschlaggebend die Frage der *Anstaltsbedürftigkeit.* Diese hängt aber wieder ab von der Möglichkeit der häuslichen Pflege und der Willigkeit, Geisteskranke zu Hause zu betreuen.

Wirtschaftliche Faktoren und geistige Einstellung sind also weitgehend bestimmend für die Zahl der in Anstalten Untergebrachten. Diese Faktoren haben sich aber gerade nach dem Kriege besonders geändert.

a) Geisteskrankheiten und Alkohol. Folgende Zahlen sind von Bedeutung.

Es starben an Alkoholismus absolut

Im Jahre	in den Städten			auf dem Lande			im ganzen		
	m.	w.	zus.	m.	w.	zus.	m.	w.	zus.
1924	271	30	301	109	5	114	380	35	415
1925	333	47	380	128	14	142	461	61	522

d. h. 1924 0,11 auf 10000 Lebende, 1925 0,14 auf 10000 Lebende. 1913 und 1914 betrugen diese Zahlen 0,22 auf 10000 Lebende, waren also höher. In den letzten Jahren steigen die absoluten und die Verhältniszahlen wieder an.

Von Bedeutung ist:

In den Irren- und Heil- und Pflegeanstalten wurden 1925 in Preußen verpflegt

in 249 Anstalten	Erblichkeit[1]	Alkoholmißbrauch[1]
40002 m., 28121 w. } zus. 68123	5006 m., 5442 w. } zus. 10448	6084 m., 535 w. } zus. 6619

Die Anstalten für Geisteskranke müssen sich auflockern, sie müssen aus dem starren in das bewegliche System übergehen (THODE), d. h. ein Geisteskranker kommt nicht in eine Anstalt, um dort zu bleiben. Die erste Maßnahme liegt darin, wenn möglich die Aufnahme in eine Anstalt zu verhüten. Hierzu sind Beratungsstellen, die von Psychiatern geleitet werden und die in Verbindung stehen müssen mit dem Gesundheitsamt bzw. den Bezirksfürsorgerinnen, von Nutzen.

Angehörigen werden Ratschläge erteilt für die Behandlung der Kranken in der Familie. Kommt der Kranke in eine Anstalt, so wird versucht, sein Leiden durch Heilmaßnahmen zu beheben.

Ist eine Entlassung möglich, so wird der Kranke bei seiner Familie oder bei anderen Familien, die sich dazu eignen, untergebracht, zunächst nur beurlaubt.

In den Anstalten selbst müssen die Unheilbaren von den Heilbaren getrennt werden. In besonderen Häusern der Anstalt müssen die Psychopathen, besonders Kinder und Jugendliche, ferner die Alkoholkranken, die *stufenweise* zur Entlassung zu bringen sind, verpflegt werden.

Die heilbaren Paralytiker müssen in besonderen Häusern behandelt und dem Leben zurückgegeben werden.

---

[1] War als Ursache nachzuweisen.

b) Zwangsweise Unterbringung von Geisteskranken in öffentlichen Anstalten. *Zwangsweise* können in Irrenanstalten nur Personen untergebracht werden, die gemeingefährlich sind, d. h. andere Personen tatsächlich tätlich bedrohen (die Angaben der Angehörigen *allein* genügen nicht); wenn die Gefahr der Verwahrlosung gegeben ist, d. h. der Kranke sich selbst nicht helfen kann (z. B. Melancholiker, die verhungern würden) oder wenn Geisteskranke öffentliches Ärgernis erregen (sich unbekleidet am Fenster zeigen oder auf die Straße laufen).

c) In den privaten Irrenanstalten muß der zuständige Kreisarzt eine dahinlautende Bescheinigung ausstellen. Handelt es sich um eine öffentliche Anstalt, so entscheidet der Direktor der Anstalt.

Oft bestehen große Schwierigkeiten bei der Anstaltsunterbringung, da Kranke, die äußerlich geordnet *erscheinen*, ja selbst Arbeit verrichten, zu Hause unleidlich sein können. Sie bedrohen die Frau, die Kinder und machen den Angehörigen das Leben zur Hölle, wenn sie sich dagegen sträuben.

Bringt man sie gegen ihren Willen in eine Anstalt, so werden sie doch wieder entlassen, wenn kein triftiger Grund für ihre Zurückhaltung vorliegt. Dann belästigen sie die Familie noch mehr als vorher und guter Rat ist in solchen Fällen wirklich schwer.

XIV. Der Altersprozeß nach dem 50. Jahre.

Durch Gesetz ist das Alter für die Personen, die im Beamten- und Angestelltenverhältnis stehen, und für die Personen, die der Sozialversicherung unterliegen, auf 65 Jahre festgesetzt. Beamte und Angestellte müssen zu dieser Zeit den Dienst aufgeben. Das Alter läßt sich aber nicht durch eine Zahl festsetzen. Der Dichter Karl Spitteler sagte einmal: „Altern ist eine Selbstsuggestion.“

1. Das Klimakterium bedeutet für die Frauen einen ernsten Lebensabschnitt. Die Menopause, das Aufhören der Menstruation, liegt in Deutschland zwischen dem 45. und 50. Jahre. Die monatliche Blutung hört auf, weil die Eireifung in den Eierstöcken beendet ist. Damit hört aber auch die innere Sekretion dieser Drüsen auf. Hierdurch erklären sich die unangenehmen Erscheinungen, die vor allen Dingen das Gefäßsystem betreffen, wie Wallungen, Kopfschmerzen, Schwindel. Je ausgeglichener der Mensch innerlich ist, um so leichter verläuft in der Regel dieser Prozeß, der deutliche Beginn des Alterns. Sind allerdings seelische Abnormitäten vorhanden, wie Neigung zur Melancholie usw., so können in diesen Jahren ernste seelische Störungen auftreten. Die Menopause bedeutet aber in anderer Hinsicht eine Erlösung für das weibliche Geschlecht. Es hat seine ihm von der Natur auferlegte Mission im Dienste der Fortpflanzung erfüllt. Nicht selten tritt jetzt eine seelische Abgeklärtheit ein, die für das heranwachsende Geschlecht von der größten Bedeutung ist. Viele solche prächtige alte Frauen sind der Mittelpunkt der Familie, ja eines weiteren Kreises. Auch in dieser Hinsicht wäre der Verfall der Familie teuer erkauft, weil dadurch viele selbstlose Großmütter dieser Art nicht mehr in Erscheinung treten könnten.

2. Gegen die Natur ist der Kampf gegen das Altern. Im Alter erhält man die Quittung für die Lebensweise der Jugend und der Reifezeit. Wohl denen, die sich nun keine Selbstvorwürfe machen müssen wegen einer sinnlos verbrachten Jugendzeit. Mit voller Überzeugung kann man alle natürlichen Mittel, um jung zu bleiben, empfehlen, wie MÜLLER „Mein System" und wie sie alle heißen mögen.

Abzulehnen sind dagegen alle direkten Angriffe, wie *die* STEINACHSCHE *Operation*, außer bei bestimmten Krankheiten.

Die Statistiker sind sich darüber klar, daß die jetzt bestehende stärkere Besetzung der hohen Altersklassen nicht vorübergehender Natur sein wird, sondern infolge des dauernden Geburtenrückganges eine bleibende Erscheinung sein wird.

3. Altersheime sind daher eine dringende Aufgabe der Gegenwart. Bisher wurden diese von privaten Organisationen unterhalten für zahlungsfähige alte Leute. Die allgemeine Verarmung macht die Errichtung von öffentlichen Altersheimen erforderlich. Einweisung von alten, alleinstehenden Personen unter Einbehaltung der Rente evtl. auf Kosten des Wohlfahrtsamtes unter Gewährung eines billigen Taschengeldes bei Beschäftigungsmöglichkeit und leichter Gartenarbeit. Da diese alten Leute mit den Jahren pflegebedürftig werden, müssen entsprechende Einrichtungen für bettlägerige Kranke, muß Pflege durch Krankenschwestern und ärztliche Beaufsichtigung sichergestellt werden.

4. Siechenheime. Von den Altersheimen zu trennen sind *Siechenheime*, in die chronische Gebrechliche, die zu Hause nicht verpflegt werden *können*, untergebracht werden, um die öffentlichen Krankenanstalten zu entlasten. Als solche kommen in Betracht alte Tabiker (Rückenmarksdarre), Leute mit schlecht verheilten Beinbrüchen, mit Lähmungen. Da diese Personen dauernd pflegebedürftig sind, muß Pflegepersonal reichlich vorgesehen sein, die Heime müssen unter dauernder ärztlicher Aufsicht stehen.

Die zunehmende Unterbringung von alten Leuten in Anstalten ist ein betrübliches Anzeichen für die wirtschaftliche Notlage der Bevölkerung, sie ist aber außerdem ein Anzeichen von geringerer Hilfsbereitschaft in den Familien. Hier darf daran erinnert werden, daß bei den Chinesen, bei denen der Ahnenkult eine religiöse Weihe erhalten hat, die Altersversicherung in einer großen Kinderzahl besteht. Die alten Eltern finden liebevolle Aufnahme bei ihren Kindern und der Platz der verstorbenen Eltern wird mit religiösen Ehren bedacht. Die Kinder ehren die Eltern, die ihnen das Leben geschenkt haben, so wie sie einst von ihren Kindern geehrt werden. Da Kinderreichtum dort durch den Ahnenkult geheiligt ist, ist China das Land der zahlreichen Geburten. So besteht eine enge Beziehung zwischen öffentlichen Lasten (Altersheim) und Familie (vgl. auch W. H. RIEHL, Die Familie, Cotta 1925, 13. Auflage). Dies Buch ist wert, das Hausbuch der Deutschen zu sein.

XV. Ausklang.

Dem Tode können wir nicht entgehen. Der Selbstmord ist keine Lösung. Der Tod muß uns wieder als Freund erscheinen, den wir verehren aber nicht fürchten. Es lohnt sich das Leben nur, weil wir sterben können. Vom Geiste sind wir, und da der Geist an die Materie gebunden ist, sehnt er sich wieder nach der Urform zurück.

So ist der Tod kein Ende, sondern eine Sehnsucht und ein Sieg.

Sachverzeichnis.

Abkürzungen: R.G. = Reichsgesetz. Pr.G. = Preußisches Gesetz. M.E. = Ministerialerlaß. S.V. = Sozialversicherung. Kr.V. = Kranken-, I.V. = Invaliden-, U.V. = Unfallversicherung. R.Kn. = Reichsknappschaftsversicherung. E.V. = Arbeitslosenversicherung. St.F. = Sterbefälle.

GPSR Compliance

The European Union's (EU) General Product Safety Regulation (GPSR) is a set of rules that requires consumer products to be safe and our obligations to ensure this.

If you have any concerns about our products, you can contact us on ProductSafety@springernature.com

In case Publisher is established outside the EU, the EU authorized representative is:

Springer Nature Customer Service Center GmbH
Europaplatz 3
69115 Heidelberg, Germany

Batch number: 10844655

Printed by Printforce, the Netherlands